KB202626

강력한능력을 이끌어내는 영적비밀

강요셉 지음

**하나님의 나라는 말에 있지 않고 능력에 있다.
능력이 있어야 믿는 자의 사명을 감당할 수 있다.**

강력한 능력은 말씀과 성령으로 충만해야 가능하다.
강력한 능력은 천국을 살아가는 모두에게 필요하다.

예수님이 원하는 능력전도 할 수 있는 것이 능력이다.

성령출판사

강력한 능력을
이끌어내는 영적 비밀

성령

들어가는 말

하나님은 그의 자녀들이 강력한 능력을 가지고 이 땅에 천국을 건설하기를 원합니다. 많은 크리스천들이 강력한 능력을 사모합니다. 그러나 정작 능력 있는 살지 못하고 있는 것이 사실입니다. 왜 그럴까요? 강력한 능력을 이끌어내는 영적인 원리를 이해하지 못하기 때문입니다. 또, 눈에 보이지 않기 때문에, 생소하기 때문에, 적극적인 관심을 두지 못하기 때문에, 말씀을 아는 정도의 능력으로 예수님의 일꾼으로 세상을 살아가고 있습니다.

그러나 말씀을 아는 정도의 능력을 가지고는 세상 신을 제압하지 못합니다. 세상 신들이 능력이 있기 때문입니다. 말씀을 아는 지식으로 세상 신을 이기기에는 역부족합니다. 세상신은 영이면서 능력이 있습니다. 영적인 눈이 열리고 성령의 능력이 있어야 세상신의 궤계를 보고 싸울 수가 있습니다. 그래서 크리스천들에게 영의 눈을 열어 영적인면에서 강력한 능력을 나타내는 비결을 터득해야 합니다. 말씀과 성령으로 강력한 예수님의 능력을 이끌어내어 세상 신을 제압해야 합니다. 그래야 세상에서 천국을 누리면서 아브라함의 복을 받아 누리며 하나님의 군사로서 사명을 감당할 수가 있습니다.

아는 성경 지식이나 말이 아니고 능력이 있어야 세상을 이길 수가 있는 것입니다. 고린도전서 4장 19-20절에서 바울은 "주께서 허락하시면 내가 너희에게 속히 나아가서 교만한 자들의 말이 아니라 오직 그 능력을 알아보겠으니, 하나님의 나라는 말에 있지 아니하고 오직 능력에 있음이라"고 강조하십니다. 강력한 능력이 있어야 세상 신을 이길 수가 있습니다. 능력은 어떤 특정한 크리스천에게 필요한 것이 아니라, 모든 크리스천에게 필요한 것입니다. 부디 이 책을 통하여 강력한 능력을 사모하는 모든 분들이 능력을 이끌어내는 계기가 되리라 확신합니다. 이 책을 읽으면 강력한 능력을 이끌어내는 비결을 알게 될 것이요, 읽으면 강력한 능력을 이끌어내어 예수님께 쓰임을 받는 역사가 일어날 것을 확신합니다.

주후 2015년   10월 10일
충만한 교회 성전에서
저자 강요셉목사.

세부적인목차

1부 강력한 능력의 사람이 되려면

1장 강하고 담대한 사람이 되어야 한다.

(사43:1-2)"야곱아 너를 창조하신 여호와께서 지금 말씀하시느니라. 이스라엘아 너를 지으신 이가 말씀하시느니라. 너는 두려워하지 말라. 내가 너를 구속하였고, 내가 너를 지명하여 불렀나니 너는 내 것이라. 네가 물 가운데로 지날 때에 내가 너와 함께 할 것이라. 강을 건널 때에 물이 너를 침몰하지 못할 것이며, 네가 불 가운데로 지날 때에 타지도 아니할 것이요, 불꽃이 너를 사르지도 못하리니"

강력한 능력을 이끌어내려면 하나님의 뜻을 바르게 알아야 합니다. 강력한 능력은 하나님의 뜻에 부합되어야 이끌어낼 수가 있기 때문입니다. 성경은 "우리의 씨름은 혈과 육을 상대하는 것이 아니요 통치자들과 권세들과 이 어둠의 세상 주관자들과 하늘에 있는 악의 영들을 상대함이라"(엡 6:12)고 말씀합니다. 세상에서 영적 싸움이 계속되고 있기에 전쟁터의 군인에게 전투력이 필요하듯 크리스천에게도 성령의 강력한 능력이 필요합니다.

예수님께서는 승천하실 때 제자들에게 "볼지어다 내가 내 아버지께서 약속하신 것을 너희에게 보내리니 너희는 위로부터 능력으로 입혀질 때까지 이 성에 머물라"(눅 24:49)고 말씀하셨습니다. 제자들은 예수님의 설교와 가르침을 들었고, 함께 현장에서 실습도 했고, 기적사건의 당사자가 되어 보기도 했습니다. 그럼에도 예수님께서는 그것만으론 안 되고 능력을 받아야만 한다고 하셨습니다. 예수님께서 승천하신 후 제자들, 곧 사도들에게 성령께서 임하셨습니다. 그리고 그들을 돕고, 인도하셨습니다. 이 성령님은 오늘날도 동일하게 하나님의 일을 수행하는 모든 사명자들과 함께하셔서 능력을 주시고, 맡은 사명을 성공적으로 완수할 수 있도록 도우십니다. 우리도 강력한 능력을 이끌어내어야 세상신과 싸우고, 이길 수 있습니다.

하나님은 강하고 담대한 사람에게 능력을 이끌어내어 주십니다. 담대함이 없어서는 하나님의 능력을 소유할 수가 없습니다. 하나님의 능력을 가지고 사용하는데 담대함이 없어서 되겠습니까? 인간은 자기가 알지 못하는 세계를 개척하기 위해서는 강하고 담대한 마음을 가져야만 합니다. 인간이 아무리 최선을 다하여 모든 것을 준비했다 할지라도 결국 실천에 옮길 때는 담대한 신념이 없이는 결코 가능하지 않습니다. 항상 소심하여 겁이 많고 늘 돌다리도 두들기면서 건너는 이런 사람은 큰일을 할 수가 없습니다. 왜냐하면 이런 사람은 자기가 익숙히 알고 있는 생활 주변에서만 머물려고 합니다. 그 사람에게는 새로운 창조란 불가능한 것입니다. 강하고 담대한 사람이 강력한 능력을 이끌어내고 사용하는 것입니다.

첫째, 하나님이 하신다. 하나님께서 강하고 담대하라고 하시는 뜻을 바르게 깨달아야 합니다. 하나님께서는 자신의 마음에 합한 사람을 통하여 이 땅에 하나님의 나라를 건설하십니다. 하나님의 음성을 듣고 담대하게 행동에 옮길 사람이 필요한 것입니다. 그래서 가나안을 앞둔 여호수아보고 강하고 담대하라고 하신 것입니다. 앞에 여리고 성이 있고 가나안에 네피림의 후손 아낙 자손이 거주하고 있더라도 하나님께서 처치하실 것이니 두려워하지 말라는 것입니다. "일은 내가 한다. 너는 내가 하라는 대로 순종하라." 두려워하지 말고 강하고 담대해야 하나님의 음성을 듣고 그대로 수행할 수가 있기 때문입니다. 쉽게 설명하면 하나님은 하나님과 같은 영적인 수준이 되라는 것입니다. 하나님과 같은 마음이 되라는 것입니다. 하나님과 같은 생각을 가지라는 것입니다. 하나님의 마음과 같아야 담대하게 하나님의 명령을 수행 할 수가 있기 때문입니다.

하나님의 권능을 가지고 하나님께 쓰임을 받으려면 담대함은 첫 번째 고려요소인 것입니다. 담대함이 없어서는 하나님의 권능을 가질 수도 쓰임을 받을 수도 없는 것입니다. 담대해야 합니다. 강하고 담대한 사람하면 다윗을 떠올립니다. 다윗은 항상 그 마음속에 꿈을 가지고 있었습니다. 하늘과 땅과 세계와 그 가운데에 모든 것을 지으신 하나님이 계시고 이 하나님이 자기를 사랑해 주시고 자기와 함께 계신다는 이것입니다. 그래서 그는 다른 사람들은 그냥 세상에 취해서 사는데, 다윗의 마음속에는 만유를 지으신 하나님께서 나의 하나님이 되시고 나를 사랑하시고 나는 그 하나님과 같이 산다는 그러한 꿈을 늘 마음속에 품고 살았습니다. 그렇기 때문에 그는 평범한 사람이 아니라 하나님을 주인으로 모시고 사는 하나님의 사람이 되어 있었습니다. 그리고 아버지의 양을 칠 때 사자나 곰이 아버지의 양을 물고 갈 때 다윗은 하나님이 같이 계시는 꿈을 품고 하나님을 의지하고 나아가 그들을 쳐서 죽였습니다. 감히 초립동(草笠童) 조그마한 소년이 사자나 곰을 대항하여 어떻게 나아갈 수 있겠습니다. 그러나 다윗은 몸은 작았고 키도 작았지만 그 마음속에 꿈이 컸습니다.

그 마음속에 하나님을 주인으로 모시고 있었습니다. 하나님이 그 안에, 그가 하나님 안에 있는 꿈을 마음속에 가지고 있었기 때문에 그가 사자나 곰을 대항하여 나갈 때 자기 힘으로 나아가는 것이 아니라, 하나님과 함께 나간다는 확신을 가지고 있었던 것입니다. 그러므로 하나님을 의지하고, 그는 나아가서 사자를 치고 곰을 치고 양을 입에서 빼앗아 내고 덤벼들면 수염을 잡고 쳐서 사자나 곰을 죽였는데 그것은 자기 힘으로 된 것이 아니라, 그 마음속에 꿈을 품고 있었기 때문인 것입니다. 이렇기 때문에 다윗은 골리앗을 만났을 때 그 사자나 곰 중의 하나로 보았습니다. '골리앗이 아무리 거인이라고 해도 사자와 곰처럼 우직스럽고 강하지는 않다.' 그리고 다윗이 그 마음속에 하나님의 꿈을 가지고 있고 하나님의 꿈을 품고 하나님 안에서 골리앗을 바라 볼 때 골리앗은 사자나 곰 한 마리에 불과한 것입니다. 그렇기 때문에 그는 강하고 담대하게 나아가서 하나님을 의지하여 골리앗을 쳐서 죽이고 이스라엘에 대 승리를 가지고 올 수 있었던 것입니다. 다윗이 보통 사람과 다른 것은 다윗은 그 마음속에 꿈을 품고 사는 사람인 것입니다. 그는 하나님의 꿈에 취해 있었습니다. 하나님이 내 안에 내가 하나님 안에 있다는 그 꿈을 항상 생각하고 항상 묵상하고 그 꿈속에 살았기 때문에 그는 보통 사람이 아니었습니다. 꿈꾸는 사람이었습니다. 그는 하나님의 사람이었습니다. 하나님께 취한 사람이었습니다. 그래서 하나님과 그가 함께 나감으로 말미암아 사자와 곰도 골리앗도 그를 당할 수가 없었던 것입니다.

오늘날 우리도 한가지입니다. 우리가 다 죄를 짓고 불의하고 추악하고 버림을 받아야 마땅한 인생들이지만 하나님의 부르심을 받아 갈보리 십자가 밑에 나와서 예수님을 바라보고 구원을 받고 변화된 사람인 것입니다. 그러므로 우리는 예수 그리스도의 십자가를 바라보고 우리 마음속에 꿈을 품고 살아야만 하는 것입니다. 우리 예수 믿는 사람은 꿈꾸는 사람들인 것입니다. 안 믿는 사람은 도저히 상상할 수 없습니다. 눈에 보이지 않고 귀에 들리지 않고 냄새 맡을 수 없고 맛볼 수 없고 손에 잡을 수 없는 것을 우리는 꿈을 가지고 마음속에서 바라보게 되는 것입니다.

우리는 갈보리 십자가 밑에서 예수 그리스도를 쳐다보고 우리는 그 안에서 마음속에 꿈을 품습니다. 우리의 죄가 용서받고 우리를 의롭게 해주신 예수님을 바라보고 용서받은 의인이 되었다는 꿈을 품은 사람인 것입니다. 예수 그리스도로 말미암아 이제 하나님께로부터 멀리 떨어져 있지 아니하고 하나님의 품에 안겨 있고 하나님이 우리에게 성령을 부어주시고 우리를 사랑하고 우리와 함께 살고 우리는 하나님의 자녀가 되고 하나님의 가족이 되었다는 꿈을 마음속에 품고 사는 사람인 것입니다. 강력한 능력을 이끌어내는 사람은 내가 하는 것이 아니요, 하나님이 자신을 통해서 하신다는 믿음을 가진 크리스천입니다.

둘째, 내 인생 하나님이 사신다. 자신은 예수를 믿는 순간에 죽고, 순간 예수님으로 태어났습니다. 그래서 바울선생은 말하기를 이제는 내가 산 것이 아니요. 오직 내 안에 그리스도께서 사신 것이라고 말한 것입니다. 내가 살아 있는 것같이 생각하지만은 예수 믿는 사람은 "내가 산 것이 아니요. 내 안에 그리스도께서 살아 있다"는 사실을 발견해야 되는 것입니다. '그리스도여! 내 속에 와서 살아주시옵소서,' 그렇게 고함친다고 오시는 것이 아닙니다. 이미 내가 예수 믿을 때에 내가 산 것이 아니요, 내 안에 그리스도께서 들어와 살게 되어 있는 것입니다. 이 사실을 발견하는 것입니다. 나도 모르는 사이에 내가 예수를 믿고 나니 내 가슴속에 예수님이 들어와 살고 계시구나, 이 사실을 발견하고 깨달아 알아야 하는 것입니다. 이젠 내가 아닌 부활하신 예수님의 삶이 된 것을 발견하고 나와 세상은 간 곳 없고 구속한 주님만 보이도다. 내가 삶 속에 중심이 아니 예수님만 보이고 예수님만 의지하고 살아야 되는 것입니다.

고린도후서 5장 17절에 말씀처럼 오직 예수께서 사시고 계신다는 것입니다. 우리는 하나님의 성전이요, 예수님께서 성령님을 통해서 우리 속에 내주해서 계신 것입니다. 요한복음 14장 20절에 "그 날에는 내가 아버지 안에, 너희가 내 안에, 내가 너희 안에 있는 것을 너희가 알리라"고 알리는 것입니다. 그렇게 해 달라고 부르짖는 것이 아닙니다. 오~ "하나님 아버지여, 내가 예수님 안에 있고, 예수님이 내 안에 있게 만들어 주옵소서." "저를 통하여 강력한 능력을 이끌어내시고 저를 사용하소서." 그런 기도 할 수 없습니다. 이미 하나님이 그렇게 섭리하셔서 예수님이 아버지 안에, 그리스도가 우리 안에 있도록 만들어 놓았습니다. 그 사실을 믿고 발견해야 됩니다. 지금 자신은 자신 혼자 있는 것이 아니라, 그리스도 안에 있습니다. 예수님은 자신 안에 있습니다. 자신은 혼자 사는 것이 아닙니다. 그리스도가 주인 되어 함께 사는 것입니다. 그리스도가 자신의 삶에 중심이 되는 것입니다. 자신의 삶의 내용이 바로 예수 그리스도라는 것을 알아야 하는 것입니다. 그래야 담대해집니다.

의로우신 예수님이 살아 계십니다. 고린도후서 5장 21절에 "하나님이 죄를 알지도 못하신 자로 우리를 대신하여 죄를 삼으신 것은 우리로 하여금 저의 안에서 하나님의 의가 되게 하려 하심이니라" 그러므로 자신 속에 의로우신 예수님이 살아 계셔서 예수 그리스도를 통해서 의롭게 되어 버리고 마는 것입니다.

또한 자신 속에 거룩하신 예수님이 이미 들어와서 살아 계신 것을 발견해야 됩니다. 고린도전서 1장 30절에 "너희는 하나님께로부터 나서 그리스도 예수 안에 있고 예수는 하나님께로서 나와서 우리에게 지혜와 의로움과 거룩함과 구속함이 되셨으니"라고 말한 것입니다. 예수님께서 자신 속에 이미 거룩함으로 들어와 계십니다. 나를 거룩하게 해 주시옵소서라고 부르짖을 것이 아니라, 이미 거룩하신 예수님이 자신 속에 들어와 계신 것을 발견하고 그에게 의지하면 그의 거룩하심이 자신 속에 넘쳐 나게 되는 것입니다. "주여! 기쁨을 주시옵소서"라고 기쁨을 구할 것이 아니라, 기쁨인 예수님이 자신 속에 들어와 계신 것입니다.

로마서 14장 17절에 "하나님의 나라는 먹는 것과 마시는 것이 아니요, 오직 성령 안에서 의와 평강과 희락이라"고 말한 것입니다. 의와 평강과 기쁨의 예수님이 자신 속에 들어와 계시기 때문에 이 예수님을 발견하고 감사하고 찬미하고 그리스도에게 의지하면 기쁨인 그리스도가 자신 속에 기쁨으로 넘쳐 나게 되는 것입니다. 자신(아담)이 죽어 없어지면 되는 것입니다.

하나님의 강력한 능력가지고 하나님께 쓰임을 받을 사람은 자신 앞에 있는 모든 일은 하나님의 일이라는 것을 알아야 합니다. 자신이 하는 일은 모두 하나님이 하신다는 믿음이 중요합니다. 하나님이 하시기 때문에 담대하게 비정상적인 것들에게 명령을 할 수가 있기 때문입니다. 예를 든다면 병든자를 만났을 때 자신이 치유한다는 생각을 버리라는 것입니다. 하나님께서 하신다는 믿음이 있어야 합니다. 하나님이 하시니 자신의 힘으로 도저히 불가능한 일을 행하여 명령할 수가 있는 것입니다. 강력한 능력을 이끌어내어 하나님께 쓰임을 받을 사람에게 제일 중요한 것이 하나님이 하신다는 믿음입니다. 많은 크리스천들이 자신이 한다는 생각 때문에 기적을 일으키지 못하는 것입니다. 그래서 하나님께서 사용하시지 못하는 것입니다.

셋째, 의지하고 맡겨라. 우리가 바르게 알아야 할 것이 있습니다. 툭하면 하나님께 "의지합니다. 맡깁니다." 합니다. 맡기고 의지한다는 의미를 잘 알아야 합니다. 맡기고 의지한다는 것은 하나님께 기도하여 하나님의 지혜를 구하는 것입니다. 하나님께서 주시는 지혜대로 순종하고 맡기면 문제가 해결이 되는 것입니다. 하나님께서 말씀하신대로 순종하는 것을 의지한다고 말하는 것입니다. 자신이 해결하지 못하는 문제일지라도 해결되는 것을 하나님께 맡긴다는 것입니다. 우리가 알아야 할 것은 크리스천은 예수를 믿는 순간에 자신은 죽고 예수로 태어난 사람입니다. 죽은 사람이 문제를 해결할 도리가 없습니다. 다시 사신 예수님이 문제를 해결해야 합니다. 그래서 예수님께 기도하여 알려주시는 지혜대로 순종하는 것입니다. 그러면 믿음을 보시고 성령께서 해결하시는 것입니다.

시편 46편 10절에 이와 같이 말씀합니다. "이르시기를 너희는 가만히 있어 내가 하나님 됨을 알지어다" 가만히 있어라. 왜 안절부절못하고 입을 열어서 원망과 불평을 하고 아이고 나 죽네! 부정적인 소리를 쏟아놓느냐? 가만히 좀 있어라. 입 다물고 내가 어떻게 일하는지 좀 살펴보고 믿음으로 지켜보고 주님께서 역사하심을 살펴보아라. 시편 46편 10절 말씀 다시 기억합니다. "이르시기를 너희는 가만히 있어 내가 하나님 됨을 알지어다. 내가 뭇 나라 중에서 높임을 받으리라. 내가 세계 중에서 높임을 받으리라 하시도다. 이 놀라운 일 가운데 내가 하나님의 은혜와 기적을 나타내서 모든 사람들 가운데 모든 나라 가운데 영광을 받을 것이다. 높임을 받을 것이다. 그러므로 너희는 가만히 있어라." 가만히 있으라는 표현이 성경에 여러 곳 나옵니다.

이스라엘 백성이 스로 광야에 들어가서 사흘 동안 물을 얻지 못하매 목이 타서 죽을 지경이었습니다. 그러자 호수를 발견했는데 뛰어가서 물을 마셔보니 물이 써서 마실 수가 없었습니다. 백성들은 그만 또다시 절망하고 말았습니다. 사흘 동안 물을 못 마셨는데 물을 발견하고 마셔보니 독이 있어 그들이 먹자 말자 토하고 배를 안고 뒹굴고 말았습니다. 또다시 하나님과 모세를 원망하고 고함 고함을 쳤습니다. 모세는 또 알았습니다. 하나님은 언제나 문제가 있는 곳에는 해답을 예비해 놓으시는 하나님임을 알았기 때문에 이스라엘이 원망하는 동안에 모세는 엎드려 기도했었습니다.

그러자 하나님께서 바로 그 호수 옆에 한 나뭇가지를 지시하시는지라, 그 나뭇가지를 꺾어서 물에 던지니 물이 곧 해독되고 달아져서 백성들이 마음껏 마실 수가 있었습니다. 문제가 있는 곳에 하나님께서 그 곁에 이미 해답을 예비해 놓고 계신 것입니다.

강력한 능력을 가지고 하나님께 쓰임을 받을 사람은 아무리 어려운 문제에 봉착해도 하나님께서 하신다는 믿음이 중요합니다. 하나님은 현실 문제의 해결을 통하여 영적인 크리스천으로 변화되게 하십니다. 하나님의 방법으로 문제를 해결함으로 살아역사 하시는 하나님이라는 것을 체험적으로 믿게 하시는 것입니다. 하나님은 현실 문제를 성령으로 해결하게 함으로 영이신 하나님과 인격적인 관계를 열어가게 하십니다. 그리고 성령으로 자신의 현실 문제를 해결하면서 영적전쟁을 할 수 있는 군사가 되게 하십니다. 강력한 능력을 이끌어내는 사람이 되도록 하신다는 말입니다. 그러니까, 자신의 현실 문제를 하나님의 방법으로 해결하면서 강력한 능력자가 되어가는 것입니다. 하나님은 자신의 문제를 성령으로 해결하게 하시면서 군사가 되도록 훈련하신다는 말입니다. 그러므로 크리스천이 강력한 능력자가 되려면 성령의 인도를 받는 영의 사람으로 변해야 가능합니다.

그런데 크리스천들이 강력한 능력을 소유하지 못하는 것은 일부 유형교회의 직분 자들이 보이는 세상 적이고 인간적인 방법으로 현실 문제를 해결하려는 생각이 고정되어 있다는 것입니다. 사고가 합리적, 이성적으로 고착되어 있는 연고입니다. 그래서 자신 안에 임재하신 영이신 하나님과 관계를 열려고 하지 않고 보이는 유형교회에 모든 것을 투자합니다. 보이는 유형교회에 모든 것을 투자합니다. 그렇기 때문에 보이지 않은 영적인 면이 열리지를 않는 것입니다. 그래서 크리스천들이 현실의 문제로 고통을 당하면서 신음할 때 조언하는 것이 극히 세상 적입니다.

제일 많이 사용하는 것이 기도하라는 것입니다. 무조건 기도하면 현실문제가 해결이 된다는 것입니다. 열심히 봉사하라는 것입니다. 봉사하면 하나님께서 문제를 해결하여 주신다는 것입니다. 헌금하라는 것입니다. 헌금을 많이 하면 하나님께서 감동하셔서 문제를 해결하여 주신다는 것입니다. 이것은 극히 인간적이고 샤머니즘적인 방법입니다. 현실문제에 대한 영이신 하나님의 생각하고 반대가 되는 것입니다. 절대로 이렇게 샤머니즘적인 방법으로 현실 문제가 해결되지 않습니다. 반드시 살아 역사하시는 성령께서 역사해야 문제가 해결되기 때문입니다.

강력한 능력을 가지고 하나님께 쓰임을 받으려면 자신이 먼저 하나님과 관계를 열어야 합니다. 자신이 성령으로 장악되어 심령천국을 이루고, 다음에 가정이 천국 되어야 합니다. 하나님은 영이시니 자신의 심령에 와계신 성령님과 관계가 열려야 강력한 능력을 이끌어낼 수가 있습니다. 현실문제가 있을 때 해결방법을 하나님께 받아서 해결하면서 강력한 능력이 이끌어내는 것입니다. 강력한 능력을 가지고 하나님께 쓰임 받을 사람은 금선무가 자신과 하나님과의 관계를 여는 것입니다.

넷째, 자신이 한다는 생각을 버려라. 애굽을 나와서 가나안을 향하는 행로에 여러 가지 현실문제에 봉착합니다. 홍해를 만납니다. 앞에는 홍해요, 뒤에는 애굽 군대가 따라옵니다. 진퇴양난에 상황에 처했습니다. 사람의 나약한 생각으로는 영락없이 애굽 군대의 포로가 되어 다시 애굽으로 끌려가든지, 홍해에 빠져서 죽든지 두 가지 뿐입니다. 그러나 믿음의 사람 모세는 달랐습니다. 와중에도 당황하지 않고 하나님께 기도하여 하나님의 방법을 알아냅니다. 하나님께서 하라는 대로 순종하여 홍해가 갈라지는 기적을 체험하며 홍해 속에 있는 길을 따라 홍해를 건넜습니다. 모세는 분명하게 하나님이 하신다는 믿음이 있었습니다. 하나님의 뜻이 애굽에서 나와서 가나안으로 들어가는 것이라는 것을 믿었습니다.

가는 도중에 일어나는 모든 일은 천지를 주관하시는 하나님께서 해결하신다는 믿음이 충만했습니다. 그래서 홍해 가에 앉아서 땅을 치며 통곡하는 이스라엘 백성들과 같이 동요되지 않았습니다. 하나님께 기도하여 하나님의 방법을 알아낸 것입니다. 강력한 능력을 가지고 하나님께 쓰임을 받을 사람은 매사를 자신이 한다는 생각을 버려야 합니다. 예수님을 믿고 의인이 되어 성령의 인도를 받는 성도들의 행로에 일어나는 일은 모두 하나님의 일입니다. 하나님께서 모두 해결하십니다. 강력한 능력을 가지고 하나님께 쓰임을 받으려면 예수를 믿는 사람의 행로에 일어나는 모든 일은 하나님께서 해결하신다는 믿음이 중요합니다.

그래야 큰 문제에 봉착하든지, 적은 문제에 봉착하든이 하나님이 하신다는 믿음으로 기도하여 하나님께서 감동하시는 대로 레마를 선포하여 해결할 수가 있는 것입니다. 강력한 능력은 순간에 생기는 것이 아닙니다. 점차적으로 성령의 인도를 받으면서 인생의 행로 앞에 나타나는 문제를 당황하지 않고 하나님께 기도하여 레마를 받아 선포하여 해결함으로 믿음이 자라는 것입니다. 믿음이 자라는 만큼씩 능력이 강해지는 것입니다. 그러므로 강력한 능력을 가지고 하나님께 쓰임을 받으려면 자신 앞에 문제가 있을 때 자신의 생각으로 해결하려고 하지 말아야 합니다. 반드시 하나님께서 해결방법을 가지고 계신다는 믿음을 가지고 하나님께 기도하는 습관을 들여야 합니다.

하나님은 하나님께 의지하는 사람을 좋아하십니다. 이스라엘 백성을 가나안으로 인도하는 모세를 보면 이해할 수가 있을 것입니다. 매사를 하나님께 물어보고 하나님의 뜻을 알아 문제를 해결했지 않습니까? 강력한 능력을 가지고 하나님께 쓰임을 받을 사람도 항상 하나님께 물어보고 행하는 습관을 들여야 합니다. 그리고 자신 앞에 일어나는 모든 문제는 하나님께서 해결하신다는 믿음을 가져야 합니다. 어떤 강한 문제를 만나더라도 당황하지 말아야 합니다. 안정한 심령상태에서 하나님께 기도하는 습관이 되면 자신에게서 점점 강력한 능력을 이끌어내게 될 것입니다.

다섯째, 사람을 의식하지 마라. 하나님은 사람을 의지하거나 의식하는 사람과는 상관하시지 않습니다. 오로지 하나님의 뜻에 순종하는 믿음의 사람을 통하여 일을 하십니다. 기독교계에도 사도행전 19장에 나오는 아볼로 목사 같은 분들이 많습니다. 이분들이 성령의 역사가 일어나면 이해하고 받아들이지 못하고 거부하거나 방해를 합니다. 생소하고 두렵기 때문입니다. 하나님의 역사는 초자연적인 역사입니다. 사람이 이해할 수가 없는 역사가 많이 일어나는 것입니다. 교회에서 예배드리는 가운데 성령의 역사가 일어나면 사람들에게서 진동이 일어날 수가 있습니다. 울음이 터질 수도 있습니다. 귀신이 소리를 지르면서 떠나갈 수도 있습니다. 사람들이 몰립니다. 그러면 영락없이 시비를 거는 분들이 있습니다.

이단이라고 하거나 사이비라고 합니다. 강력한 능력을 이끌어내어 하나님께 쓰임을 받을 사람은 주변에서 사람들이 무어라고 하는 소리에 반응을 하면 능력이 나타나지 않습니다. 오로지 성령의 역사에 순복하는 것입니다. 성령께서 감동하셨으면 사람이 무어라고 해도 하던 일을 중단하거나 변경하지 말아야 합니다. 성령께서 하라는 대로 순종해야 강력한 능력이 이끌어내어집니다. 지금 개척교회가 되지 않는 이유도 사람을 의식하기 때문입니다. 개척교회 목회자가 내가 이런 사역을 하면 다른 목회자가 이단이라고 하면 어쩌지 두려워하다가 그만 둡니다. 또 병을 고치고 귀신을 축귀하다가 주변에서 좋지 못한 소문이 들리면 그만둡니다. 적당하게 타협하며 목회를 하려고 합니다.

하나님의 이런 사람에게 강력한 능력을 주시지 않습니다. 하나님은 어떤 일이 있더라도 하나님께서 기뻐하시는 일을 수행하는 사람에게 강력한 능력을 주시고 사용하십니다. 강력한 능력을 이끌어내어 하나님께 쓰임을 받을 사람은 절대로 사람을 의식하지 말아야 합니다. 하나님은 정말로 사람을 의식하는 사람과 상대를 하지 않습니다.

2장 하나님께서 택한 자가 되어야 한다.

(고전1:26-28)"형제들아 너희를 부르심을 보라 육체를 따라 지혜로운 자가 많지 아니하며 능한 자가 많지 아니하며 문벌 좋은 자가 많지 아니하도다. 그러나 하나님께서 세상의 미련한 것들을 택하사 지혜 있는 자들을 부끄럽게 하려 하시고 세상의 약한 것들을 택하사 강한 것들을 부끄럽게 하려 하시며, 하나님께서 세상의 천한 것들과 멸시 받는 것들과 없는 것들을 택하사 있는 것들을 폐하려 하시나니"

하나님은 직접 택한 자들에게 강력한 능력을 이끌어내게 하십니다. 강력한 능력은 자신이 이끌어내고 싶다고 되는 것이 아닙니다. 하나님의 택함을 받아야 합니다. 요즈음 예언하는 사람의 말을 듣고 목사가 되고… 목회자가 되려고 신학하시는 분들이 계시는데 한번 신중하게 생각할 일입니다. 자신이 직접 하나님의 부름을 받아야 합니다. 성령이 역사하시는 교회시대이기 때문입니다. 하나님이 택하여 쓰시는 사람은 어떠한 사람일까요? 세상 사람들은 잘난 사람, 자랑할 것이 많은 사람들을 뽑습니다. 그래서 세상 사람들은 남에게 잘 보이기 위하여, 돈을 들여 고치기도 하고, 뇌물을 줘서라도 자신의 약점을 덮으려고 합니다. 그러나 하나님께서 쓰시는 사람은 자랑할 것이 없는 사람들이라고 성경은 말하고 있습니다. 고린도전서 1장 26절에서 "형제들아 너희를 부르심을 보라"고 말하며 부르심을 입은 사람들의 특성을 말하고 있습니다. 하나님께서 부르신 사람들을 보면 지혜, 능력, 문벌이 좋은 사람을 택하지 아니하고, 도리어 미련한 사람, 약한 사람, 천한 사람, 무지한 사람들을 택하셨다고 말씀하십니다. 하나님께서 이렇게 약한 사람들을 선택하셔서 예수님의 일꾼으로 삼으신 이유를 두 가지로 말씀하십니다. 첫째, 잘난 체하는 사람들을 부끄럽게 하려고. 둘째, 오직 하나님의 은혜만을 자랑하게 하려고 선택하시는 것입니다.

하나님에게 택하여 쓰시는 사람이 되기 위해서는 어떻게 해야 할까요? 하나님은 똑똑한 사람을 쓰시지 않습니다. 왜냐하면, 똑똑한 사람은 교만에 빠지기 쉬우므로, 하나님은 배부른 사람을 쓰시지 않습니다. 왜냐하면, 배부른 사람은 하나님을 찾지 않으므로, 하나님이 구원하시고 쓰시는 사람은, 가난하고 비천하여 배운 것이 없고, 가진 것이 없는 그런 낮은 사람들입니다. 오늘 우리가 하나님께 부르심을 받았다는 것은, 내가 바로 바로 그런 사람이었다는 증거입니다.

왜냐하면, 예수님은 죄인을 부르러 오셨다고 했기 때문입니다. 예수님께서 택하신 12제자들을 보면 그들은 모두 평범한 사람들이었습니다. 그들 중에 몇 명은 어부였습니다. 천한 직업이었던 세리도 있습니다. 세상에 불만을 품고 무력으로라도 세상을 변화시키려고 했던 열심당원도 있었습니다. 기득권이 없었습니다. 기독교 역사를 보면 하나님께서 힘없는 사람들을 들어 사용하심으로 힘 있는 자들을 부끄럽게 하신다는 말씀이 이뤄짐을 볼 수가 있습니다. 자우지간 하나님에게 택함을 받아야 지도자가 될 수가 있습니다.

필자가 택함 받은 부르심도 마찬가지입니다. 모세를 연단하고 단련하여 부르셔서 사용하신 것같이 저를 연단하고 단련하셨습니다. 하나님이 저에게 사명을 음성으로 보이셨습니다. 필자는 직접 하나님의 음성을 확인하고 목회자가 되었습니다.

하나님은 어떤 사람을, 역사를 이끌어 가는 "일꾼"으로 쓰실까요? 구약의 대표인 모세는 출4:10절에서 "입이 뻣뻣하고 혀가 둔한 자"라고 말씀하고 있습니다. 하나님도 이 부분을 인정하셔서 형인 아론을 붙여 주셨습니다. 하나님은 말 잘 하는 아론을 택하지 않으시고 복잡하게 일하셨습니다.

탈무드는 랍비들의 성경해석서로 성경에 없는 것을 설명하고 있으므로 어디까지가 진짜인지 알 수 없지만, 그러나 탈무드는 모세가 말더듬이가 된 이유를 다음과 같이 설명하고 있습니다. 모세가 바로의 왕궁에 살고 있을 때 하루는 바로의 왕관을 써 보았습니다. 당시 왕 외의 사람이 왕관을 쓰는 것은 반역행위를 의미했습니다. 이에 대해 바로는 모세가 의도적으로 썼다면 징계하고 무의식적으로 썼으면 용서하기로 결심하고 모세의 의도를 살펴보기로 했습니다. 바로는 모세 앞에 숯불과 황금 중에 무엇을 택하는지 살펴보아 황금을 택하면 의식이 있는 것이므로 징벌하고, 숯불을 택하면 아직 왕권에 대한 의식이 없는 어린아이이므로 용서해 주기로 결정했습니다. 이때 모세는 숯불을 택하여 죽음을 면하고 나이가 먹도록 바로 궁에서 살게 된 것입니다.

모세는 행동을 함에 있어서 굉장히 적극적인 사람이었습니다. 애굽 사람들이 싸우는 것을 보았을 때도 그랬고, 하나님 앞에서도 마찬가지였습니다. "나도 지금 살인자 입장에서 도망 다니는 처지에 누구를 이끌겠느냐"는 식으로 몇 번씩이나 거절을 하는 것을 볼 수 있습니다. 여러 가지 핑계를 내세워 자신의 주장을 굽히지 않지만, 역사를 주관하시는 분은 하나님이시기 때문에 결국은 형인 아론까지 동원시켜서 하나님의 뜻대로 일을 이루어가시게 되는 것입니다. 하나님께서는 같이 일을 해나가는 데 걸림돌이 될 만한 요소들이 있다면 오랜 시간의 광야의 연단을 통해서라도 고쳐 가시면서, 또는 약점이다 싶은 점이 있다면 보완해가면서 사용하시는 분이 하나님이신 것입니다.

　구약의 41명 중 대표적인 왕인 다윗은 용모와 신장이 뛰어나지 못했습니다. 이새의 아들 가운데 왕이 될 사람을 선별하여 기름을 붓고자 할 때 아버지 이새가 다윗을 부르지도 않은 것으로 보아, 다윗의 용모와 신장이 형제들에 비해 출중하지 않았음을 예상할 수 있습니다. 사무엘상16장 7절에 보면 "여호와께서 사무엘에게 이르시되 그 용모와 신장을 보지 말라. 내가 이미 그를 버렸노라. 나의 보는 것은 사람과 같지 아니하니 사람은 외모를 보거니와 나 여호와는 중심을 보느니라."라고 말씀하고 있습니다.

　고린도후서 10장 10절에 바울의 설교에 대한 성도들의 평가가 나오는데 그것은 "저희 말이 그 편지들은 중하고 힘이 있으나 그 몸으로 대할 때는 약하고 말이 시원치 않다 하니"였습니다.

사도 바울이 말을 못했다는 사실은 바울의 설교를 들으면서 졸다가 떨어져 죽었었던 유두고의 이야기가 나오는 사도행전 20장 7-9절에서도 알 수 있습니다. 사실 인간적인 생각으로는 전도자는 말을 잘해서 한 번에 수천 명씩 설득 할 수 있는 웅변자여야 합니다. 그러나 하나님이 선택한 바울은 그렇지 못했습니다. 하나님은 자신의 도구 조건으로 신앙을 보십니다. 순종 잘하는 사람을 찾습니다. 하나님과 같은 영성의 소유자를 찾습니다. 특별하게 목회자는 하나님의 직접적인 부르심을 받아야 합니다. 그래야 불필요한 고통을 당하지 않습니다. 요즈음 사람의 말을 듣고 자기 마음대로 목회하겠다고 하면서 목사가 된 분들 중에 반건달이 많습니다. 새겨들어야 합니다.

첫째, 성실한 사람을 찾으십니다. 주님이 4명의 제자를 부를 때 그들은 무엇을 하고 있었습니까? 마가복음 1장 16절 말씀을 보면 베드로와 안드레는 그물을 던지고 있었고, 19절 말씀을 보면 야고보와 요한은 그물을 깁고 있었습니다. 하나님은 노는 사람보다 항상 성실한 사람을 부릅니다. 그러므로 크게 되기를 원하면 자신을 준비시키고, 자기 자리에서 열심히 땀을 흘려야 합니다. 하나님은 현재의 일에 충실한 사람을 불러서 사용하십니다. 그래서 하나님은 데살로니가 3장 10절에서 "우리가 너희와 함께 있을 때에도 너희에게 명하기를 누구든지 일하기 싫어하거든 먹지도 말게 하라 하였더니" 이 말씀은 일하지 않는 사람은 굶어서 죽으라는 말과 같습니다.

제가 군대에서 생활할 때부터 지금까지 좌우명처럼 여기는 말이 있습니다. "윗분이 안 볼 때 더 잘하자. 오늘 주어진 자리에 충실하면 내일은 더 많은 것이 주어진다." 그렇습니다. 오늘의 성실한 땀은 내일의 축복으로 귀결됩니다. 지금의 작은 일에 충실하지 못하면 큰일에서도 결코 충실하지 못합니다. 위대한 사람들은 모두 작은 일에 열심히 일한 사람들입니다. 그처럼 보잘 것없는 일이라도 자신에게 맡겨진 일을 꾸준히 감당하는 것이 위대함입니다.

1950년대 서울의 한 교회에 30년 동안 교회의 종을 치던 한 집사님이 있었습니다. 정말 꾸준히 무급으로 매일 교회의 종을 쳤습니다. 하나님은 성실하신 하나님이기에 성실한 사람에게는 하늘냄새가 납니다. 30년 동안 그 집사님은 교회의 종치는 봉사만 했지만, 그분에게는 하늘 냄새가 났습니다. 그래서 사람들은 그분을 보잘것없게 보았지만 담임목사는 그분을 성자로 보았습니다. 하나님도 그를 어떤 사람보다 위대하게 보셨을 것입니다.

어느 날, 그분이 돌아가셨습니다. 그래서 교회에서 장례를 치렀는데 수많은 높은 분들이 장례식에 참석하는 것을 보고 교인들이 깜짝 놀랐습니다. 알고 보니 그 보잘 것 없는 집사의 아들이 그 당시 장관이었던 것입니다. 아들이 장관이었지만, 교인들은 전혀 그 사실을 모르고 그저 묵묵히 종만 치는 집사로 알았던 것입니다. 그런 소리 없는 봉사가 천국에서는 큰 소리가 되어 하나님의 마음을 움직일 것입니다.

둘째, 강하고 담대한 사람을 찾으십니다. 하나님은 사람을 통하여 자신의 일을 하십니다. 그렇기 때문에 합리적인 사람이나 나약한 사람을 통해서는 하나님의 일을 하실 수가 없습니다. 다윗과 같이 강하고 담대한 사람을 통해서 일을 하십니다. 하나님은 여호수아에게 강하고 담대하라고 하셨습니다. 자신 앞에 일어나는 일은 자신이 하는 것이 아니고, 하나님께서 자신을 통하여 하신다는 믿음을 가지고 행하는 사람이 필요한 것입니다.

하나님은 강하고 담대한 마음을 가질 때 그 사람을 통해서 큰 일을 할 수 있습니다. 우리의 주위에 우리를 위협하는 여러 가지 일들이 많이 다가오고 다가옵니다. 태산 같은 경제적인 타격도 다가오고, 원수들도 다가오는 것입니다. 환경의 어려움도 다가옵니다. 우리는 마음이 위축되어서 그만 놀래서 뒤로 물러가려고 합니다. 그러나 성경은 말씀하기를 "나의 의인은 믿음으로 말미암아 살리라 뒤로 물러가면 내 마음이 저를 기뻐하지 아니하리라."고 말씀하신 것입니다. 강하고 담대한 마음을 가진 사람을 하나님은 찾으시는 것입니다.

다윗을 보십시오. 그는 목동이었습니다. 그는 아직 군인이 될 수 있는 나이도 못되었습니다. 그런데 사울이 블레셋 사람을 대적해서 싸우러 나갔을 때 모든 이스라엘의 장정들이 다 동원되어 나가서 블레셋을 대적하여 진을 쳤으니 블레셋 군대 중에 장군 골리앗이 나와서 이스라엘을 모욕을 했습니다. 이스라엘 군인들은 모두 다 놀라고 두려워서 바위 밑으로 나무 밑으로 모두 숨어 버렸었습니다. 골리앗은 키가 9척이요, 눈알이 종발 만했다고 했습니다. 그의 창은 베틀 채만했습니다. 이것 도무지 아무도 그 근처에 나갈 수가 없습니다.

그래서 이 다윗은 형들이 전쟁에 나가있기 때문에 형들을 위문하러 아버지가 주는 음식을 가지고 갔다가 보니 상황이 이렇습니다. 골리앗이 나와서 산이 쩌렁 쩌렁 울리도록 "이스라엘에 남자가 있거든 내게 와서 대적하라. 나와 싸워서 이기는 자는 우리가 너희 종이 되겠고 너희가 지면 너희들이 우리의 종이 되겠다." 이스라엘 군인들 중에 아무도 나가는 사람이 없었습니다. 왜 그랬습니까? 이스라엘이 하나님을 주인으로 모시고 살아가면서도 그들은 자신의 힘으로 골리앗을 잡아야 한다고 생각했습니다. 골리앗과 자신들을 비교하니 도저히 이길 수가 없다고 생각했기 때문입니다. 하나님께서 골리앗을 잡는다는 강하고 담대한 마음을 잃어버렸기 때문에 하나님이 아무도 사용할 수 없었습니다.

　그럴 때 다윗이 그 말을 듣고 그가 왕에게 와서 말했습니다. "내가 나가서 싸우겠다. 저 할례 없는 놈을 왜 우리가 두려워하느냐? 내가 아버지 양을 치다가 곰이나 사자가 오면 그를 잡아서 양을 빼앗았고 달려들면 내가 쳐서 죽였다. 저 곰이나 사자보다 못한 저 인생을 무얼 두려워하느냐?" 조그만한 다윗이 그것도 갑옷도 입지 않고 칼도 가지지 않고 자기 목동의 옷 그대로 입고 물매에 물맷돌을 채워 가지고서 골리앗을 향해서 나갔습니다.

　다윗이 한말을 들어보면 참 기가 막힙니다. "너는 창과 칼과 단창으로 나왔으나 나는 네가 모욕하는 만군의 여호와 하나님의 이름을 의지하고 네게 가노라. 오늘날 이스라엘에 하나님이 계신 것을 내가 만천하로 알리게 하노니 너를 죽여서 너의 고기를 찢어 공중의 새와 짐승의 밥을 만들겠다." 골리앗이 뭐라고 했습니까? "너 나를 개인 줄 알고 부지깽이를 들고 나오느냐? 이놈 단칼에 베어 버리겠다." 그러나 이 조그마한 다윗이 강하고 담대한 마음으로 골리앗을 대결하여 하나님의 이름으로 믿음으로 물맷돌을 물매에 매어 뛰어 나가서 놓아 버리니까, 그 돌이 정통으로 골리앗의 이마를 때려서 이마를 깨고 골속에 들어가니까, 그 거인 골리앗도 넘어지고 말은 것입니다. 그래서 다윗이 골리앗의 칼로 그 목을 베고 그래서 이스라엘의 대승리를 가져온 것입니다.

모든 이스라엘 군인들이 강하고 담대한 마음으로 나왔더라면 하나님이 그런 능력으로 주어서 사용했을 것인데 모두다 겁쟁이가 되었으므로 살아계신 하나님이 계시면서도 사용할 수가 없었습니다. 하나님이 사용하시는 막대기가 겁쟁이가 되니까 하나님이 쓸 수가 없었으나 보잘 것 없는 초립동 다윗이 강하고 담대한 믿음을 가지고 나갈 때 하나님이 사용할 수가 있었습니다. 하나님은 다윗과 같은 강하고 담대한 사람을 찾으시는 것입니다.

셋째, 순종하는 사람을 찾으십니다. 마태복음 4장 19절 나오는 4명의 제자들은 주님이 "나를 따라 오라!"고 말씀하자 즉시 순종하고 따랐습니다. 복된 존재가 되려면 비전만큼 중요한 것이 순종입니다. 사실 '하나님의 선택을 받았다'는 사실보다 '하나님께 순종한다'는 사실이 더 큰 축복을 불러옵니다. 하나님의 선택이란 사명을 맡기는 선택이지 물질과 지위를 주는 선택이 아닙니다. 그 하나님의 선택을 잘못 이해하면 이스라엘 백성들처럼 선택받은 것 때문에 더 고난을 당합니다.

축복은 '선택된 사람'보다는 '순종하는 사람'에게 주어집니다.

하나님은 선택받고 불순종하는 사람보다 선택과 상관없이 순종하는 사람을 더 기뻐하십니다. 하나님은 어린 시절 부모에게 순종 잘하는 사람을 찾고 계십니다. 순종이 습관이 되어 하나님의 말씀에도 순종을 잘하기 때문입니다. 사람은 말씀에 순종해야 잘 살 수 있도록 창조되었습니다. 말씀은 비행기의 항로와 같습니다. 아무리 큰 비전을 가지고 솟아올라도 말씀에서 이탈하면 언제 충돌하지, 언제 미사일에 맞을지 모르는 불안한 인생이 됩니다. 말씀대로 살아야 결국 비전도 이룰 수 있습니다.

어느 날, 밀림에 있는 뱀의 꼬리가 머리에게 그 동안 항상 가졌던 불만을 쏟아냈습니다. "야! 머리야! 왜 너는 항상 너 가고 싶은 곳으로만 가냐? 너무 불공평하다!" 꼬리가 끊임없이 불평하니까 하루는 머리가 말했습니다. "야! 꼬리야! 그럼 이제부터 네가 가고 싶은 대로 가봐!" 그러자 꼬리가 신이 나서 열심히 갔습니다. 그러다가 가시덤불로 들어가 온 몸이 피투성이가 되어 심하게 고생했다고 합니다. 꼬리는 머리를 따라가야 합니다. 사람이 아무리 똑똑해도 말씀에 앞서려고 하면 반드시 피투성이가 됩니다. 그러므로 진정 하나님의 은혜를 받기를 원하면 말씀대로 살려고 하십시오. 가끔 억울하고 속상한 일을 당하면 사람을 용서하기 싫을 때가 있습니다. 그러나 그때도 하나님은 용서하라고 말씀하셨습니다. 그 말씀에 순종할 때 하나님은 문제가 해결되게 하시고 더욱 큰 축복으로 함께 해주실 것입니다.

특별히 순종할 때도 본문의 제자들처럼 즉각 순종해야 합니다. 토론 후에 순종하는 것은 순종이 아니고, 변명하고 순종하는 것도 순종이 아니고, 한참 지체하다가 순종하는 것도 참된 순종이 아닙니다. 하나님이 감동 주시면 그것은 하나님이 우리를 어떤 일로 부르신 것입니다. 그 일에 즉각적으로 기쁘게 순종해야 합니다. 어떤 성공학 연구가가 성공한 사람들에 대해 면밀히 연구를 했습니다. 그리고 성공의 최대 요인을 '순종'이라고 결론 냈습니다. 순종하는 사람이 결국 성공적인 삶을 산다는 것입니다. 삶이 지루하고 답답하게 느껴지면 더욱 헌신과 순종을 다짐해보십시오. 순종은 축복을 가져다줍니다. 더 나아가 순종하는 마음을 가진 것 자체가 큰 축복입니다.

넷째, 희생하는 사람을 찾으십니다. 주님의 부르심에 베드로와 안드레는 어떻게 반응했습니까? 마태복음 4장 20절에 말씀을 보십시오. "곧 그물을 버려두고 좇으니라." 야고보와 요한은 어떻게 반응했습니까? 마태복음 4장 22절 말씀을 보십시오. "곧 부르시니 그 아비 세베대를 삯꾼들과 함께 배에 버려두고 예수를 따라 가니라." 그들은 자기의 소중한 것들과 인간관계를 희생하고 주님을 따랐습니다. 그처럼 복음과 주님을 위해서 나의 소중한 것을 포기하는 희생정신이 있어야 합니다.

위대한 믿음의 선진들은 모두 주님과 복음을 위해 '포기할 줄 아는 능력'을 가진 사람들이었습니다. 초대교회 성도들은 자기 재물을 조금이라도 제 것이라고 여기지 않았습니다(행 4:32). 그런 삶이 능력 있는 삶이고, 그런 마음을 가진 것이 기적 중의 기적입니다. 소유의 기쁨으로 사는 사람이 나눔의 기쁨으로 사는 사람이 되었으니 얼마나 큰 기적입니까?

사람들은 '하나님의 능력'이라고 하면 치유나 기적이 있어야 능력인 줄 압니다. 그러나 진짜 기적은 돈과 소유가 우상이 된 이 시대에서 욕심 많던 사람이 기쁘게 자기 것을 하나님의 뜻대로 드릴 줄 아는 사람으로 변화되는 것입니다. 모든 자신이 가진 소유(재능-자손-재산)가 하나님의 것이라고 생각하고 아낌없이 드리는 사람으로 바뀌는 것입니다. 그러므로 진정으로 복된 삶을 살려면 하나님의 일에 호주머니를 잘 비우는 삶을 끊임없이 훈련하고 실천해야 합니다.

다섯째, 현실에 충실하는 사람을 찾으십니다. 강력한 능력을 이끌어내려면 현실에 충실한 크리스천이 되어야 합니다. 요셉은 하나님께서 주신 꿈을 간직하고 있었습니다. 자기 형제들과 부모까지 자기 앞에 절하는 존귀한 자가 될 것을 미리 바라봤습니다. 그러나 현실은 정반대였습니다. 형제들이 그를 이스마엘 상인에게 노예로 팔아넘기는 바람에 멀리 애굽 땅에서 하루하루 천대를 받으며 살았습니다. 그러나 요셉은 현실을 비관하고 불평하며 막살지 않았습니다. 있는 자리에서 충성을 다했습니다. 지금 자기 앞에 있는 주인을 최선을 다해 섬깁니다. 주인은 요셉을 기뻐하여 가정 총무의 일을 맡겼고, 요셉은 여전히 성실히 일합니다.

그런데 모함에 빠져 이제는 감옥에 갑니다. 그렇다고 낙심하지 않았습니다. 동일하게 감옥에서도 성실합니다. 마침내 30세가 되자 하나님께서는 요셉을 애굽의 총리가 되게 하십니다. 꿈이 이루어진 것입니다. 요셉이 꿈을 이루기까지 많은 시간이 걸렸지만 현실에 충실한 결과였습니다. 주어진 현실에 충실하니까 하나님께서 한꺼번에 좋은 것으로 갚아 주신 것입니다.

　우리의 인생도 너무 멀리 바라보면 쉽게 지칩니다. 꿈은 높이 있어도, 낮추어서 현실을 성실하게 살아가는 것이 필요합니다. 높은 계단을 오를 때 바로 앞의 계단만 보면 지치지 않습니다. 천리 길도 한 걸음씩 가면 지치지 않습니다. 필자가 특수부대 지휘관 할 때 일입니다. 천리(400km)행군할 때 병사들에게 앞 사람 발뒤꿈치만 바라보고 가면 언젠가 목표점에 도달한다고 강하게 말합니다. 그러면 결국 목표지점에 도달합니다. 하나님과 대화하며 하나씩 해결하시고, 한 걸음씩 나아가십시오.

　하나님은 과거에도 계셨고, 미래에도 영원히 계시는 분이시지만, 지금 여기에 나와 함께 하시는 하나님이십니다. 현실에서 주님과 만나고, 삶의 터전에서 주님을 경험하는 것이 중요합니다. 지나간 영화를 그리워하지 말고, 지금 주님과 친밀한 교제를 나누시기 바랍니다. 강력한 능력을 이끌어내려면 너무 먼 미래를 바라보며 들떠 있지도 말고, 지금 나와 동행하시는 하나님을 바라보고 기뻐하시기 바랍니다. 지금 하나님과 친밀하게 지내시기를 바랍니다. 하루하루가 쌓여 미래를 만들듯이, 현실에 충실한 삶이 내 미래에 아름다운 상급을 쌓게 되는 것입니다.

　과거가 중요한 것이 아니라 지금이 중요합니다. 지금 나는 무엇을 하고 있습니까? 과거를 반성하고, 미래를 꿈꾸되 현실을 충실히 사는 것이 중요합니다. 주어진 현실을 충실하게 살아감으로 말미암아 강력한 능력을 이끌어내어 하나님께 쓰임을 받으시기를 바랍니다.

3장 예수님이 원하시는 일을 하려고 하라.

(요 14:12)"내가 진실로, 진실로 너희에게 이르노니 나를 믿는 자는 내가 하는 일을 그도 할 것이요 또한 그보다 큰일도 하리니 이는 내가 아버지께로 감이라"

예수님은 예수님이 원하시는 일을 하는 사람에게 강력한 능력을 이끌어내게 하십니다. 그렇기 때문에 강력한 능력을 이끌어낼 분들은 예수님께서 공생애 기간 동안 하셨던 사역을 감당할 수가 있어야 합니다. 강력한 능력은 현실문제로 어찌할 바를 모르고 당황하는 사람들의 문제를 해결하여 하나님의 살아계심을 나타내라고 주시는 것입니다. 강력한 능력을 이끌어내어 무엇을 하겠다는 것입니까? 목적을 바르게 해야 합니다. 예수님이 공생애기간 동안 하신 일을 하려고 강력한 능력을 이끌어내려고 해야 합니다. 지금 작은 교회나 큰 교회나 현실 문제를 해결하려고 오는 성도가 대다수입니다. 이런 성도들을 말씀과 성령으로 치유하여 그리스도의 일꾼이 되게 해야 합니다. 세상에서 고통하는 불신자는 능력으로 전도해야 합니다. 그렇기 때문에 예수님께서 하신 사역을 행할 수 있는 강력한 능력이 필요한 것입니다.

첫째, 죄를 용서하시는 예수님. 하나님께서는 우리의 죄를 용서하기 위해서 그 아들을 속죄 물로 보내주신 것입니다. 죄라는 것은 빚과 한가지인 것입니다. 갚을 만한 빚이면 우리가 애쓰고 노력하고 절약해서 갚을 수 있습니다만 빚이 엄청나게 커서 몇 억대가 되면 갚지 못하지요. 아무리 빚을 갚으려고 해도 10억대 혹은 1조대의 빚을 짊어지면 평생을 갚아도 못 갚습니다. 우리의 죄 짐은 아담과 하와로부터 이전받은 죄로써 어머니 뱃속에서부터 죄 중에 잉태되고 죄 중에 태어나서 우리 개인의 죄를 보태니까 우리가 아무리 갚을 래도 갚을 수가 없는 엄청난 죄의 빚을 걸머지고 있는 것입니다.

"모든 사람이 죄를 범하였으매 하나님의 영광에 이르지 못하고" 죄의 빚으로 말미암아 영원한 지옥의 감옥에 갇힐 수밖에 없는 것입니다. 우리 죄의 빚은 우리의 힘으로 못갚으니까, 다른 사람이 와서 갚아줘야 하는 것입니다. 죄가 없는 분이 와서 우리 죄를 대신 갚아줘야 되는데 하나님은 그 아들 예수님을 동정녀 마리아를 통해서 태어나 죄 없이 태어나고 죄 없이 33년 동안 살다가 우리의 모든 죄를 당신의 것으로 짊어지고 십자가에 올라가서 몸 찢고 피 흘려 죽음으로 죄를 청산했던 것입니다. 이제 우리가 죄를 지었음에도 불구하고, 못났음에도 불구하고, 버림을 받아야 마땅함에도 불구하고, 죄지은 그대로, 못난 그대로, 빈손 든 그대로, 하나님의 아들을 영접하면 하나님은 예수 그리스도의 보혈을 통해서 우리의 죄를 탕감해 버리고 마는 것입니다.

적은 죄든, 큰 죄든, 얼마나 큰 죄든 주님께서 죄를 짓지 않은 것처럼 예수님 안에서 탕감시켜 버리는 것입니다. 이것이 복된 소식인 것입니다. 죄를 지은 사람, 불의한 사람, 추악한 사람, 버림을 받아야 마땅한 사람들이 예수를 믿기만 하면 하나님은 아무것도 묻지 않으시고, 조건을 세우지 않으시고, 죄를 탕감해 버리시고 맙니다. 용서해 주시고, 죄를 한 번도 안 지은 사람처럼 의롭게 해주시고, 하나님의 영광에 참석하게 해 주시는 이 놀라운 복음을 우리가 전해야 되는 것입니다. 오늘날 사람들이 천국 못가는 것은 행위가 나빠서 못가는 것이 아니라, 예수를 모르기 때문에 천국 못가는 것입니다. 종교가 우리를 구원하지 못합니다. 의로운 행위로 우리의 죄를 도저히 갚을 수가 없습니다. 죄를 짓지 않은 의인은 한사람도 없습니다. 모든 사람이 죄를 다지었습니다.

그러나 예수를 믿기만 하면은 예수 안에 하나님의 탕감이 있는 것입니다. 과거에 모든 죄를 다 한 번도 안 지은 것처럼 씻어서 탕감해 버리고 용서하고 의롭다고 만들어 주어서 모두다 천국 백성이 될 수 있는 것입니다. 누구든지 남녀 노유 빈부 귀천 할 것 없이 저를 믿기만 하면 죄 탕감을 받고 용서를 받고 구원을 받는 것입니다. 다른 것 조건이 없습니다. 그렇기 때문에 누구든지 영원한 천국에 갈수가 있는 것입니다.

둘째, 묶인 자를 자유하게 하신 예수님. 마귀는 사람들을 억압하고 종으로 삼지만, 주님은 가는 곳마다 귀신에게 눌린 자를 해방시켜 주시는 것입니다. 그러므로 예수 믿는 사람들은 모두다 자유와 해방을 위해서 태어났고 자유와 해방을 갖다 주는 용사들인 것입니다. 예수 그리스도의 신앙과 자유와 해방은 벗어날 수가 없습니다. 오늘날 아무리 약을 먹어도 낫지 않고 병원에서도 낫지 않는 이유는 귀신의 억압을 받아서 병든 사람은 약을 가지고는 낫지 않습니다. 귀신을 내어 쫓아야 낫습니다. 누가 귀신을 쫓습니까? 강력한 능력을 소유한자가 예수님께서 귀신을 쫓아내는 권세를 주신 것을 알고, 나는 권세 있는 사람이라고 인정하고 성령으로 충만한 가운데 귀신을 물리쳐야 되는 것입니다.

성령으로 충만한 가운데 담대하게 명령하면 성령의 권능으로 귀신이 물러가는 것입니다. 나사렛 예수 이름으로 명하노니 너희 거짓 귀신 마귀야 물러가라! 내가 예수 이름으로 너를 묶으니 이 몸에서 떠나갈지어다! 나사렛 예수 그리스도 이름으로 명하노니 물러갈지어다! 귀신은 한길로 왔다가 일곱 길로 도망칠 것입니다. 요한일서 3장 8절에 "죄를 짓는 자는 마귀에게 속하나니 마귀는 처음부터 범죄함이라 하나님의 아들이 나타나신 것은 마귀의 일을 멸하려 하심이라" 마귀의 일을 멸하고 우리에게 생명을 주되 풍성하게 주기를 원하시는 것이 주님의 역사인 것입니다. 누가복음 10장 19절 "내가 너희에게 뱀과 전갈을 밟으며 원수의 모든 능력을 제어할 권능을 주었으니 너희를 해칠 자가 결코 없으리라"

오늘날 예수 믿는 우리가 하나님이 주신 특권을 너무나 잊어버리고 사는 것입니다. 자기가 누군지 모르고 삽니다. 세상 사람이 아니고 하늘나라 사람이고 세상 시민권을 가진 사람이 아니고, 하늘나라 시민권을 가지고 있는 사람이고, 세상 사람들과 같이 하늘나라에 대해서 무관심한 것이 아니고, 우리는 그 나라와 그 의를 먼저 구하면서 살고, 자유와 해방을 갖다 주는 사람들인 것입니다. 집집마다 들어가서 해방의 말씀을 전하고 기도를 해 주므로 그 집안에 있는 원수 마귀를 청소하고 깨끗하게 하고 사회를 맑히고 밝히는 일을 하는 것입니다. 우리 예수 믿는 사람들이 많아지면 많아질수록 사회가 맑고 밝고 환해지는 것은 도둑질하고 죽이고 멸망시키는 죄악의 더러움을 가져오는 원수 마귀를 쫓아내버리기 때문인 것입니다. 그런 하늘나라의 군사들인 것입니다. 우리 주 예수 그리스도께서 사랑하는 예수님의 군사 (강한 능력사역자)가 되기를 주님 이름으로 축원합니다. 하나님의 성령과 말씀을 무장하면 놀라운 군사, 군인이 되는 것입니다. 담대해야 합니다. 작은 교회를 하는 목사가 성령으로 귀신을 쫓아내지 못하면 자립하지 못합니다.

셋째, 우리의 병을 치료하는 예수님. 하나님은 우리를 구원할 뿐 아니라, 우리를 고쳐 주기를 얼마나 원하시는지 그 아들 예수님을 채찍에 맞아 고통당하기를 원하시는 것입니다. 예수님께서 십자가에 못 박히기 전에 로마의 뜰에서 40에 하나 감한 39차례의 채찍을 맞아 등이 다 찢어지고 피트성이가 된 것입니다. 성경은 말하기를 저가 채찍에 맞음으로 네가 병 고침을 받았다고 말하고 있는 것입니다. 우리 병의 대가를 예수님은 채찍에 맞음으로 지불한 것입니다. 하나님은 예수님이 상함 받기를 원하사, 우리의 질고를 당케 할 정도로 병을 미워하시는 것입니다. 예수님은 병에 대해서 얼마나 심각하게 생각하는지 자기 자신을 내어

놓고 채찍에 맞아 몸이 갈기갈기 찢어져도 병의 대가를 다 지불하고 우리가 병 고침 받기를 원하시는 것입니다.

예수님은 회개하라 천국이 가까이 왔다 하시고 그의 사역의 ⅔는 병 고치는데 보냈었습니다. 귀신을 쫓아내고 앉은뱅이를 일으키고 귀머거리를 듣게 하고 죽은 자를 살려내는 기적을 행하시고 12제자에게도 천국을 전도하거든 반드시 병을 고치라고 말하고 70인의 제자에게도 둘씩둘씩 보내면서 회개하라! 천국이 가까이 왔다고 하시고, 그곳에 있는 병든 자를 고치라고 말했고 부활 승천할 때 마지막 남긴 유언에 "믿는 자들은 이런 표적이 따르리니 내 이름으로 귀신을 쫓아내며 병든 자에게 손을 얹은 즉 나으리라"고 말한 것입니다. 하나님이 뜻은 우리가 병고침 받는 것이고 예수님은 심각하게 병 고치기를 원하셔서 당신이 제자들에게 병 고치라고 부탁한 것이니, 이처럼 우리가 모여서 예배드리는 곳에 병 고침이 반드시 있어야 되는 것입니다.

성경은 말하기를 너희 두 세 사람이 내 이름으로 모인 곳에는 나도 너희 가운데 있겠다고 말한 것입니다. 두 세 사람이 모인 교회에는 예수님이 계십니다. 예수님은 병든 자를 예수님의 이름으로 기도하여 치유하는 목회자를 원하십니다. 병든 자가 교회에 오거든 절대로 내가 병을 고친다고 생각하지 말고 담대하게 예수님의 이름으로 명령하여 병든 자를 고쳐야 합니다. 성경은 말씀하기를 "예수 그리스도는 어제나 오늘이나 영원토록 동일하다"고 말씀한 것입니다. 예수님은 오늘도 우리 죄를 용서하시고 오늘도 우리를 거룩하고 깨끗하게 하시고 오늘도 우리 병을 고쳐 주시는 것입니다.

주님은 우리의 병을 고치기를 원하시고 우리가 믿기만 하면 고칠 수가 있고 고침을 받는 것입니다. 누구든지 저를 믿으면 멸망하지 않고 영생을 얻는 것처럼, 예수를 믿으면 폐병에서 고침을 받고, 관절염, 앉은뱅이, 절름발이에서 고침을 받게 되는 것입니다. 오늘날 교회가 병 고치는 일을 등한이 하는데 이는 하나님 아버지의 뜻을 완전히 이루지 못하고 있고, 예수님의 열망을 이루지 못하고 있는 것입니다. 그렇기 때문에 작은 교회가 자립하지 못하는 것입니다. 강력한 능력을 이끌어내어 하나님께 쓰임을 받으려면 죄를 용서하고 구원하시고, 성령을 주시는 예수 그리스도와 함께, 병을 고치고 귀신을 쫓아내는 그리스도를 전하고 귀신을 쫓아내고 병을 고쳐야 되는 것입니다. 작은 교회가 자립하려면 성령으로 병을 고치는 능력이 함께 해야 합니다.

네 번째, 저주에서 해방을 주는 예수님. 오늘날 우리 사회생활 가운데 왜 이렇게 슬픔과 고통과 괴로움과 저주가 많습니까? 아담과 하와가 타락했을 때 하나님 말씀하기를 땅은 너로 말미암아 저주를 받아 가시와 엉겅퀴가 나고 너희는 이마에 땀을 흘려야 먹고 살 것이라고 한 것입니다. 가는 곳마다 가시와 엉겅퀴가 납니다. 가정에도 행복한 결혼을 했는데 가시와 엉겅퀴가 돋아 서로 물고 찢고 싸우게 되고, 부모 자식 간에도 가시와 엉겅퀴가 나고, 친구 간에도 가시와 엉겅퀴가 나고, 사업에도 가시와 엉겅퀴가 나고, 생활에도 고통과 괴로움이 다가오고, 저주와 같이 하면 얼마나 피땀을 흘리는지 모릅니다. 모든 배후에는 귀신이 있습니다. 성령의 역사가 일어나면 해방이 되는 것입니다.

왜 그렇습니까? 예수님이 오셔서 십자가에서 우리 저주를 대신 짊어진 것입니다. 성경에는 저주 받은 자는 나무에 매달으라고 했는데 예수님은 하나님의 아들로 축복의 근원인데 왜 십자가는 나무에 매달렸습니까? 우리의 저주를 대신 짊어지기 위한 것입니다. 성령의 임재가운데 예수님의 이름으로 저주로 역사하는 귀신에게 명령하면 저주는 끝나는 것입니다.

갈라디아서 3장 13절에 "그리스도께서 우리를 위하여 저주를 받은바 되사 율법의 저주에서 우리를 속량하였으니 이는 기록된 바 나무에 달린 자마다 저주 아래 있는 자라 하였음이라 이는 그리스도 예수 안에서 아브라함의 복이 이방인에게 미치게 하려 함이라"고 말했기 때문입니다. 아브라함은 복중에 복을 받은 사람인데 예수 믿으면 아브라함의 복이 우리에게 임한다고 말한 것입니다. 예수를 구주로 믿으면 자신이 복을 받게 되고, 가정이 복을 받게 되고, 사업장이 복을 받게 되고, 성도들이 다니는 직장이 복을 받게 됩니다. 이것을 순수하게 믿어야 합니다. 그래야 성령의 역사로 복을 받을 수가 있습니다. 왜 복을 받느냐? 예수님의 뜻이기 때문입니다.

왜냐하면 예수님이 동행하여 복 받은 사람이 들에 나가면 들이 복을 받고, 집에 들어오면 집이 복을 받고, 떡 반죽 그릇을 만지면 떡 반죽 그릇이 복을 받고, 짐승을 기르면 짐승의 새끼까지 복을 받겠다고 말한 것입니다. 사람은 사람을 따라 복이 오지 환경을 따라 복이 오지 않는 것입니다. 복 받은 사람이 있으면 복이 그 사람과 같이 따라오는 것입니다. 사람이 복 받겠다고 남부여대하고 미국으로 건너간다고 복 받는 것이 아닙니다. 내가 이 자리에서 예수 믿고 복 받은 사람이 되면 이 자리가 바로 가나안 복지가 되고 젖과 꿀이 흐르게 되는 것입니다. 오늘 우리가 운명을 바꿀 수 있는 것은 예수 믿는 길밖에 없는 것입니다. 예수 믿으면 저주가 사라지고 복 받은 사람이 되므로 그때부터 일어나도 앉아도 복이 임하게 되는 것입니다. 바로 빌립이 사마리아에게 전하는 것은 복을 주는 예수 그리스도를 전하는 것입니다. 능력사역자는 성도들에게 이런 축복을 전이시켜야 합니다. 다른 것이 없습니다. 믿음으로 담대하게 선포하는 것입니다. 예수님의 이름으로 축복이 임할 지어다. 축복의 예수님을 믿는 자에게만 축복이 임할지어다.

귀신이 떠나가야 축복이 임합니다. 사도행전 8장에 보면 빌립이 복음을 그렇게 증거 하니 많은 사람에게 붙었던 귀신이 소리치며 나갔다고 말한 것입니다. 마귀와 귀신들은 우리 생활 속에서 끊임없이 도적질하고 죽이고 멸망시키는 일을 하는 것입니다. 이 세상에는 병균이 와글거리는 것처럼, 마귀와 귀신들이 와글거립니다. 마귀와 귀신들이 사람들에게 죄짓게 하고 더러운 행실을 하게하고 병들게 하고 고통당하고 저주받고 절망하게 하는 원수 귀신들이 버글거리는 것입니다. 악한 귀신은 우리에게 고통과 괴로움을 가져오고 고통과 괴로움을 가져오도록 만들어 주고 있는 것입니다. 거짓말하는 귀신, 음란한 귀신, 방탕케 하는 귀신, 좌절하게 하는 귀신, 귀신들이 많습니다.

사마리아에서 이 빌립의 설교를 듣고 사람들이 믿음을 가지고 예수를 만나니까 귀신이 소리치며 나갔던 것입니다. 장마철이 지나고 난 다음에 거름자리에 덮어있는 거적 대기를 들추면 벌레들이 햇빛을 피해서 와르르 달아나는 것처럼, 우리의 빛이신 예수님이 가슴속에 들어오면 어두운 가슴에 숨었던 귀신과 마귀들이 줄달음질쳐 도망을 치는 것입니다. 귀신이 한길로 왔다가 일곱 길로 도망치는 것입니다. 개인의 가슴에서 가정에서 생활에서 귀신이 쫓겨 나가고 성령이 오면 사랑과 희락과 화평과 오래 참음과 자비와 양선와 충성과 온유와 절제가 생겨나고 믿음, 소망, 사랑, 의, 평강, 희락이 다가오고 변화된 사람이 되게 되는 것입니다. 오늘 귀신을 우리는 끊임없이 쫓아내야 되는 것입니다.

믿는 자들에게 이런 표적이 따르리니 저희가 내 이름으로 귀신을 쫓아내겠다고 말한 것입니다. 사마리아에서 쫓겨나간 그 귀신은 오늘날도 우리가 명하면 우리 가운데서 쫓겨 나갑니다. 귀신은 우리와 같이 살지 못합니다. 우리는 모르는 사이에 귀신하고 오랫동안 살아서 귀신이 시키는 대로 미워하고 원망하고 불평하고 탄식하고 좌절하고 절망했지만 이를 쫓아내어 버리면 우리 마음속에 의와 평강과 희락과 믿음, 소망, 사랑이 가득하게 채워지는 것입니다. 사마리아에서 귀신만 쫓겨 나가는 것이 아니라 많은 절름발이와 앉은뱅이가 나은 것입니다. 오늘날 마음이 절름발이 된 사람, 육체가 절름발이가 된 사람, 가정이 절름발이가 된 사람, 생활이 앉은뱅이가 된 사람 많지 않습니까? 좌우간 주님은 우리가 불구가 되기를 원치 않습니다. 정신적으로 불구도 원치 않지요. 육체적으로 불구도 원치 아니하시고 생활의 불구도 원치 아니하시고 주님이 오시면 온전하게 고치는 것이 주의 뜻인 것입니다. 주님은 치료하는 하나님인 것인 것입니다. 주님께서는 영광을 받으시기를 원하시는 것입니다.

다섯째, 부활, 영생, 천국을 주시는 예수님. 사람이 한번 나서 죽는 것은 정한 이치인 것입니다. 가만히 있어도 70이요, 80이요, 오래 살면 90이 되면 다 죽어야 되는 것입니다. 사람은 죽음을 향해서 모두 다 늘 달음질치고 있는 것입니다. 죽음에 대한 것을 생각하기 원치 않지만, 그러나 죽어야 하는 것입니다. 우리가 죽어서 어디를 가나요? 어디서 와서, 왜 살며, 어디로 가는지 알지 못하고 방황하며 살다가 희생봉사 하는 사람이 많습니다. 사람은 이 고깃덩어리가 사람이 아닌 것입니다. 하나님이 형상과 모양대로 지은 사람이 육체를 옷 입고 사는 것이 바로 우리들인 것입니다. 육체는 옷처럼 벗어 버리는 것입니다. 이제 가을이 다가오면 여름옷은 벗어 버리고 겨울이 다가오면 가을 옷은 벗어 버리는 것처럼 늙으면 육체의 몸을 벗어 버리고 하나님께로 우리는 돌아가는 것입니다.

우리가 구원받아 영생을 얻으면 이 땅에서 천국을 누리다가 영원한 천국으로 들어가고 영생을 얻지 못하면 지옥으로 들어가는 것입니다. 집안에도 깨끗한 것과 더러운 것이 있는데 깨끗한 것은 안방에 더러운 것은 쓰레기통에 들어가는 것처럼, 인생도 보혈로 말미암아 씻음을 받고 구원을 받은 사람은 주님이 예비한 영원한 천국에 들어가서 "눈물과 근심과 탄식과 이별하는 것이나 곡하는 것이나 앓는 것이 없는 곳에서 영원히 살 것이요, 구원받지 못한 사람은 영원히 불타는 쓰레기 더미인 지옥으로 떨어지고 말 것"인 것입니다.

그러므로 인간의 운명은 이 땅에서 죽음으로써 갈라지는 것입니다. 어떠한 사람은 천국에, 어떠한 사람은 지옥에 어떠한 사람은 영원한 기쁨에, 어떠한 사람은 영원한 슬픔으로 갈라지게 되는 것입니다. 그런데 누구든지 예수를 믿으면 이 땅에서 천국을 누리다가 영원한 천국에 가고, 하나님의 자녀가 되고 하늘나라를 상속으로 받을 수 있게 되는 것입니다. 십자가에 몸 찢고 피흘려서 죄를 사하는 예수님, 거룩하고 성결하게 해 주시는 예수님, 치료하시는 예수님, 저주에서 해방시켜 주시는 예수님, 영원 천국을 주시는 예수님을 전했던 것입니다.

믿음은 들음에서 나며 들음은 그리스도의 말씀으로 말미암습니다. 듣지 못한 분을 어떻게 우리가 믿으며 믿지 않는 분에게 어떻게 기도를 드리겠습니까? 예수의 복음을 듣고 그런 분이 내게 있구나 그러면 이분에게 기도해야 되겠다. 믿음으로 기도하면 하나님이 응답하는 것입니다. 용서해 달라고 기도하면 예수를 통해서 용서해 주는 것입니다. 성결하게 해달라고 하면 예수를 통해서 성결해지는 것입니다. 예수가 치료자인줄 알고 치료해 달라고 기도하면 치료해 주시는 것입니다.

축복의 주님께 저주에서 해방을 받게 해달라고 기도하면 저주에서 해방 받을 수 있는 방법을 알려주시는 것입니다. 그대로 순종하면 저주에서 해방을 받고 천국을 누리는 것입니다. 부활 영생 천국을 주는 주님을 믿고 순종하면 부활 영생 천국을 주시는 것입니다. "구하라 주실 것이요, 찾으라 찾을 것이요, 문을 두드리라 열릴 것이라. 구하는 이에게 주실 것이요, 찾는 이에게 찾을 것이요, 두드리는 이에게 열릴 것이라"고 성경은 말하고 있는 것입니다. 강력한 능력을 이끌어내어 하나님께 쓰임을 받은 분은 이와 같이 예수님이 하셨던 일을 해야만 합니다. 예수님이 하셨던 일을 하는 목회자에게 성령의 역사가 일어나 교회를 자립하도로 인도하시는 것입니다. 쉽게 생각하여 귀신을 쫓아내고 병을 고친다고 교회가 자립하는 것은 아닙니다. 성령의 역사가 일어나야 합니다. 성령의 역사가 일어나 성령께서 친히 교회를 이끌어가시게 해야 합니다.

예수님이 원하시는 일이 무엇이겠습니까? 앞에서 설명한 대로 예수님은 이 땅에 하나님의 나라를 건설하시려고 오셨습니다. 예수님은 예수님을 대신하여 이 땅에 하나님의 나라를 건설할 일꾼이 필요합니다. 강한능력은 예수님이 하신 일을 하기 위해 필요한 것입니다. 모든 크리스천이 예수님의 일꾼이 된다면 그 교회는 반드시 성장하고 자립합니다. 왜 그렇습니까? 예수님의 마음에 합하기 때문에 성령께서 친히 역사하시며 목회를 하시기 때문입니다. 특별히 개척을 하려고 준비하거나 개척교회를 하시는 목회자는 자신의 전인격이 성령의 지배를 받아야 합니다. 이것은 말이 쉬워도 실제는 어렵습니다. 그러나 관심을 가지고 하나하나 추진하고 성령의 인도를 받으면 됩니다. 절대로 자신의 생각대로 금방 되지 않습니다. 목회자 자신이 되는 만큼씩 되는 것입니다.

어떤 목회자가 자신은 권능 있는 목회자에게 안수를 받지 못하여 영의 통로가 뻥 뚫리지를 않아서 능력이 나타나지 않는다고 했습니다. 필자가 이렇게 대답을 했습니다. 권능은 권능 있는 목사에게 안수 강하게 한번 받아서 나타나는 것이 아닙니다. 자신이 성령의 지배를 받는 만큼씩 권능이 나타나는 것입니다.

즉, 하나님의 진리의 말씀의 비밀을 깨닫는 만큼씩 권능이 나타납니다. 바르게 알아야 합니다. 지금 불이 있다고 하는 기도원에서 몇 년씩 상주하면서 불을 받으려고 하는 목회자가 있습니다. 이분들 불을 받으면 다된다는 생각을 정리해야 합니다. 절대로 불만 받으면 다되지 않습니다. 자신이 성령의 지배를 받으면서 진리의 말씀을 깨달아야 합니다.

성령으로 기도하여 자신 안에 계신 하나님과 관계를 열어야 합니다. 즉, 자신 안에 계신 하나님과 직접적인 관계를 맺으면서 현실 문제의 해결방법을 하나님께 물어서 알려주시는 방법으로 순종하여 해결하면서 자신을 성령의 지배를 받고, 어디서나 하나님과 통하는 능력자가 되어야 합니다.

4장 성령님이 훈련시키는 사람이 되라.

(롬8:14)"무릇 하나님의 영으로 인도함을 받는 사람은
곧 하나님의 아들이라"

하나님은 강력한 능력을 이끌어내어 사용할 사람은 성령으로 인도하시면서 훈련하십니다. 성령의 사람을 만나게 하여 강력한 능력을 이끌어내어 이땅에 하나님의 나라 건설에 사용할 사람을 훈련하십니다. 강력한 능력을 이끌어내려면 멘토를 잘 만나야 합니다. 하나님을 두려워하고 정확한 진리의 말씀을 적용하는 멘토를 만나야 합니다. 성령으로 기도하여 깊은 영성을 유지하는 멘토를 만나야 합니다. 말씀과 체험이 균형 잡힌 멘토를 만나야 합니다. 요즈음 짝퉁들이 너무나 많기 때문에 멘토를 잘 만나는 것은 복중에 복입니다. 적어도 7년 이상 영적인 사역을 했는데 시시비비 없이 바르게 사역하는 멘토를 찾아야 합니다. 멘티는 멘토를 통하여 말씀의 비밀도 깨닫게 되고, 강력한 능력을 이끌어내는 영성도 전이 받을 수 있기 때문입니다.

인생의 본질은 사람과의 접촉이라고 할 것입니다. 무수한 사람과의 만남의 연속이지만 중요한 고비에서 중요한 인물과의 만남은 그 사람의 삶 전체를 바꿀 수도 있는 것입니다. 만남을 갈망해야 합니다. 영적 갈망이 있다고 해서 당장에 되는 것은 아닙니다. 이런 갈망이 끊임없이 자신의 내부에서 샘솟듯 해야 어느

날 그 문을 찾을 수 있게 됩니다. 열망이 때로는 부정적인 형태로 나타나기도 합니다. 하나님에 대한 원망이나 불평으로 나타나기도 합니다. 우리는 사랑과 관심에 대한 표현이 긍정적일 때는 존경과 기쁨으로 표현되지만, 부정적일 때는 원망과 불평으로 나타납니다. 이 모든 것이 관심의 표현입니다. 하나님에 대한 관심이 없으면 이런 원망과 불평도 생기지 않습니다.

강력한 능력을 이끌어내어 예수님께 쓰임을 받을 사람은 영적 지식을 얻는 배움의 과정은 필수입니다. 이 배움은 신실한 신앙의 선배나 지도자를 통해서 배우게 됩니다. 광야의 훈련을 통과한 증거가 있는 지도자에게서 배워야 합니다. 검증된 영적 서적을 통해서 지식을 얻을 수 있지만, 살아있는 사람을 통해서 배우는 것이 가장 바람직합니다. 하나님은 사람을 통하여 강력한 능력을 이끌어내고 전이 되도록 하시기 때문입니다. 영적 멘토를 만나는 것은 그 강력한 능력을 이끌어내는 입구로 들어가는 중요한 포인트입니다. 영적 지식은 자신의 영적 성향과 같아야 쉽게 배우게 되고 이해도 잘 됩니다. 자신이 추구하는 영적 성향과 같은 멘토를 만나게 해달라고 성령으로 기도해야 합니다. 지적이고 사변적인 성향이 강한 좌뇌형 인간과, 감성적이고 즉흥적인 성향이 강한 우뇌적 인간이 있습니다.

영적 경로를 추구하는 성향이 이와 같이 분명하게 대조됩니다. 그러므로 자신의 성향에 따라서 지도자를 만나야 합니다. 영적 성향을 이해하지 못하면 여러 가지로 어려움을 겪게 됩니다. 영적 지식은 깊이와 폭이 중요합니다. 한쪽으로 치우치는 일은 바람직하지 못합니다. 말씀의 지식과 영성이 균형을 이루어야 합니다. 그러므로 너무 서두르는 일은 올바르지 못합니다. 영적 지식의 깊이와 넓이는 그 입구를 찾았을 때 비로소 온전해지는 것입니다. 영적 경로에 들어간 이후에는 영적 지식이 나침반과 같습니다.

두드리는 일은 매우 중요합니다. 적용이 없는 경험은 아무런 의미가 없습니다. 두드리는 일은 강력한 능력을 이끌어내기 위한 입구를 찾는 일보다는 찾고 난 이후에 더 소중합니다. 강력한 능력을 이끌어내기 위한 영적 여정에서 우리는 계속해서, 또 다른 문을 열어야 합니다. 첫 문을 열면 그 이후의 문들은 영적 성장을 위한 문입니다. 이문을 두드리는 일이 곧 적용이며, 수행이며, 실행입니다. 적용하지 않으면 아무런 변화를 얻지 못합니다.

무엇보다 중요한 것은 첫 관문을 발견하고 그 관문 안으로 들어가 그 관문을 통과하는 것입니다. 이 관문은 찾기도 어렵지만 통과하기도 어려운 문제입니다. 앞에서 언급한 세 가지 과정을 진행하는 가운데 그 문이 찾아지게 됩니다. 이것은 비전을 얻는 일이며, 소명을 확인하는 일입니다. 자신의 길을 찾음으로써 비로소 강력한 능력을 이끌어내기 위한 영적 여정의 길에 들어서게 되는 것입니다. 보다 쉬운 것은 강력한 능력을 이끌어내어 하나님께 쓰임을 받고 있는 영적 지도자를 통해서 전수 받고 개발하는 길입니다. 영적 관문을 찾았지만 그 관문을 확인하여 자신이 들어갈 길로 인식하기까지 어려움이 많습니다. 이 과정에서 신중한 성향을 지닌 사람들은 더 어렵습니다. 믿음이 적은 사람도 어렵습니다. 강하고 담대해야 합니다. 강력한 능력을 이끌어내기 위한 영적 입구는 획기적인 변화를 의미합니다.

사고의 변화와 가치관의 변화가 강력한 능력을 이끌어내 위한 영적 여정의 입구입니다. 생각이 바뀜으로써 삶이 바뀌게 됩니다. 바뀌지 않았다면 바꾸어야 합니다. 새로운 세계로 들어가는 것은 새로운 경험을 얻게 되는 것을 의미합니다. 새로운 경험을 얻으려면 강하고 담대해야 합니다. 강력한 능력을 이끌어내기 위한 영적 여정의 입구는 여러 변화를 가져오는 것입니다. 그 변화는 획기적이기 때문에 누구나 의식할 수 있습니다. 사람에 따라서 획기적인 변화를 획기적으로 느끼지 못하는 사람도 있을 것입니다.

획기적인 변화의 시점이 영적 경로로 들어가는 입구입니다. 성령께서 보증하셨기 때문에 획기적인 변화를 체험한 것이기 때문입니다. 이 변화는 중요한 인물을 만나는 것을 포함해서, 중대한 시련과 삶의 고비일 수도 있고, 환경의 변화와 육체의 질병일 수도 있습니다. 중대한 시련과 삶의 고비를 만나서 애통하며 기도하다가 성령님의 인도로 사람을 만날 수도 있습니다. 환경의 변화와 육체의 질병으로 고통당하면서 기도하다가 성령님께서 만나도록 인도하는 인물을 만날 수도 있습니다. 가장 바람직한 것은 자신을 변화시킬, 아니 사고를 바꾸어줄 인물과의 만남입니다. 자기의 인생의 전환점이 될 중요한 인물과의 만남은 정말로 중요한 것입니다. 엘리사가 엘리야를 만나고, 여호수아가 모세를 만나고, 디모데가 바울을 만난 것과 같은 영적 지도자를 만나는 것이 가장 이상적인 입구입니다.

첫째, 성령님이 만나도록 인도한 사람을 만나야 한다. 필자는 중대한 시련과 삶의 고비에서 어찌할 바를 모르고 기도하다가 성령의 인도를 받았습니다. 교회를 개척해놓고 정말 열심히 전도를 했습니다. 그런데 교회는 부흥이 되지를 않았습니다. 새벽 기도하면서 하나님께 제발 성도 좀 보내 주시고 저의 앞길을 인도하여 달라고 기도하였습니다. 그렇게 기도하다가 잠시 비몽사몽간에 빠졌습니다. 그때 이렇게 음성이 들렸습니다. "앞으로는 영성이다. 영성! 영성! 영성! 21세기에는 영성목회를 해야 한다." 그렇게 또렷하게 들렸습니다. 그때 저는 영성 목회하는 사람은 모두 이단이라고 생각하고 있을 때입니다. 신대원에서 그렇게 배웠기 때문입니다. 그날 아침에 인터넷에 들어가 영성을 하는 곳을 찾았습니다. 그러자 아주 유명한 곳이 나왔습니다. 자료들을 하나하나 검토하여 봤으나 저의 낮은 영적인 수준으로는 이단성을 찾을 수가 없었습니다.

그곳에 전화를 했더니 목요일 마다 집회가 있으니 오라고 하였습니다. 사모를 대동하고 찾아 갔습니다. 필자는 항상 사모를 대동합니다. 왜냐하면 우리 사모는 합동 측에서 신앙이 자라서 보수 중에도 상보수라 분별하여 보라고 데리고 다닙니다. 목사님이 나오셔서 설교를 하니까 사모가 하는 말이 자신이 듣고 싶은 설교가 바로 이 설교라고 대단히 좋아했습니다. 그래서 그곳에서 하는 4일 집회도 가서 은혜를 받았습니다. 은혜를 받으면서 말씀으로 저를 분별해보니 마귀였습니다. 목사가 아니라 마귀 짓을 하고 있었습니다. 좌우지간 그 집회를 참석하고 성령의 인도의 중요성을 알고, 성령의 인도를 받는 사람이 되려고 노력하였습니다. 영성에 눈을 뜨기 시작했습니다. 그곳에서 영성에 대하여 조금 눈을 뜨니 영적인 책들도 사서 읽게 되었습니다.

그리고 신유에 대하여 관심도 많이 가지게 되었습니다. 병원 전도를 열심히 하였습니다. 일주일에 5일(월-화-수-목-금) 아침 9시부터 오후 4시 반까지 약 3년간 다녔습니다. 이즈음에 새벽기도를 하는데 성도들이 한명도 오지를 않았습니다. 그래서 하나님! 성도들 좀 보내주세요, 하고 항변을 하며 기도하다가 깜박 졸았습니다. 그런데 꿈속에서 교회를 보니까 성도들이 많이 와서 예배를 드리려고 기다리고 있지를 않습니까? 놀래가지고 예배를 드리려고 성경을 찾으니까 강대상 위에 성경이 한 권도 없었습니다. 당시 강대상에는 성경이 세권이 있었는데 한 권도 보이지를 않았습니다. 다급해져서 이곳저곳을 다 찾아봤으나 종이쪽지만 나오고 성경이 없었습니다. 꿈을 깨고 난 다음, 성령님께 하문하여 꿈이 해석되자, 저는 정신이 번쩍 들었습니다.

성도를 보내려고 해도 네가 말씀이 없으니 어떻게 보내느냐는 하나님의 응답입니다. 그래서 그때부터 성경을 읽기를 시작했고, 말씀세미나도 참석하고, 세미나 교재도 만들고, 말씀을 찾아 준비하기 시작하였습니다. 지금 생각하면 그때 성령님께서 그렇게 저의 상태를 정날하게 보여주시지 않았더라면 저는 착각을 하고 목회를 했을 것입니다. 왜냐하면 부교역자도 3년이나 하면서 대 심방도 다녔습니다. 그때마다 성도들이 말씀에 은혜를 받았습니다. 저는 나름대로 다되었다고 생각하고 있었습니다. 강력한 능력을 이끌어내어 하나님께 쓰임을 받은 사람은 성령의 인도로 자신의 부족함을 깨달아 알아야 하고, 성령님이 만나게 하시는 성령의 사람을 만나야 합니다.

1) 롤 모델을 만나야 한다. 엘리사가 엘리야보다 갑절로 더 크게 쓰임 받은 이유는 엘리야라는 영적 대가를 만났기 때문입니다. 자신에게 도전 정신을 주고, 자신을 자극하고 흔드는 인생의 롤 모델을 만나야 합니다. 먼저 자신의 롤 모델을 정해야 할 것입니다. 엘리야 같은 본받고 싶은 인생의 롤 모델을 만나기를 성령으로 기도해야 합니다. 한번뿐인 인생, 어떻게 살아야할지 조언해줄 수 있는 인생 선배를 만나야 합니다. 무엇을 위해, 어떻게 살아야 할지, 현명하게 지도해줄 수 있는 인생의 모델을 만나는 것이 복중의 복입니다.

10~20대에는 배우자를 위한 기도보다는 본받고 뛰어넘을만한 엘리야와 같은 영적인 대가를 만나기 위해 기도해야 합니다. 바울이 바나바를 만난 것이 우리가 지금 알고 있는 바울이 될 수

있었던 가장 큰 원인이고, 디모데가 바울을 만난 것이 디모데의 인생의 최고의 복입니다.

쉽게 인생의 롤 모델을 만날 수 있는 방법이 자신이 추구하는 강력한 능력을 이끌어낼 영성의 성향의 '책을 읽는 것'입니다. 책을 통해 수많은 영적인 대가와 인생의 롤 모델을 만날 수 있습니다. 우리는 책속의 위대한 인물들을 만날 때마다 이렇게 외쳐야 합니다. '나는 당신을 뛰어넘을 수 있습니다.' 우리는 주변에서 성공한 사람들의 이야기를 듣습니다. 우리는 그런 소리를 들으며 이런 마음을 먹어야 합니다. '내가 당신을 뛰어넘을 것이다.' 이런 사람들을 보면 우리는 이런 말을 할 수 있습니다. '너는 돈도 있고 능력도 있잖아.' 맞습니다. 우리는 돈도 없고, 능력도 없습니다. 하지만 우리는 하나님이 계시지 않습니까?

둘째는 기도하는 것입니다. 성령으로 능력기도를 해야 합니다. 성령께서 감동하시어 멘토를 만나게 할 것입니다. 자기가 추구하려고 하는 사역방향과 같은 대상을 놓고 기도해야 합니다.

2) 장점을 발견하라. 누구나 장점과 단점은 있습니다. 어떤 사람의 장점이 좋아 따라가다가 그 사람의 단점을 발견하고는 포기하는 경우를 봅니다. 그런 사람은 절대 큰사람이 될 수 없습니다. 엘리사는 엘리야를 10년 넘게 따라다녔습니다. 누군가를 따라다닌다는 것은 꼭 존경하고 좋아하기 때문만은 아닙니다. 그에게 배울 점이 있기 때문입니다. 배울 점이 있는 사람이라고 꼭 장점만 있는 것은 아닙니다. 엘리사는 엘리야의 장점도 봤겠지만

단점도 봤을 것입니다. 하지만 엘리사는 엘리야에게 장점을 배웠고, 결국 엘리야를 뛰어넘는 하나님의 사람이 되었습니다.

쉽게 말해서 인간적인 부족함이나 단점이 있더라도 거기에 치중하여 멘토링을 포기하지 말고, 장점만을 자기 것으로 삼겠다는 생각을 가지고 멘토링을 받아서 장점만 자신의 것으로 만들어가란 말입니다. 필자는 이런 말을 자주 합니다. 사람이 밥을 먹습니다. 밥을 먹을 때 밥만 먹지 않고, 반찬도 먹고, 찌개도 먹습니다. 먹는 것이 모두 몸으로 가면 비만이 될 것이 뻔합니다. 비만이 되지 않게 하려고 위장에서 영양분만 흡수하고 모두 배출을 합니다. 장점만 자신의 것으로 만들고 단점을 배설하여 버리면 된다는 말입니다. 교회 안에 목회자들이 있습니다. 담임목사를 비롯한 목회자들입니다. 이들에게는 단점도 있지만 장점도 참 많습니다. 교회의 성도들이 이들을 청빙했을 때는 이들의 장점을 보고 청빙한 것입니다. 그렇다면 이들의 장점을 배우고, 이들의 장점을 칭찬해서, 이들의 장점이 극대화되어서 몸 된 교회에서 쓰임 받을 수 있도록 하는 것이 성도의 임무입니다.

3) 노력이라는 대가를 지불하라. 누군가를 자신의 롤 모델로 삼는 것으로 끝나면 안 됩니다. 누군가의 장점을 발견하는 것으로 끝나면 안 됩니다. 그를 닮기 위해 노력해야 합니다. 노력은 거짓말하지 않는 것입니다. 전교 1등하는 친구를 롤 모델로 삼았으면 그의 행동, 말투, 공부하는 습관 등을 그대로 따라해 보세요. 그리고 그 친구보다 2~3배 더 노력해보세요. 노력이라는

대가를 지불하면 그를 능가할 수 있습니다.

호박벌은 굉장히 부지런하고 자기 일에 집중하는 곤충입니다. 몸길이가 평균 2.5센티미터 정도인데 일주일에 1,600킬로미터를 날아다닙니다. 작은 호박벌로서는 엄청난 거리이지만, 공기역학적으로 보면 너무 작아서 이렇게 날수 있다는 것이 기적인데 어떻게 이렇게 먼 거리를 날수 있을까? 호박벌은 꿀을 얻겠다는 집중력이 아주 강하다고 합니다. 그 분명한 목적의식이 그의 신체적인 한계도 뛰어넘게 만든 것입니다.

지금 자신은 어떤 일을 하는가요? 그 일을 위해 최선을 다하는가요? 최선이란 단순한 노력이 아닌 자신의 한계를 뛰어넘는 노력이 있어야 합니다. 하나님에게 기도해야 합니다. 필자는 윈스턴 처칠의 옥스퍼드 대학에서의 강연을 좋아합니다. 'never never give up(절대로 절대로 포기하지 마라).' 윈스턴 처칠은 많은 약점이 있었습니다. 말도 잘 못하고, 공부도 잘못했습니다. 열등감이 많았고, 수많은 소문들 때문에 마음고생이 심했습니다. 하지만 그에게 한 가지 장점이 있었습니다. 목표한 것을 포기하지 않고 끝까지 그 일을 향해 집중하는 것입니다. 육군 사관학교를 삼수하여 들어갔고, 수많은 시련이 있었지만 결국 수상이 되었습니다. 인생의 분명한 목표를 가지고 노력하세요. 대가를 만나기를 기도하고, 만난 다음에는 닮아가기를 노력하고 나중에는 그를 뛰어넘으시기 바랍니다. 그때 엘리야를 뛰어넘는 엘리사가 될 수 있습니다.

둘째, 바른 지도자를 만나야 한다. 강력한 능력을 이끌어내어 하나님께 쓰임을 받기 위하여 영적 여정을 시작하는 사람에게 있어서 첫 관문은 지도자를 제대로 만나는 것으로부터 시작하는 것입니다. 여기에 적용되는 원칙들을 살펴봅니다.

1) 10년 이상 현재 사역에 집중하고 있는 지도자 만나기: 한마디로 말씀과 체험이 같이 가는 사역자라야 합니다. 전인적인 분야에 박식한 영적인 지식과 체험이 있는 지도자를 만나야 합니다. 영적인 사역자는 장기간에 걸친 연단과 훈련으로 만들어집니다. 연단과 훈련을 통하여 다듬어진 지도자를 찾고 만나야 합니다. 이런 지도자가 하나님이 함께하는 지도자이기 때문입니다. 하나님과 관계가 열린 지도자를 만나는 것은 복중에 복입니다.

2) 자신의 추구하는 영적 성향과 비슷한 지도자를 만나기: 자기의 성향을 알아야 합니다. 이 부분이 가장 중요한 내용입니다. 우리는 성격이 다른 것처럼 영적 성향도 각각 다릅니다. 다른 성향은 은사로 나타나는데 차분한 사람은 주로 예언으로, 급하고 격한 사람은 축사로, 신중하지 못한 사람은 능력 행함으로, 꼼꼼한 사람은 권면하는 은사로 나타납니다. 다양한 은사만큼 영적 성향이 다르기 때문에 지도자 역시 다양합니다. 자신의 은사 또는 성향과 비슷한 부분에서 사역하는 지도자를 만나는 것이 좋습니다.

3) 연령 차이가 한 세대를 넘지 않기 : 너무나 많은 연령 차이는 세대 간의 차이를 극복하는데 다소 어려움이 있을 수 있습니

다. 지도자 중에는 탁월한 능력으로 세대 차이를 극복하는 사람이 있습니다. 비록 육체적 나이는 많더라고 생각을 항상 젊게 가지고 있는 분들도 있습니다. 생각이 구 세대적이고 보수적이며, 낡은 태도를 가진 지도자에게 젊은 세대는 맞지 않습니다. 한 세대를 넘지 않아야 합니다. 한 세대란 25~30년을 말합니다.

4) 너무 많은 제자를 둔 지도자는 피하기: 지도자가 너무 바쁘거나 많은 제자들을 두어서 시간을 내기가 쉽지 않은 경우에는 훌륭한 지도를 받을 수 없습니다. 영적인 지도자는 바쁜 것이 가장 큰 약점입니다. 사람들이 적을 때는 별로 문제가 되지 않던 것이 사람들이 몰려오고 일정이 바빠지면 영적 능력도 상대적으로 약해지게 됩니다. 계속 바빠지면 그는 능력으로 사역하는 것이 아니라, 관록으로 하게 됩니다. 이것이 능력인 것처럼 착각하고 속게 됩니다. 관록과 명성은 결코 능력이 아닙니다. 이것은 사람이 만들어놓은 대체물입니다. 관록과 명성은 우리가 경계하지 못하는 사이에 주님의 능력을 대체해버리게 됩니다. 그리고 이런 대체물에 속아 넘어간 채로 살아가기 쉽습니다. 이런 지도자는 피해야 합니다.

5) 사역의 범위를 살피기 : 한 가지 일에만 전문적인 지도자가 있습니다. 한 부분에만 깊숙하게 들어간 것은 좋은데 다른 부분에 대해서는 전혀 아는 바가 없어서 너무 편중되어 있습니다. 한 가지만 너무 전문적인 사람은 지도자로서는 바람직하지 못합니다. 은사란 서로 연결되어있고 인접한 은사들과는 필연적으로

협력이 이루어져야 합니다. 예를 들면, 신유의 은사를 받았다면 예언과 축사도 할 수 있어야 합니다. 사역의 범위가 너무 넓은 것도 전문성을 떨어지게 만들 수 있습니다. 팔방미인은 자칫 경솔할 수 있으며, 한 우물만 파는 것은 경직될 수 있는 단점들을 지니고 있습니다. 전인격적으로 변화되도록 인도하는 사역자를 찾아야 합니다. 사람을 만나도록 노력해야 합니다.

6) 강한 솔타이를 경계하기: 어떤 단체에 가서 보면 지도자가 하는 행동이나 어투를 제자들이 그대로 흉내를 내는 것을 봅니다. 지도자가 그렇게 하도록 일방적으로 강요하는 경우도 있지만, 대부분은 자발적으로 그렇게 하게 됩니다. 이것은 지도자에게 속박하는 영이 강하게 역사하기 때문입니다. 제자들에게 솔타이가 생기도록 강력하게 역사하는 까닭에 제자들은 자신도 모르는 사이에 스승의 모습을 그대로 닮아갑니다.

제자는 부분적으로 스승을 닮도록 되어있지만 불필요한 것까지 닮는 것은 문제가 있습니다. 이런 제자들은 스승을 능가하기란 어렵습니다. 성숙하지 못한 지도자는 제자가 자신을 추월하는 것을 달가워하지 않습니다. 자신이 살아있는 동안은 자신보다 한 단계 아래에 머물기를 원합니다. 이것은 올바르지 못한 태도입니다. 스승의 지도를 따르되 하나님과 직접적인 관계를 맺어야 스승을 능가하는 제자가 될 수 있습니다. 제자는 스승보다 더 많은 일을 할 수 있어야 합니다. 그것이 제자를 길러내는 목적이기도 합니다.

셋째. 자신을 변화시키는 멘토를 만나야 한다. 하나님은 성도들이 영적 변환을 거쳐야 하는 시기가 되면 그 변환을 이끄는데 도움이 되는 스승을 만나게 하십니다. 그런데 많은 사람들은 이런 사실을 제대로 인식하지 못하고 단순하게 일시적인 도움 정도를 받는 것으로 만족하려고 합니다. 지도자 없이 강력한 능력을 이끌어내기 위한 영적 여정을 시작하는 것은 매우 위험할 수 있을 뿐만 아니라, 제대로 성장하지 못합니다. 우리나라의 여성 사역자들(은사자라고 부름)은 대체로 정상적인 교육을 받지 못했습니다. 주먹구구식이고 자기주의 적입니다. 그런 까닭에 사역이 매우 제한적이고 소규모이며, 다소 규모 있게 사역하는 사람도 제자들을 길러내지 못하고 소멸됩니다.

저는 앞으로 여성 사역자들이 역할이 더욱 많아 질 것이라고 생각합니다. 많은 여성 사역자들이 세워질 것이라고 생각합니다. 사역자는 그냥 세워지는 것이 아닙니다. 말씀과 기도와 체험이 같이 가야합니다. 그래서 자신이 추구하는 영성 분야에 대가가 되려고 밤낮으로 노력을 해야 한다는 것입니다. 자신의 사역에 대한 전문적인 텍스트를 준비해야 합니다. 필자는 사역이 끝나면 컴퓨터에 원리와 체험을 워드로 타자하여 입력하여 두는 습관이 있습니다. 군대에서부터 습관이 되어있기 때문에 많은 책을 낼 수가 있는 것입니다. 글로 써서 문서화해야 후대가 사용할 수가 있습니다. 자신의 전문 사역분야를 텍스트 화하는 것 정말 중요합니다. 60년대에 엄청난 능력을 행하였던 현신애권사도 자신의 전문 사역분야에 텍스트를 남기지 않아 자신에게 한정되고 말았지 않습니까? 정상적으로 교육 받지 않았기 때문에 교육할 줄 모릅니다.

사도로 선지자로 세워지지 못하였기 때문에 규모가 크든지 작든지 관계없이 당대에 끝나고 맙니다. 이것은 안타까운 일입니다. 홀로 영적 과정들을 이해하고 배워나가기에는 너무나 어렵고 힘듭니다. 제가 15여년을 이런 과정들을 소화하기 위해서 하나님은 여건을 만들어 주셨기 때문에 가능할 수 있었고, 저의 삶을 일일이 간섭하시고 지시하는 독특한 과정을 거치게 하셨기 때문에 이루어낼 수 있었습니다.

성령의 인도를 받았고, 인터넷을 통해서 많은 정보를 접할 수 있고, 외국의 다양한 영적 경험들을 지닌 유명한 분들의 글을 접할 수 있어서 가능하였습니다. 제가 경험한 것들을 다른 이들의 글에서 발견할 수 있었고, 새로운 것들은 즉시 경험할 수 있도록 하나님이 저에게 은혜를 베푸셨습니다. 그리고 사역에 적용하면 역사가 일어났습니다. 무엇보다도 배우고 터득한 영적인 것들이 현장에서 그대로 역사가 일어나니 감사할 일입니다. 이것이 성령이 보증하여 주시는 것입니다. 하나님의 세미한 인도를 성령으로 통하여 눈으로 보고 따라가게 하시는 것입니다. 눈으로 보면서 순종하게 하십니다. 정말 하나님에게 감사를 드립니다.

5장 말씀과 체험이 균형이 잡혀야 한다.

(전7:18)"너는 이것도 잡으며 저것에서도 네 손을 놓지 아니하는 것이 좋으니 하나님을 경외하는 자는 이 모든 일에서 벗어날 것임이니라"

하나님은 강력한 능력은 말씀과 체험이 균형 잡힌 영성에서 이끌어내게 된다고 말씀하십니다. 그래서 하나님은 예수를 믿고 성령으로 거듭난 성도들이 말씀을 아는 것과 체험이 같이 발전하기를 소원하십니다. 필자가 항상 성령집회에서 강조하는 것이 있습니다. 영성이 있고 권능이 있는 목회자나 성도로 변하는 것은 능력이나 권능이 있는 목사에게 안수한번 받아서 뻥 뚫려서 되는 것이 아니라는 것입니다. 성령으로 세례를 받고 전인격이 성령의 지배를 받으면서 진리의 말씀을 깨닫는 만큼씩 영성이 깊어지고 권능이 강해진다는 것입니다. 하나님은 우리 성도들이 말씀을 아는 것과 체험이 같이 가는 영성을 개발하기를 소원하십니다. 어느 한쪽으로 치우치면 불구 영성이 되기 때문입니다. 절대로 능력은 진리의 말씀의 비밀을 아는 만큼씩 강해지는 것입니다.

이 지구상에 사는 사람들은 똑같은 사람들이 하나도 없습니다. 비슷한 쌍둥이라도 어느 부분이 다릅니다. 그래서 형과 동생을 찾아냅니다. 사람들은 제마다 자기 얼굴이 있습니다. 이와 같이 사람들의 얼굴이 각각 다른 것처럼 사람들의 영성의 색깔도 다릅니다. 사람에 따라 하나님이 그렇게 만드셨기 때문입니다. 어느 사람은 감성적이고 어느 사람은 이성적입니다. 어느 사람은 행동으로 옮기는 것을 더 중요하게 여기는가 하면, 또 다른 사람은 도를 닦듯 명상하는 것을 더 중요하게 생각합니다. 어떤 사람은 조용히 홀로 기도하는 것을 즐기는가 하면, 또 다른 사람은 많은 사람들과 함께 떠들썩한 분위기를 더 좋아하기도 합니다. 서로 다른 색깔의 영성 때문입니다.

그런데 일곱 색깔이 조화를 이루어 무지개를 만들 듯이 교회 공동체는 다양한 개성의 사람들이 모여 하나의 공동체를 만들어 갑니다. 그리스도의 몸인 공동체를 만들어갑니다. 혼자 있는 것보다는 그렇게 섞여 있을 때 더 아름다운 모습이 나타납니다. 사도바울은 말했습니다. "몸은 하나지만 그 안에는 많은 지체가 있다" 그렇습니다. 여러 지체가 모여 하나의 몸을 이루듯 교회 역시 여러 색깔이 모여서 하나를 이룹니다. 그런데 문제는 그것이 가정이든, 교회든, 국가이든 그 규모에 상관없이 이 사실을 서로 무시하기 때문에 필요 없는 갈등과 어려움을 겪게 됩니다.

교회에서도 보면 그렇습니다. 일정한 스타일의 자기 색깔이 가장 이상적이라고 믿는 사람들은 자기도 모르는 사이에 은근히 자기와 다른 색깔의 사람들을 무시하거나 소외 시킵니다. 물론 그런 행동을 내놓고 노골적으로 표현하진 않습니다. 하지만 웬만한 사람이면 다 알게 되고 결국은 드러나게 됩니다. 자기는 그 사람과 맞지 않는다고, 색깔이 다르다고, 이런 태도는 하나의 영적 교만의 결과입니다. 또 어떤 사람은 이런 생각을 가집니다. 서로 색깔이 맞는 사람들이 자기들끼리 서로 모여 지내면 되는 것이 아니냐고, 자기 좋은 대로 다른 사람 간섭하지 않고 자기 자신에 충실하면 되지 않느냐고 말합니다.

하지만 이런 주장은 '같이'사는 것이 무엇인지, '더불어'사는 것이 무엇인지 모르는 어리석음의 소지입니다. 가족이 그렇게 산다면 그것은 더 이상 가족이 아니라 '룸메이트'입니다. 룸메이트는 그렇게도 지낼 수 있습니다. 룸메이트는 편의상 특정한 기간에 필요에 따라 맺혀진 관계로서 서로가 필요로 하는 공동체입니다. 아직 생명을 나누는 공동체는 아닙니다. 그러나 가족은 그렇게 살 수 없습니다. 성격이 다르고, 생각이 다르고, 취향이 달라도 함께 적응해가며, 서로를 이해하고, 서로 세워주기 위하여 서로 다른 점들도 강조하며, 서로의 색깔을 맞추어가는 생명 공동체입니다. 개체의 특수성을 인정하면서 서로 다르지만 그럼에도 불구하고 다양성을 인정하며 공동체를 이룹니다.

인생을 살면서 점점 깨닫게 되는 것은 무엇보다 "좌로나 우로나 치우치지 않는 균형"이 중요하다는 사실입니다. 건강도 마찬가지입니다. 생활 전체가 균형이 잡혀야 건강합니다. 습관도, 마음도, 몸도 정성스레 다듬어 가며 살아야 합니다. 생활 한 부분만 개선한다고 될 일도 아닙니다. 생활 전체가 대상이어야 합니다. 균형 잡인 생활이어야 합니다. 하루 생활의 리듬부터 운동습관, 식습관, 마음습관까지 잘 다듬어 나가야 합니다. 생활 전체가 균형이 잡혀야 건강하다는 사실입니다. 그렇습니다. 영성의 분야에도 각자의 색깔만이 아닌 영성의 균형이 잡혀있어야 합니다. 색깔의 조화입니다. 그래야 온전한 영성입니다. 즉, 말씀을 알고 행하여 체험하는 것이 균형이 잡혀야 강한능력을 이끌어낼 수가 있다는 말입니다.

예수님의 삶의 모습은 균형에서 극치를 이룹니다. 비움과 채움, 텅빔과 충만, 버림과 취하심이 완전한 조화를 이루셨습니다. 비하와 고양, 섬기심과 섬김을 받으심에 조화를 이루셨습니다. 버리는 것을 절대화해서도 안 되며, 채우는 것을 절대화해서도 안 됩니다. 비움은 채움을 위함이요, 채움은 비움을 위함입니다. 떠나는 것을 절대화해서도 안 됩니다. 그러면 방랑자가 됩니다. 머무는 것을 절대화해서도 안 됩니다. 그러면 안주자가 됩니다. 안주하면 썩기 쉽습니다. 흐르는 물만이 썩지 않습니다. 무엇이든지 지나치면 문제가 있습니다. 활도 너무 휘면 부러지게 됩니다. 예수님은 홀로 있으셨고, 또한 이웃과 함께 있으셨습니다. 함께 있기 위해 홀로 계셨고, 홀로 계시기 위해 함께 있으셨습니다. 가장 어려운 것은 균형을 이루는 일입니다. 자신을 비우신 예수님께서는 아버지의 채우심 앞에 순종하셨습니다. 채우시는 아버지의 뜻 앞에 순종하셨습니다. 충만하게 채우시는 아버지의 뜻을 아셨기 때문입니다. 채우기만 하고 나누지 않으면 썩습니다. 예수님은 충분히 채우고 그 채운 것을 이웃에게 나누어

주셨습니다. 채움에 분명한 목표가 있었습니다. 그것은 나눔을 위한 것이었습니다.

　예수님은 위에서 내려온 모든 것을 자기에게만 머물게 하는 사해 바다가 아니었습니다. 요단강 물을 받아서 아래로 흘러 내려 보내는 갈릴리 호수와 같으셨습니다. 받기만 하고 내보내지 않는 사해는 고기가 살지 못합니다. 그러나 받아서 흘러내리는 갈릴리 바다에는 많은 고기가 삽니다. 예수님의 가슴은 고기가 사는 갈릴리 바다와 같습니다. 인생은 채움으로 오는 만족보다는 나눔으로 오는 기쁨이 더합니다. 결국 진정한 기쁨이란 채운 것을 나눌 때 오게 됩니다.

　예수님의 모습은 항상 두 가지로 조화를 이룹니다. 이사야 선지자는 장차 오실 예수님을 냇물과 큰 바위에 비유했습니다(사 32:2). 물은 위에서 아래로 흐릅니다. 물은 융통성이 있습니다. 싸우지도 않습니다. 그러나 반드시 뜻을 이룹니다. 환경에 순종하듯 흐름을 타는 것이 물입니다. 그러나 결국은 흘러 흘러 바다로 임합니다. 예수님은 물처럼 사셨습니다. 누구와 경쟁하지 않으셨습니다. 싸우지 않으셨습니다. 채찍질 당하시고, 침 뱉음을 당하셨습니다. 말할 수 없는 수모를 당하셨지만 그냥 흘러 가셨습니다. 그렇지만 결국 십자가의 구원사역을 이루셨습니다. 주님은 자신이 물일뿐 아니라 바위셨습니다.

　흔들림이 없으셨습니다. 가야할 길을 가기 위해 거센 사단의 유혹 앞에서도 견고히 서 계셨습니다. 아무리 배가 고파도 돌로 떡을 만들지 않으셨습니다. 토마스 제퍼슨의 말처럼 방법의 문제라면 물결을 타셨지만, 원리의 문제라면 바위와 같이 흔들림이 없으셨습니다. 예수님은 목마른 자에게 생수를 주시는 물이셨습니다. 동시에 흔들리지 않는 반석이 되셨습니다.

또한 예수님은 양이고, 사자이십니다. 예수님은 자신을 어린양으로 묘사하고, 동시에 사자로 드러내십니다. 요한 계시록 5장에 보면 예수님의 두 면이 균형 있게 묘사되고 있습니다. 예수님은 고난 받으시는 어린양으로 오셨습니다. 예수님은 흠도 없고, 결점도 없으신 어린양이셨습니다. 또한 예수님은 정글의 왕인 사자와 같이 만왕의 왕이십니다. 하나님이 만드신 환경에 순종하실 뿐만 아니라, 필요하시다면 환경을 다스리시고 정복하신 왕이십니다. 우리들이 능력 있는 삶의 길에 선다는 것은 예수님처럼 균형 잡힌 삶을 사는 일입니다. 성도들에게 가장 중요한 것은 균형을 이루는 삶입니다. 강력한 능력을 추구하는 우리의 삶도 예수님의 모습을 닮아야 합니다. 한쪽으로 치우침이 없는 걸음으로 걸어야 합니다.

필자는 강력한 능력을 이끌어내기 위해서 아래에서 상세하게 설명되는 다섯 가지가 균형이 잡혀야 한다고 항상 강조하고 있습니다. 다섯 가지가 균형이 잡히지 않은 능력은 생명의 말씀과 성령의 역사에 의해 발원된 능력이 아닙니다. 능력은 다섯 가지가 균형이 잡혀야 진정한 예수님의 은혜로 이끌어내는 영적인 능력으로 인정받을 수가 있습니다.

첫째, 예수님을 통한 능력이어야 합니다. 크리스천의 모든 능력의 근원은 예수님이어야 합니다. 예수님을 통하지 않은 능력은 진정한 영적능력이 아닙니다.

둘째, 말씀 안에서 발원한 영적차원의 능력입니다. 우리의 믿음을 견고케 하고 깊은 신앙으로 이끌려면 경험적, 체험적인 것만으로는 안 됩니다. 말씀 안에서 발원한 지적인 능력이 또한 필요합니다. 즉 우리가 믿고 있는 하나님을 더욱 깊이 알아 가는 말씀 지식의 추구입니다. 믿음은 들음에서 난다고 말씀하였습니다. 말씀에서 어떻게 말씀하고 있는지 바르게 알고 강력한 능력을 이끌어내라는 것입니다. 그러므로 성경을 꾸준히 묵상하고, 공부하는 삶은 강력한 능력을 이끌어내는 일에 필수적입니다. 끊임없이 하나님을 알아나가는 노력을 해야 합니다. 어느 정도 안다고 해서 더 이상 배우지 않는다면, 신앙도 더 이상 깊어질 수 없습니다. 그러므로 성경은 물론이고, 생각하고 사고하는 지적 폭을 넓히기 위해서 계속 말씀을 묵상하고 적용하는 영적 배움의 길을 걸어가야 합니다.

능력이 강한 선배들의 책을 꾸준히 읽는 것도 필요하고, 삶 속에서 다양하게 배울 수 있는 채널을 항상 열어 놓아야 합니다. 그래야 성경을 보고 깨닫는 것도 깊어지고 신앙도 깊어질 수 있습니다. 교회에서 열심히 성경공부를 하는 것은 지적 차원으로 가치관 정립에 상당한 도움을 주고, 예수님을 인격적으로 만나는 데도 커다란 영향을 줍니다. 그러나 지적인 것이 중요하지만 자칫 머리로 아는 데만 머물러버리기 쉽습니다. 그렇게 되면 머리만 커지고 가슴이 냉랭한 지적 신앙인이 되기 쉽습니다.

처음에는 누구나 새로운 지식에 은혜를 받지만 어느 정도까지 가면 그 이상은 말씀을 파는 것도 한계에 이르게 되고, 더 이상 말씀을 들어도 은혜가 되지 못합니다. 사람을 섬기면서 돕는 것도 한계를 느끼게 됩니다. 말씀을 다 알고 있는 것 같은데 감동이 되지 않고, 삶이 움직여지지 않습니다. 어느새 말만 하는 지식인이 되어버립니다. 그래서 예수 믿는 사람은 말은 잘한다는 평가를 받습니다. 필자는 세상 불신자들로부터 크리스천이 죽으면 입만 동동 뜬다는 말을 많이 들었습니다. 그만큼 행하고 나타내는 일에 등한하게 했다는 말입니다. 참으로 부끄러운 일입니다. 예수님을 욕되게 하는 일입니다. 말씀을 아는 만큼 삶에 적용하여 체험해야 합니다. 그래야 말씀을 정확하게 해석하고 이해할 수가 있습니다.

셋째, 체험적 차원의 능력입니다. 믿음생활을 통하여 말씀을 삶에 적용하며 경험하여 체험함으로 이끌어내는 능력을 말하는 것입니다. 기독교는 체험의 종교입니다. 우리가 믿는 하나님은 이론이나 관념이 아닌 살아 계신 하나님이십니다. 그러므로 삶 속에 하나님을 체험적으로 만나고, 알고, 경험해야 합니다. 우리는 믿음 안에서 인격적으로 기도의 응답을 받아야 하고, 생활 속에서 주님의 말씀을 순종하고 약속을 체험해야 합니다. 또 성경에 기록된 대로 치유와 다양한 은사들도 체험할 필요가 있습니다. 이끌어낸 은사들을 현장에서 사용해 보라는 것입니다. 필자는 항상 이렇게 말합니다. 하나님은 성도들의 믿음을 시험하시는데 시험지로 글씨로 시험하시지 않고, 현장에서 시험을 하신다는 것입니다. 현장에서 이끌어낸 능력을 사용할 때 살아 계신 하나님을 만나게 되고 불확실한 믿음을 굳게 할 수 있습니다.

그러나 이러한 적용이나 체험들을 너무 중시한 나머지 방언, 은사, 병 고침, 축귀 등 외적이며 경험적인 것 만 강조하게 되면 자칫 신비주의로 흐를 수도 있습니다. 마치 자신들의 신앙이 최고인 것처럼 주장하는 은사 중심의 일부 극단적 성도들이 될 수가 있다는 것입니다. 그래서 교회에서 문제가 아닌 문제를 일으킬 수가 있습니다. 이들은 경험은 뜨겁지만 삶의 인격이 부족해서 덕이 안 되고, 또한 영적 교만 때문에 다른 사람의 배척을 받게 됩니다. 체험하고 경험해서 이끌어내는 능력이 있어야 합니다. 그러나 이것 하나만 가지고 충분한 능력이 아닙니다.

넷째, 세상에서 적용하는 실천하는 차원의 능력입니다. 경험적 능력, 말씀에서 발원한 지식적 능력으로 만족해서는 안 됩니다. 배우고 깨달은 진리를 행동으로 실천하는 능력이 필요합니다. 체험과 말씀을 삶에 적용하여 이끌어낸 능력을 세상에서 사용하라는 것입니다. 사용하지 않는 능력은 가지고 있을 필요가 없습니다. 사회적 차원은 실천의 능력입니다. 하나님이 주신 복음의 핵심은 위로 하나님께 대한 사랑과 동시에 옆으로 이웃 사랑이라 할 수 있습니다. 신앙은 삶 속에서 다른 사람과, 사회로 연결되어지고 나누어져야 합니다. 도움이 필요한 이웃에 대한 관심을 갖고 돕고, 나그네를 환대하는 삶을 통해서 우리는 알고 있는 지식을 실천합니다. 이렇게 이웃에게 사랑이 실천될 때, 하나님을 아는 지식이나 우리의 신앙이 굳어지지 않고 온전해질 수 있습니다. 일반적으로 사람들은 예배에서, 기도회에서, 부흥회나 세미나를 통해 은혜 받는 것에 너무 의존합니다. 그러나 주의 할 것은 설령 은혜를 많이 받았다 할지라도 가정에 돌아가서 부부관계나 자녀 관계에 사랑이 실천되지 않고, 캠퍼스나 직장에 나가서 받은 말씀의 은혜가 실천되지 않고 차단된다면 진리는 단지 지식으로 머물게 됩니다. 이것이 반복될 때는 영적침체가 옵니다. 사용할 때 더 강한능력을 이끌어낼 수가 있습니다. 적용이 중요하다는 말입니다. 적용하지 않는 능력은 아무런 필요가 없습니다. 변화된 모습을 보여줘야 합니다.

그래서 성경 공부하는 것도, QT(경건의 시간)도 도움이 되지 않는다는 생각이 들고, 신앙생활에 대한 열정을 접어버리는 경우가 있습니다. 그렇게 되면 신앙은 정체 국면에 들어서게 됩니다. 그러므로 많은 것을 알수록, 받은 말씀 하나라도 실천하고 행하려는 노력이 필요합니다. 강한능력을 이끌어냈으면 사용하라는 것입니다. 신유의 능력을 이끌어냈다면 세상에서 환자를 만났을 때 담대하게 안수하라는 것입니다. 그렇게 될 때 그 지식은 산지식이 되고, 은혜는 계속 유지되고, 우리의 신앙은 살아있고 약동하는 신앙이 될 수 있습니다.

다섯째, 유 무형 교회에 유익을 주는 능력입니다. 능력은 유 무형 교회에 유익을 주는 능력이어야 합니다. 유형교회 성장에 방해가 되는 능력은 성령으로 발원된 능력이 아닙니다. 무형교회(성도)를 예수님의 인격으로 변화시키는데 기여하는 능력이어야 합니다. 유형교회 전통과 규범, 예배의식 등에 적극적으로 적용되는 능력이어야 합니다. 교회가 추구하는 성향에도 부합되는 능력이 되어야 모두에게 환영받게 됩니다. 우리는 역사적으로 교회 제도들의 심각한 결점과 약점을 인식해왔습니다. 그래서 교회 제도를 형식적인 것으로 무시하고 부인하려는 경향이 있습니다. 그래서 심지어는 무교회주의(無敎會主義)를 주장하는 사람도 있습니다. 그것은 잘못된 생각입니다. 우리는 부족하지만 그래도 그런 교회제도 안에서 우리의 기본적 신앙이 보호받았고, 성장해 왔다는 것을 알아야 합니다. 자신이 혼자 영성을 개발하고 유지할 수가 없습니다. 체험과 지식과 적용에 능한 선배 신앙인들로부터 신앙을 전수 받아야 합니다. 그들의 체험과 말씀의 비밀과 행함을 듣고 자기 것으로 만들어야 합니다.

필자는 항상 이렇게 강조합니다. 강한능력을 이끌어낼 성도들에게 유형교회는 참으로 중요하다는 것입니다. 유형교회에서 담임목사로부터 설교를 듣고, 체험을 듣고, 기도하는 방법이나 강한능력을 이끌어내는 비결을 듣고 자기 것으로 만들어야 합니다. 그리고 안수나 기도를 통하여 성령의 권능을 전이 받아야 합니다. 성령의 세례를 받지 못했다면 성령세례를 받아야 합니다.

성령세례는 혼자 기도해서 받지 못합니다.

성도들은 예배에 행해지는 기도, 성례전, 그리고 말씀 선포를 통해서 교회는 계속해서 생명력을 유지할 수 있으며, 생명력이 풍성해집니다. 교회의 예배와 기도훈련과 봉사는 자신의 능력을 강하게 하는 데 절대적으로 필요합니다. 우리들의 개인 영성이 풍성해지려면 유형교회를 사랑해야 합니다. 유형교회는 전통과 제도가 형식화되지 않도록 해야 하며, 동시에 정체성을 성령의 역사가 일어나는 영적으로 잘 살리는 일을 감당해야 합니다.

예수님도 당시의 성전이 영성이 없는 성전이기에 개혁을 선언하셨지만, 당시의 제도인 기본 안식일을 준수하시면서 회당에서 생명의 말씀을 선포하셨습니다. 제도를 무시하지 않으셨습니다. 가끔 교회를 다니지만 예배에 가치를 두지 않고, 형식적으로 왔다 갔다 하는 사람들이 있는데 옳지 않은 자세입니다. 유형교회는 성도를 살리는 곳입니다. 예배는 자신이 살기 위해서 드리는 것입니다. 그래서 강한능력을 이끌어낼 성도는 유형교회를 정하기 전에 예배가 어떻게 진행되고 말씀이 선포되는가, 기도생활이 어떻게 규칙적으로 이루어지는가, 교회 교육이 어떻게 진행되는가를 신중하게 확인하고 교회를 정하여 신앙생활을 해야 합니다. 유형교회에 정통과 신앙생활을 통해서 그 교회 성도의 기본 신앙의 골격이 갖추어진다고 해도 과언이 아니기 때문입니다.

이런 교회 제도에 따라서 나의 영성이 첫 사랑을 잃어버린 에베소 교회가 될 수 있고, 환난과 궁핍을 이긴 서머나 교회도 될 수 있습니다. 또한 세상과 타협한 버가모교회도 될 수 있고, 살

앞으나 죽은 교회인 사데교회도 될 수 있고, 칭찬받은 승리의 교회인 빌라델비아 교회도 될 수 있고, 이것도 아니고 저것도 아닌 미지근한 교회인 라오디게아 교회도 될 수 있습니다. 이를 생각할 때 교회 제도의 영성처럼 중요한 것도 없을 것입니다. 그러므로 우리는 주일성수, 십일조헌금도 기본적으로 잘해야 하고, 예배 속에 하나님의 임재가 나타나도록 경배 찬양과 말씀 선포를 위해서 간절히 성령으로 기도해야 합니다.

또 건강한 신앙인이 되기 위해서 깨어 기도해야 하고, 영성을 강화하기 위한 프로그램에 동참해야 합니다. 이렇게 교회의 제도가 바르게 세워지지 않고는 개개인 성도들의 영성이나 능력도 바르게 될 수 없습니다. 제도는 좋은 내용을 담기 위한 그릇입니다. 그러나 경험적, 지적, 실천적인 능력을 무시하고, 제도의 능력만 강조하다 보면 또 모든 것이 형식으로 흐르고 겉만 뜨거운 교회가 될 수 있습니다.

건전하고 강력한 능력을 이끌어내기 위해서는 어느 한 가지만 강조해서는 안 되고, 다양하게 포괄적으로 체험적 차원, 지적 차원, 실천적 차원, 제도적 차원의 능력이 골고루 균형 잡혀야 합니다. 신앙은 어느 한 가지만 전문적으로 한다고 깊어지는 것이 아닙니다. 말씀이 깊어지려면 성령으로 기도를 해야 하고, 기도가 깊어지려면 말씀을 기초해야하는 것과 같습니다. 하나만 깊은 것은 깊은 것이 아니라 편협한 것입니다. 상호 균형을 이룰 때 진짜로 깊어지는 강한능력을 이끌어내어 지는 것을 체험합니다. 그러므로 오늘 본문의 전도서 기자는 말합니다. "너는 이것

을 잡으며 저것을 놓지 마는 것이 좋으니 하나님을 경외하는 자
는 이 모든 일에서 벗어날 것임이니라"

그렇습니다. 우리들의 기독교의 바른 강한능력 즉 균형 잡힌
강한능력을 위해 유형교회가 중요합니다. 필자는 성도들이 균형
잡힌 강력한 능력을 소유하게 하려고 다방면으로 노력하고 있습
니다. 치우치는 능력은 어디 가서나 환영받지 못합니다.

일부 목회자나 성도들이 성령의 불만 받으면 강한능력을 이끌
어내고 다 되는 줄 착각한다는 것입니다. 그래서 성령의 불의 역
사가 있다는 교회나 기도원에서 몇 년씩 상주하면서 성령의 불
을 받으려고 합니다. 얼마 전에 어느 목사는 불의 역사가 강하다
는 기도원에 5년 동안 다녔는데 성령의 불을 받지 못했다는 것입
니다. 그러다가 내가 저술한 "영안을 밝게 여는 비결"책을 보고
우리 교회에 왔다는 것입니다. 충만한 교회에 와서 오년동안 받
지 못했던 성령의 불을 하루 만에 받았다는 것입니다.

그러나 우리는 바르게 알아야 합니다. 성령의 불을 받으려면
심령이 깨끗하게 정화되어야 한다는 것입니다. 예수님도 성령으
로 세례를 받고 성령의 이끌림을 받으면 40일간 굶주리시며 마
귀의 시험을 받으며 광야훈련을 받았습니다.

마귀의 시험을 이기자 천사들의 수종을 들으며 회당에서 말씀
을 전할 때 귀신이 정체를 폭로했습니다. 예수님의 말씀을 들은
서기관들이 권세 있는 새 교훈이라고 했습니다. 성령의 불은 받
았으면 하늘의 사람으로 변하는 훈련을 받아야 합니다. 균형이
잡혀야 한다는 것입니다.

2부 강력한 능력을 이끌어내기 위해

6장 영육을 바르게 구분할 줄 알아라.

(고전 2:14-15)"육에 속한 사람은 하나님의 성령의 일들을 받지 아니하나니 이는 그것들이 그에게는 어리석게 보임이요, 또 그는 그것들을 알 수도 없나니 그러한 일은 영적으로 분별되기 때문이라. 신령한 자는 모든 것을 판단하나 자기는 아무에게도 판단을 받지 아니하느니라."

하나님은 강력한 능력을 이끌어낼 분들에게 영육을 구분하는 사람이 되라고 하십니다. 강력한 능력을 이끌어낼 분들은 영육을 분별할 줄 알아야 합니다. 하나님은 영에 속한 능력자가 되게 하기 위하여 말씀과 성령으로 훈련하시는 것입니다. 영에 속한 자는 누구일까요? 자신 앞에 골리앗이 버티고 있어도 당황하거나 두려워하지 않고 담대하게 하나님의 말씀을 선포하여 물리치는 다윗과 같은 사람입니다. 내 인생 내가 사는 것이 아니요, 하나님께서 사신다는 믿음이 있는 자입니다. 하나님의 영에 속한 자를 통해서 하나님의 일을 하십니다. 강력한 능력을 이끌어내어 하나님께 쓰임을 받으려면 하나님께서 원하시는 영에 속한 자가 되어야 합니다. 혼에 속한 자는 어떤 사람일까요? 골리앗을 보고 겁을 내고 있는 사울 왕입니다. 사울왕은 전형적인 혼

(이성)에 속한 사람입니다. 사무엘상 17장 33절에 보면 "사울이 다윗에게 이르되 네가 가서 저 블레셋 사람과 싸울 수 없으리니 너는 소년이요 그는 어려서부터 용사임이니라" 말합니다. 사울에게는 하나님은 안중에도 없습니다. 모든 일을 자신이 해결해야 하는 사람입니다. 다윗하고 골리앗하고 비교 분석하여 안 된다고 말하는 사람입니다. 강력한 능력을 이끌어내어 하나님께 쓰임을 받을 사람이 사울 왕과 같이 혼(이성)에 속해있으면 애당초 능력을 이끌어낼 생각하지도 말아야 합니다.

육에 속한 사람은 어떤 사람입니까? 사무엘상 17장 24절에 보면 "이스라엘 모든 사람이 그 사람을 보고 심히 두려워하여 그 앞에서 도망하며" 골리앗의 고함 소리에 놀라서 도망하거나 숨는 사람입니다. 스스로 아무것도 할 수 없는 사람입니다. 예를 하나 더 들어 설명하면 홍해 가에 앉아서 아우성을 치는 이스라엘 사람들입니다. "그들이 또 모세에게 이르되 애굽에 매장지가 없어서 당신이 우리를 이끌어 내어 이 광야에서 죽게 하느냐 어찌하여 당신이 우리를 애굽에서 이끌어 내어 우리에게 이같이 하느냐"(출14:11). 이 사람들이 육에 속한 사람들입니다.

첫째, 육에 속한 사람. 육의 사람은 태어난 그대로의 사람입니다. 어머니의 배속에서 나온 그 순간부터 그 사람은 육의 사람인 것입니다. 물론 어머니의 배속에 있을 때부터 육의 사람으로 생성된 것입니다. 육의 사람이란 영이 죽은 사람을 말합니다. 하나님의 성령과 교통을 할 수 없는 사람이 바로 육의 사람입니다.

이 세상에 태어나서 선과 악을 전혀 행한 적이 없는 사람도 영이 죽어서 태어났기 때문에 육의 사람입니다.

육에 속한 사람은 요한복음 6장에 나오는 예수님의 표적을 보고 몰려든 군중들입니다. 요한복음 6장 5절에 "예수께서 눈을 들어 큰 무리가 자기에게로 오는 것을 보시고 빌립에게 이르시되 우리가 어디서 떡을 사서 이 사람들을 먹이겠느냐 하시니" 이 사람들은 스스로 아무 것도 할 수없는 사람들입니다. 예수님이 먹이지 아니하면 허기에 지쳐서 쓰러질 사람들입니다. 오로지 육적인 만족을 위해서 예수님이 필요한 사람들입니다. 도저히 하나님을 통해서 아무것도 공급받을 수 없는 사람들입니다.

출애굽기 14장 11절을 보면, 이스라엘 백성들이 홍해 가에서 입을 열어 불평합니다. "그들이 또 모세에게 이르되 애굽에 매장지가 없어서 당신이 우리를 이끌어 내어 이 광야에서 죽게 하느냐 어찌하여 당신이 우리를 애굽에서 이끌어 내어 우리에게 이같이 하느냐" 430년 동안 저들이 노예 생활을 하던 애굽에서 해방 받아서 저들이 약속의 땅 가나안으로 가는데 불과 얼마 지나지 않아서 그 기쁨은 사라져버리고 앞에 홍해가 막히고 뒤에 군사가 쫓아오니까 우리를 차라리 종살이 하게 내버려두지 왜 우리를 건져내갖고 여기서 죽게 하느냐? 우리를 묻을 묘지가 없어서 이곳에 까지 끌고 나오느냐? 다 입을 열고 불평합니다. 육에 속한 사람은 문제를 만났을 때 제일 먼저 하는 것이 불평입니다.

어떻게 해서 문제를 해결하려고 하지 않고 핑계를 대고 불평과 불만만 터트립니다. 하나님을 믿고 따라서 나왔지만 영이신 하나님을 모르는 사람들입니다. 할 수 있는 것이 원망입니다. 남의 탓입니다. 모세를 탓하고 하나님을 원망했어요. 문제가 생겼을 때 내가 문제가 무엇일까? 내 자신을 살펴봐야 하는데 당신 때문에 그렇소… 당신 때문에 그렇소… 원망하면 문제가 더 커져버립니다. 하나님께서 하신다는 믿음이 없으니 원망합니다.

이스라엘 백성이 스로 광야에 들어가서 사흘 동안 물을 얻지 못하매 목이 타서 죽을 지경이었습니다. 그러자 호수를 발견했는데 뛰어가서 물을 마셔보니 물이 써서 마실 수가 없었습니다. 백성들은 그만 또다시 절망하고 말았습니다. 사흘 동안 물을 못 마셨는데 물을 발견하고 마셔보니 독이 있어 그들이 먹자 말자 토하고 배를 안고 뒹굴고 말았습니다. 또다시 하나님과 모세를 원망하고 고함 고함을 쳤습니다. 이 사람들은 하나님과 통하는 모세가 없으면 모두 광야에서 죽을 사람들입니다. 성령이 없으니 하나님과 교통할 수가 없기 때문입니다.

그러면 하나님의 성령을 받지 못한 사람은 어떻습니까? 고린도전서 2장 14절을 보십시오. "육에 속한 사람은 하나님의 성령의 일들을 받지 아니하나니 이는 그것들이 그에게는 어리석게 보임이요, 또 그는 그것들을 알 수도 없나니 그러한 일은 영적으로 분별되기 때문이라" 육에 속한 사람은 하나님의 성령을 받지 못한 사람입니다. 하나님의 성령을 받지 못한 사람은 하나님의 성령의 일들을 받지 않습니다. 그들이 보기에는 어리석은 일처럼 보이기 때문입니다. 하나님께서 홍해에 길을 낼 수가 있다는 것을 믿지 못합니다. 모든 것을 자신이 할 수 있는 것만 믿고 받아드리는 육체의 사람들입니다.

둘째, 혼(이성)에 속한 사람. 요한복음 6장에 보면 예수님의 제자 빌립이 이와 같이 계산이 빠른 사람이었습니다. 예수님께서 "우리가 어디서 떡을 사서 이 사람들을 먹이겠느냐"고 물으니까, 빌립은 계산할 시간도 없이 순식간에 저들에게 조금씩 받게 할지라도 이백 데나리온이나 되는 돈이 부족할 것입니다. 언제 계산을 했는지 순식간에 이백 데나리온이라는 돈이 부족하다고 말했습니다. 그렇기 때문에 자기 계산에 의하면, 군중들을 먹이는 것이 불가능하다고 부정적으로 말했습니다. 빌립의 계산은 정확한 듯 보이지만, 빠르게 계산하는 비상한 두뇌를 가지고 있지만 결정적인 결함이 있습니다. 예수님을 모시고 있는 사람, 예수님을 믿는 사람은 문제가 생길 때, 계산을 할 때 반드시 예수님을 계산에 넣어야 하는데 빌립은 예수님을 계산에 넣지 않았었습니다. 강력한 능력을 이끌어낼 사람은 무엇을 하든지 문제가 생기면 그 문제에 예수님을 계산에 넣어야 되는 것입니다.

예수님이 나와 함께 계셔서 우리가 함께 문제를 해결한다고 생각해야지 예수님을 생각하지 않고 문제만 바라보고 우리가 해결하려고 한다면 잘못을 범하게 되는 것입니다. 하나님이 원하시는 사람은 인간적으로 계산이 빠른 머리가 좋은 사람이 아니라 믿음의 사람을 주님은 원하시는 것입니다. 빌립이 문제만 바라봤기 때문에 큰 실수를 했습니다.

예수님은 어제나 오늘이나 영원히 동일하시며 능치 못하심이 없는 그리스도를 계산해 놓고서 모든 것을 보았더라면 다른 대답이 나왔을 것입니다. 예수님께서는 요한복음 6장 5절로 7절에 "예수께서 눈을 들어 큰 무리가 자기에게로 오는 것을 보시고 빌립에게 이르시되 우리가 어디서 떡을 사서 이 사람들을 먹이겠느냐 하시니 이렇게 말씀하심은 친히 어떻게 하실지를 아시고 빌립을 시험하고자 하심이라" 이 많은 군중을 어디에서 떡을 사서 먹이느냐. 주님이 물으실 때 몰라서 물은 것이 아니라, 어떻게 할 줄 다 아시면서도 빌립의 믿음을 시험해 보셨습니다. "빌립이 대답하되 각 사람으로 조금씩 받게 할지라도 이백 데나리온의 떡이 부족하리이다" 사람의 수는 인산인해인데 어떻게 이 많은 군중을 먹일 수 있겠는가. 돈이 엄청나게 들어서 다 먹이고도 이백 데나리온의 돈이 부족할 것이라고 말했었습니다. 그뿐 아니라 떡 살 곳도 없고 왜 예수님이 이런 마음에 들지 않는 질문을 하셨는지 빌립은 기분이 좋지 않았습니다.

그의 눈에는 인산인해인 사람들이 보이고, 광야가 눈에 보이고, 텅 빈 호주머니가 눈에 보이고, 떡살 곳이 없는 것이 눈에 보이지 예수님은 보이지 않았었습니다. 예수님과 같이 있는데 예수님을 못 보았습니다. 우리들도 그렇게 생활할 때가 많지요? 예수님이 볼지어다. 내가 세상 끝날까지 항상 너와 함께 있겠다고 말씀하셨는데 문제가 생기면 문제만 보이고 같이 계신 예수님은 안 보입니다. 계산에 넣지 않습니다. 주님 나와 같이 계시니 주께서 이 문제를 나와 함께 해결해 주실 줄 믿습니다. 주님을 의지합니다. 이렇게 하지 않고 '아이고 나 죽겠다. 이제 큰일났다. 나는 이 문제로 인하여 파산하겠다.' 그런 부정적인 말을 먼저 하게 되는데 이는 중대한 잘못을 저지르는 것입니다. 우리 인생을 살아가는 경험에 의해서 사물을 판단하면 큰 실수를 하게 되는 것입니다.

인생을 살면서 초년에 실패를 여러 번 계속하고 어려움을 당하면 그 마음에 어떤 생각이 들어오느냐면 '할 수 없다. 못 한다. 안 된다. 나는 능력이 없다.' 그 다음에는 좋은 기회가 생겨나도 그 기회를 잡지 못하고 땅에 붙어서 기어 다니는 것입니다. 사람도 한계를 가지고 있기 때문에 자신의 경험만으로 판단하면, "안된다, 못 한다, 불가능하다"고 결론을 내리게 되는 것입니다. 그러나 우리는 우리의 능력이나 우리의 경험으로 계산해서는 안됩니다. 우리는 항상 예수님을 모시고 계산해야 되는 것입니다. 잘 될 때나 못 될 때나 내가 성공했을 때나 못했을 때나 그것은 문제가 되지 않는 것입니다. 예수님이 나와 같이 계시므로 예수님을 계산하고 나가면 주님이 우리를 데리고 사망의 음침한 골짜기에 승리하게 해주시고 원수의 목전 앞에 상을 베풀어 주시는 것입니다. 우리가 아무리 계산을 잘 한다고 하더라도, 하나님보다 잘 할 수는 없습니다. 그러므로 하나님께 집중하여 하나님께서 하라는 대로 하는 것입니다.

주님! 저는 이 문제를 해결해야 되는데 내 힘으로는 할 수가 없는 것을 알기 때문에 예수님께 의지합니다. 예수님! 저와 같이 계시므로 계산에 예수님의 실력을 넣어서 계산하므로 돌보아주시옵소서. 예수님을 꼭 인정하고 환영하고 모셔드리고 의지하고 계산을 해야 되는 것입니다. 전쟁할 때는 상대방의 전력을 먼저 계산해 봅니다. 상대방의 전력을 계산하지 않고 무조건 들어갔다가는 백전백패하는 것입니다.

　이스라엘 백성이 가나안 땅에 들어갈 때 열두 정탐꾼을 보낸 것은 미리 적군의 군사력이나 경제력을 계산에 넣어서 이길 수 있느냐 없느냐를 알아보고 작전 계획을 세우려고 한 것입니다. 열두 명의 정탐꾼을 보냈는데 열 명은 돌아와서 고개를 설레설레 흔듭니다. 어림도 없습니다. 우리는 우리 자신을 그들에게 비교해보니 메뚜기와 같습니다. 감당 못 합니다. 다 사로잡힐 것입니다. 하나님의 말씀을 조금도 생각하지 아니하고 하나님을 계산에 넣지 않고 이스라엘 백성 힘만 바라보고 나가니까 가나안의 족속들을 감당할 수 없다고 말했습니다.

　여호수아와 갈렙은 하나님을 계산에 넣고 갔기 때문에 아니요! 그 사람들은 우리 밥입니다. 들어가서 우리가 잡아먹으면 되는 것입니다. 하나님이 우리와 같이 계시므로 그들은 우리의 것입니다. 완전히 계산이 달랐습니다. 하나님 없는 계산을 하는 사람은 우리는 그들에 비해서 메뚜기라고 말하고 하나님을 넣어서 계산한 그들은 우리는 그들을 잡아먹는 사람이요, 그들은 우리 밥이라고 말한 것입니다. 메뚜기하고 밥하고 얼마나 틀립니까? 메뚜기는 밟아버리면 죽지만 밥은 먹거리가 되는 것입니다. 인생에 다가오는 현시 문제는 하나님과 같이 계시면 다 밥입니다. 현실 문제가 생기면 즐겁게 생각해야지 두려워할 필요가 없는 것입니다. 하나님이 같이 계시기 때문인 것입니다. 우리가 하나님이 계시면 언제나 환경을 바라보고 두려워하지 않고 예수님을 계산에 넣기 때문에 합력하여 유익이 될 것을 계산하는 것입니다. 하나님을 사랑하는 자 그 뜻대로 부르심을 입은 자들에게는 모든 것이 합력하여 선을 이룬다고 말한 것입니다.

셋째, 영에 속한 사람. 홍해가 막혀있고 뒤에는 바로의 군대가 쫓아와서 430년 만에 애굽에서 탈출한 이스라엘 백성이 원망과 불평을 쏟아놓을 때 가만히 있으라는 말이 나옵니다. 모세가 하나님이 함께 하신다는 음성을 듣고 담대히 말씀 했습니다. 출애굽기 14장 13절, 14절 말씀을 봅니다. "모세가 백성에게 이르되 너희는 두려워하지 말고 가만히 서서 하나님께서 오늘 너희를 위하여 행하시는 구원을 보라 너희가 오늘 본 애굽 사람을 영원히 다시 보지 아니하리라 하나님께서 너희를 위하여 싸우시리니 너희는 가만히 있을 지니라" "하나님께서 우리를 위하여 대신 싸우실 것이므로 너희는 가만히 있을 것이라. 잠잠하고 조용하고 불평하지 말고 가만히 있어라. 그저 주님께서 하라는 대로 순종하고 맡기고 주님 앞에 감사하며 찬양하며 나아갈 것이라." 이것이 바로 하나님이 하실 것을 믿는 살아있는 믿음입니다. 모세가 바로 영에 속한 지도자입니다.

　하나님은 모든 능력자들이 모세와 같은 영에 속한 믿음의 지도자가 되기를 원하십니다. 모세는 당황하지 않고 하나님께서 하라는 대로 순종합니다. 출애굽기 14장 21절에, "모세가 바다 위로 손을 내밀매 하나님께서 큰 동풍이 밤새도록 바닷물을 물러가게 하시니 물이 갈라져 바다가 마른 땅이 된지라" 모세가 하나님의 음성을 듣고 순종하여 바다 위로 손을 내미니까, 이 바다가 갈라져서 육지 같이 된 곳을 남자로만 60만 명, 여자와 아이를 합하여 약 300만 명 가까이 되는 이스라엘 백성들이 그 홍해를 육지처럼 건너갑니다. 하나님은 일찍이 홍해 밑에 다가 길을 만들어 두셨습니다. 크리스천이 성령의 인도를 받고 천성을 향해서 가는 길에 일어나는 모든 문제는 하나님께서 모두 아십니다. 문제를 해결할 방법도 만들어 두셨습니다. 하나님께 기도하여 해결할 방법을 알아내고 순종하면 해결이 되는 것입니다. 믿음을 가지시기를 바랍니다.

　이스라엘 백성이 이 홍해를 절대로 가르지 못합니다. 이스라엘 백성의 힘으로는 그 물길이 절대로 갈라질 수 없습니다. 그 많은 사람들이 당장 배를 만들 수도 없는 것이고 그중에 헤엄을 잘 쳐서 그 바다를 건너갈 사람이 몇 사람이 되겠습니까? 그러니까 하나님 말씀이 '가만히 있어라. 불평하지 말라. 원망하지 말라. 부정적인 이야기를 쏟아놓지 말아라. 내가 도와줄 것이다.'

　하나님은 성도들이 문제를 만나 하나님께 기도하여 해결하면서 하나님을 체험적으로 알아가게 하시는 것입니다. 하나님은 살아계신 하나님이시기 때문입니다. 성도들이 하나님이 살아계신다는 것을 믿게 하기 위하여 문제를 만나 하나님의 역사로 해결되는 것을 체험하게 하십니다.

강력한 능력을 이끌어내어 하나님께 쓰임을 받을 사람은 담대한 믿음이 없이는 될 수가 없습니다. 하나님은 육신에 속하고 혼에 속한 자를 영에 속한 자로 바꾸어 사용하십니다. 얍복강을 건너가지 않던 혼에 속한 야곱이 허벅지 관절이 어긋나 장애인이 되니 이스라엘로 개명된 사건을 통해 이해할 수가 있을 것입니다. 쉽게 설명하면 육체에 속한 야곱(유대인)이 장애인이 되니 영적인 이스라엘로 바뀐 것입니다. 이제 영이신 하나님의 음성을 듣고 순종하며 사는 이스라엘로 바뀐 것입니다. 우리 강력한 능력을 이끌어내어 하나님께 쓰임을 받을 사람들도 영이신 하나님의 음성을 듣고 순종하는 이스라엘로 바뀌어야 합니다. 뜻을 이해를 잘해야 합니다.

바울은 이렇게 말합니다. "하나님의 나라는 말에 있지 않고 능력에 있습니다."라고 말입니다. 우리 크리스천들이 현실 문제를 하나님의 방법으로 해결 받으려면 성령으로 거듭나서 하나님을 영으로 인식하고 하나님과 같은 영적인 상태로 하나님과 교통하려고 해야 합니다. 하나님은 크리스천들이 당하는 현실 문제를 창세전에 알고 계셨습니다. 문제도 알고 계시고 문제마다 해결방법도 예비해 두셨습니다. 그런데 현실문제마다 해결방법이 멀리 있는 것이 아니고 문제 안에 있다는 것입니다. 해결방법은 영이신 하나님께서 알고 계십니다. 영이신 하나님께 해결방법을 알아내려니 영의 상태가 되어야 가능한 것입니다.

하나님께서는 강력한 능력을 이끌어내어 하나님께 쓰임을 받을 분들도 현실 문제를 통하여 단련하여 영에 속한 사람이 되도록 하십니다. 강력한 능력을 이끌어내어 하나님께 쓰임을 받으려면 자신이 없어져야 합니다. 자신이 없어져야 현실 문제 앞에서 당황하지 않고 기도하여 하나님의 음성을 듣고 순종하게 되는 것입니다. 골리앗을 향하여 하나님의 말씀을 선포하고 물맷돌을 던지는 다윗과 같은 담대한 자가 되는 것입니다.

하나님은 강력한 능력을 이끌어내어 하나님께 쓰임을 받을 분들이 모두 다윗과 여호수아와 같은 영에 속한 담대한 지도자가 되기를 원하십니다. 다윗은 강하고 담대한 사람이었습니다. 담력이 없으면 초립동 소년이 사자나 곰을 대항하여 싸울 수가 없습니다. 마음에 담력이 있기 때문에 용감해서 사자나 곰을 향해서 나아갈 수 있는 것입니다. 담력이 없이는 블레셋의 거인을 향하여 물맷돌만 가지고서 대적해 나아갈 수가 없습니다. 떨려서 어떻게 나갑니까? 그러나 그는 스스로에게 힘을 주고 용기를 주어서 강하고 담대한 신앙을 가지게 된 것입니다. 하나님께서는 가나안 땅에 들어가는 백성들이 강하고 담대함을 잃어버리고 환경을 바라보고 두려워하고 물러갈 때 그들을 다 싹 쓸어버리고 만 것입니다. 여호수아와 갈렙 만이 "저들은 우리의 밥이다. 우리가 들어가서 점령하자. 강하고 담대한 말을 했을 때" 여호수아와 갈렙 두 사람은 구출해서 가나안 땅에 들어가게 했지만 "우리들 본인 스스로는 보니 메뚜기와 같다. 우리는 쳐들어가지 못한다. 우리 처자가 다 잡힐 것이다. 우리는 애굽으로 돌아가자" 이렇게 말한 사람은 광야로 다 회진시켜서 다 멸망시켜 버리고 만 것입니다.

하나님께서 가나안 땅에 들어갈 여호수아를 보고서 어떻게 격려했습니까? 강하고 담대하라고 말한 것입니다. 여호수아에게 확실한 꿈을 주신 후에 강하고 담대하라고 거듭거듭 강조했습니다. 여호수아 1장에 무려 3번이나 하나님은 꿈도 주시고 약속도 다 주셨는데도 불구하고 여호수아에게 부탁한 것은 마음을 강하게 하고 담대히 하라. 마음을 강하게 먹고 지극히 담대하라고 하신 것입니다. 아무리 꿈이 있고 지식이 있고 믿음이 있어도 담대히 실천하지 않으면 아무 일도 이루어지지 않는 것입니다.

우리 하나님께서는 강하고 담대한 사람을 취해서 하나님의 뜻을 이루시는 것입니다. 이스라엘의 모든 역전의 용사들이 다 두려워서 벌벌 떨 때 소년 다윗이 강하고 담대하게 투구도 쓰지 아니하고 갑옷도 입지 아니하고 목자의 옷 그대로 입고 그는 물 맷돌 하나를 들고 나갔다는 것은 그 마음속에 얼마나 담력이 있었다는 것을 보여 주는 것입니다.

충만한 교회에서는 매주 목요일 밤 19:30- 성령 ,은사, 내적 치유집회를 정기적으로 진행하고 있습니다. 성령체험을 원하시는 많은 분들이 찾아오셔서 성령세례를 받고, 성령은사를 받으며, 질병과 마음의 상처를 치유 받고, 귀신들을 떠나보내고 있습니다. 성령으로 기도하며 성령의 강력한 역사가 일어나서 오시는 분들이 많은 은혜를 받고 있습니다.

7장 기도를 바르게 할 수 있어야 한다.

(엡6:18~19)"모든 기도와 간구를 하되 항상 성령 안에서 기도하고 이를 위하여 깨어 구하기를 항상 힘쓰며 여러 성도를 위하여 구하라. 또 나를 위하여 구할 것은 내게 말씀을 주사 나로 입을 열어 복음의 비밀을 담대히 알리게 하옵소서 할 것이니,"

강력한 능력을 이끌어내어 하나님께 쓰임을 받을 분들은 기도를 바르게 할 줄 알아야 합니다. 많은 분들이 기도는 평상시에 하기 때문에 대수롭지 않게 생각을 하고 정확하게 배우려고 하지를 않습니다. 강력한 능력을 이끌어내어 하나님께 쓰임을 받을 분이라면 기도를 어떻게 해야 바르게 하여 하나님의 음성을 들을 수 있는지 의문점을 가지고 대해야 합니다. 하나님은 예수를 믿고 성령으로 거듭난 우리에게 성령 안에서 기도하라고 하십니다. 제가 그동안 성령치유 사역을 하다가 체험한 것은 성도들의 기도가 바르지 못하다는 것입니다. 기도가 바르지 못하니 성령의 인도를 받지 못하여 영적으로 변화되지 못하는 것입니다. 기도는 많이 하는 데 자신이 변화되지 못하고 영육의 문제가 치유되지 못한다는 것입니다. 강력한 능력을 이끌어내어 하나님께 쓰임을 받는 삶을 살아가려면 기도를 바르게 해야 합니다.

기도가 바르지 못하면 믿음 생활의 모든 부분이 잘못되는 것입니다. 우리나라 성도들의 영적인 열심은 알아주지 않습니까?

그런데 변화되지 못하고, 성령으로 충만하지 못하고, 성령의 권능을 받지 못하고, 삶이 바뀌지 않는 것은 기도가 잘못되었기 때문입니다. 기도를 바르게 하면 성령의 인도를 받아 전인격이 변화되기 시작을 합니다. 강력한 능력을 이끌어내어 하나님께 쓰임을 받으며 하나님의 복을 받는 것은 전인격이 성령의 지배를 받아야 가능한 것입니다. 기도가 바뀌어야 합니다. 무조건 많이 한다고 잘하는 기도가 아닙니다. 성령으로 바르게 해야 합니다.

그래서 성도들이 신앙생활 하는 가운데, 가장 어려운 것 한 가지가 바로 기도입니다. 기도하는 습관이 되지 않으면 기도생활을 꾸준히 지속적으로 해 나가는 것이 얼마나 어려운 가를 우리는 경험하며 살아가고 있습니다. 기도는 기본이 있습니다. 기도의 기본을 적용하지 않고 기도함으로 아무리 열심히 그리고 오래 기도를 해도 참 평안을 누리지 못하는 것입니다.

우리는 기도를 바르게 알아야 합니다. 기도는 하나님과 사귀는 것입니다. 하나님과 가까이 하는 것입니다. 하나님과 함께 시간을 보내는 적극적인 행위입니다. 하나님과 사랑을 나누는 시간입니다. 하나님께 사랑을 고백하고 감사하는 시간입니다. 우리의 삶에서 가장 깨어있는 시간, 하나님의 소리를 듣는 시간입니다. 자신을 치료하는 시간입니다. 예수를 믿는 성도가 하는 기도는 세상 사람들이 하는 기도와 다릅니다. 자신이 매일 철야하며 새벽기도를 해도 영육이 변화되지 않고, 환경이 어려운 것은 세상적인 기도를 하기 때문입니다. 강력한 능력을 이끌어내어 하나님께 쓰임을 받을 분들은 다음과 같은 원칙을 가지고 기도를 해야 합니다.

첫째, 감정으로 기도하지 말라. 교회나 기도원에 가보면 아주 기도를 잘하는 사람들이 있습니다. 저는 자기가 기도를 이렇게 잘한다고, 다른 사람 들으라고 하는 기도를 감정으로 하는 기도라고 말하기도 하고, 해대는 기도라고도 합니다. 기도는 반드시 성령의 이끌림을 받으면서 영으로 해야 합니다. 그런데도 기도를 하는데 목에 핏대를 세우면서 해대는 성도들이 많습니다. 방언기도를 하는데 따따다… 따다다… 따다다… 따다다다… 따다다다…. 하면서 숨을 제대로 쉬지도 않으면서 해댑니다. 그런데 이렇게 기도를 열심히 잘하는 분들이 성품에 변화가 없다는 것입니다. 남이 하는 조그마한 소리에도 인내하지 못하고 혈기를 냅니다.

우리 충만한 교회에는 주일 예배 때에도 말씀을 전하고 예배 순서에 따라 꼭 40분 이상씩 기도를 합니다. 성도들이 기도할 때 제가 돌아다니면서 모두 안수를 해드립니다. 그런데 어느 주일날 어느 권사님이 참석하셨습니다. 방언 기도를 하는데 따따다… 따다다… 따다다… 따다다다… 따다다다…. 하면서 목에 핏대가 서도록 감정으로 해대는 기도를 했습니다. 제가 안수를 하면서 이렇게 말했습니다. 실례지만 직분이 어떻게 됩니까? "예! 권사입니다." 그래요. 권사님! 마음에 상처가 많은 것 같습니다. 했더니, 권사가 하는 말이 "목사님! 저는 상처가 없습니다." 왜 상처가 없습니까? "저는 우리 남편이 한마디 하면 두 마디로 대꾸하기 때문에 상처가 있을 수가 없습니다."

오늘은 주일인데 왜 우리교회로 예배드리러 오셨습니까? "어제 남편하고 싸워서 본 교회에 가지 않고 충만한 교회에 와서 예배드리면서 은혜 받으려고 왔습니다. 충만한 교회는 책을 통해서 알게 되어 한번 와보고 싶었는데 오늘이 기회인 것 같아서 오게 되었습니다." 그래요. 권사님! 기도를 아주 많이 하시는 것 같습니다. "예! 매일 철야하며 기도합니다. 새벽기도도 빠지지 않고 하고 있습니다." 매일 철야를 하면서 기도하는 이유가 있습니까? "목사님! 저는 하루라도 철야를 쉬면 마음이 답답하고 편안하지 못하여 철야 기도를 쉴 수가 없습니다." 권사에게 제가 이렇게 조언을 했습니다.

권사님! 하루라도 철야를 쉬면 마음이 답답하고 편안하지 못한 이유가 바로 마음의 상처 때문입니다. 평일에 시간이 있으시면 화-수-목 집회에 몇 주만 지속적으로 참석하여 보세요. 그러면 마음이 평안해져서 남편 장로님하고 사이도 좋아지고 마음의 참 평안을 누리게 될 것입니다.

이 권사가 순종하여 몇 주 참석을 하더니 이렇게 말하는 것입니다. "목사님! 제가 정말 상처가 많았습니다. 목사님께 안수 받을 때마다 마음속의 상처가 많이 떠나갔습니다. 그동안 교만한 것 회개도 많이 했습니다. 목사님! 저를 바르게 보도록 해주셔서 참으로 감사합니다." 제가 이렇게 말했습니다. 권사님! 아직 상처가 많이 남아 있습니다. 기도를 집중적으로 한 시간이상 받아야 깊은 곳의 상처가 떠나갑니다. 권사가 어떻게 해야 합니까? 토요일 날 개별집중치유에 예약하여 한번 기도를 깊게 하시면서 안수를 받으세요. 권사가 순종하여 토요일 날 집중치유를 받았습니다. 정말 말로 표현할 수 없을 정도로 많은 상처와 영적 존재들이 떠나갔습니다. 권사가 하는 말이 "목사님! 이제 세상이 다르게 보입니다. 정말 감사합니다. 지금까지 목사님 안수를 받으면서 내가 영적으로 너무 무지 했다는 것을 깨달았습니다. 왜 내가 그렇게 혈기가 심했는지 알게 되었습니다. 깨닫게 해주셔서 감사합니다."

제가 지금까지 성령치유 사역하면서 체험한 바로는 해대는 기도를 하는 분들의 심령이 성령으로 정화되지 않기 때문에 성격이 급하고 마음이 평안하지 못하여 기도를 하루라도 쉬면 죽는 것 같다고 말합니다. 그러다가 성령을 체험하고 내면의 상처가 치유되기 시작하면 온유한 성품으로 변하는 것이 보통입니다. 삶에서 참 평안을 누리게 됩니다. 내면의 상처를 성령으로 치유하여 영의통로를 뚫어야 성령으로 기도할 수가 있게 됩니다. 기도하면 할수록 성령으로 심령이 정화되어 삶에서 참 평안을 누리게 됩니다. 강력한 능력을 이끌어내어 하나님께 쓰임을 받으려면 기도를 바르게 해야 합니다.

둘째, 습관적인 기도하지 말라는 것이다. 기도는 성령으로 깊은 기도를 해야 합니다. 문제는 습관적인 기도를 하고 있다는 것입니다. 무조건 많이 하고 열심히 간구하는 습관적인 기도를 하고 있습니다. 기도를 바르게 하려면 제가 알려드리는 대로 기도를 해야 합니다. 기도는 영의 활동입니다. 그러므로 예수를 믿기 전에 세상에서 하는 것과 같은 식으로 기도를 하면 누가 역사를 하겠습니까? 이는 교회 안에서 기도해도 마찬가지입니다. 그래서 성경에 성령으로 기도하라. 성령으로 영의 기도를 하라고 하는 것입니다. 자기가 세상에서 하는 기도를 과감하게 버리고 성령의 인도를 받는 깊은 영의기도를 해야 합니다. 성령의 인도를 받는 영의기도는 이렇게 하면 됩니다.

이는 기도를 시작하기 전에 기도 인도자가 미리 알려주어야 합니다. 영의통로가 열리지 않았다고 생각되는 성도들은 숨을 들이 쉬고 내 쉬면서 주여! 숨을 들이 쉬고 내 쉬면서 주여! 숨을 들이 쉬고 내 쉬면서 주여! 자연스럽게 주여! 를 하면 되는 것입니다. 방언으로 기도할 줄 아는 분들은 호흡을 들이쉬고 내쉬면서 방언기도하고, 호흡을 들이쉬고 내쉬면서 방언기도를 합니다. 즉 내면의 활동이 강화되어 자신의 마음속 영 안에 계신 성령이 밖으로 나오시게 해야 합니다. 코로는 바람을 들이쉬고 배로 호흡을 하는 것입니다. 호흡을 들이쉬고 내쉬면서 주여! 주여! 주여! 하다가 어느 정도 충만해지면, ① 호흡을 들이쉬면서 하나님…. 내쉬면서 사랑합니다…. ② 호흡을 들이쉬면서 하나님…. 내쉬면서 도와주세요…. ③ 호흡을 들이쉬면서 하나님…. 내쉬면서 용서하여 주세요…. ④ 호흡을 들이쉬면서 하나님…. 내쉬면서 감사합니다…. 이렇게 집중하며 기도를 하다가 보면 성령께서 감동을 주시시는 것이 있습니다. 성령이 알려주시는 것을 기도하는 것입니다. 이렇게 지속적으로 하다가 보니 방언도 터지고 성령으로 충만해집니다.

이렇게 해서 기도에 재미가 붙으니까, 교회에 가서 기도하고 싶은 생각이 드는 것입니다. 내가 성령치유 사역을 하다가 경험한 바로는 주여! 주여! 주여! 하는 기도 아무나 못합니다. 주여! 주여! 주여! 만 잘해도 기도가 열린 성도입니다. 그런데 바르게 알아야 할 것이 있습니다. 필자가 책에다가 주여! 주여! 주여! 하라고 기록했습니다. 이 말을 잘못이해하여 숨을 들이쉬고 내쉬면서 주여! 주여! 주여!를 합니다. 호흡을 들이쉬고 내쉬면서 한 번만 주여! 를 해야 합니다. 한번만 주여! 하시기를 바랍니다.

영의 통로가 막힌 성도에게 주여! 주여! 주여! 하라고 해도 죽어도 못합니다. 왜냐하면 마귀가 영을 내리 누르기 때문에 못하는 것입니다. 이것은 제가 지난 16년간 성령치유 사역을 하면서 주여! 하는 기도를 시켜봤기 때문에 아주 잘 압니다. 자신도 지금 한 번 주여! 를 해보기를 바랍니다. 만약 목회자가 이 책을 읽고 있다면 예배를 마치고 성도들에게 주여! 주여! 를 시켜보기를 바랍니다. 아마 필자가 말한 것이 이해가 갈 것입니다. 목사님도 사모님도 주여! 를 못하시는 분들이 다수 있습니다. 기도는 성령으로 쉽게 하는 것이 깊은 영의기도 입니다.

일단 이렇게 기도하여 영의통로를 뚫어야 합니다. 그 다음에 마음으로 기도하고 영으로 깊은 기도하는 깊은 단계로 들어갑니다. 주의 할 것은 호흡을 들이쉬고 내쉬면서 주여! 를 하면 속에서 더러운 것들이 기침을 통해서 나가고 웃음과 울음이 터지기도 합니다. 이는 막혔던 영의통로가 뚫리면서 일어나는 성령의 역사입니다. 다른 문제는 기도에 관한 고정관념에 잡혀서 외형적 모습, 언어의 구사에 너무 신경을 쓰느라고 기도를 못하는 것입니다. 기도는 언어의 구사가 아닙니다. 하나님과 인격적인 관계로서 눈빛만 보아도 서로를 아는 관계에 들어가는 것이 바른 기도입니다.

그리고 특정한 장소에서 해야 기도가 된다는 잘못된 의식입니다. 기도는 교회, 산, 기도원, 새벽기도에서 하는 것이라는 기도에 대한 고정관념이 기도를 어렵게 만듭니다. 자연스럽게 어디서든지 성령의 임재 하에 마음으로 기도할 수 있어야 합니다. 기도의 본질은 무엇을 비는 것이라는 생각 때문입니다. 우리가 무속적인 기도인 '비나이다. 비나이다' 식의 기도의 개념은 문제없는 사람은 기도의 필요가 없다는 그릇된 생각을 가져왔습니다. 기계 문명이 발달할수록 더욱 영성을 위하여 기도해야 하는데, 이러한 잘못된 생각 때문에 실상은 그 반대가 되었습니다. 문제가 하나님을 필요하게 만들어서는 안 됩니다. 하나님과 항상 교제함으로 문제가 해결되게 하세요. 기독교 신앙의 본질은 예방 신앙이어야 합니다. 문제가 생기고 오기 전에 기도하여 예방하는 것이 바른 신앙입니다.

셋째, 샤머니즘전인 기도를 하지마라. 저는 개인적으로 이렇게 생각을 하고 있습니다. 성도가 예수를 믿고 교회에 들어오면 성령으로 세례를 받고 내적인 상처를 치유하면서 깊은 영의기도를 바르게 가르치고 배워서 깊은 기도를 숙달해야 한다는 것입니다. 저는 목사가 되기 전에 평신도 생활을 십오 년 정도 했습니다. 그런데 어느 목회자가 기도에 대하여 바르게 알려주지를 않았습니다. 그저 기도하세요. 기도해야 하나님과 교통할 수가 있습니다. 기도해야 문제가 풀립니다. 기도를 어떻게 하라고 원리를 알려주지 않고 무조건 기도하라고 합니다. 그러니 모두 지난 세월 하던 샤머니즘적인 기도를 합니다. 아침에 밥솥 앞에 정안수 떠놓고 기도하던 것이 생각이 나니 그렇게 기도를 합니다. 돌무더기 앞에서 기도하던 것이 생각이 나니 그렇게 기도를 합니다. 절에 가서 불공을 드리며 빌던 것이 생각이 나니 그렇게 기도를 합니다. 필자도 초신자이었을 때 그렇게 했습니다.

이렇게 기도를 해도 누구하나 기도를 바로 잡아주는 사람이 교회에 없습니다. 그러니 무조건 기도 많이 하면 믿음이 좋은 것으로 생각을 하고, 기도하면 거듭난 성도인줄 믿어버립니다. 그러나 여기 에는 엄청난 잘못이 숨어 있습니다. 기도는 영의 활동입니다. 기도를 어떻게 하는 가에 따라서 성령의 역사도 일어나고 귀신도 끌어들일 수가 있습니다.

무당들도 철야하면서 얼마나 기도를 많이 합니까? 무당들이 북을 치고 장구를 치면서 기도하면 귀신들이 옵니다. 큰 귀신에게 접신 받으려고 무당들은 철야하며 기도합니다. 또 한 가지 웃기는 것은 기도하면서 팔을 흔들거나 몸에 진동이 오면 성령으로 충만한 줄로 압니다. 그러나 기도를 하면 좌우지간 영의 상태가 됩니다. 귀신의 영향도 잘 받는 상태이고 성령의 영향도 잘 받는 무의식 상태가 됩니다. 이때 성령으로 충만한 사람은 성령의 역사가 나타나는 것입니다.

그러나 예수를 믿어도 샤머니즘적인 신앙의 잔재를 성령으로 치유 받지 못했으면 불을 보는 것과 같이 환한 귀신의 역사가 나타나는 것입니다. 일부 영적으로 눈이 열린 목회자들이 우려를 하고 있는 것이 사실입니다. 문제는 그런 양신의 역사를 분별하여 해결하지 못하는 것에 있습니다. 우리 기독교인들이 영적인 수준을 높여야 합니다. 그래서 "기도클리닉"을 하여 샤머니즘적인 기도가 바른 성령의 인도받는 깊은 영의기도가 되도록 해야 합니다. 기도는 훈련해야 합니다. 바르게 가르치고 훈련하여 숙달해야 합니다.

기도회를 인도할 때 보신 분들은 제가 하는 이야기를 이해하실 것입니다. 예를 든다면 가족 중에 무당의 내림이 있는 분은 진동을 심하게 합니다. 팔을 흔들고 머리를 흔들면서 기도를 합니다. 더 지나면 발을 동동 구르면서 기도를 합니다. 이는 성령이 충만해서 일어나는 현상이라고 단정을 지으면 안 됩니다. 정확하게 성령의 임재로 무당의 영이 정체를 드러내는 것입니다.

그리고 중풍의 영향을 받는 분들도 팔과 다리를 흔들면서 기도를 합니다. 일부 초보 목회자들이 이를 성령의 역사라고 우기는 분들도 있습니다. 그러나 아닙니다. 성령의 임재로 그 사람 안에 역사하는 악한 세력이 정체를 폭로한 것입니다.

이것을 분별하여 해결해야 할 분들이 누구입니까? 목회자분들입니다. 제가 분명하게 말씀을 드리면 기도하면 만사가 해결되는 것이 아닙니다. 바르게 성령으로 성령 안에서 기도를 해야 합니다. 성령으로 정확하게 기도를 하면 앞에서 지적한 모든 것이 해결이 됩니다. 교회에서 이런 현상이 일어난다고 경계해서 해결이 되는 것이 아닙니다. 원인을 찾아 해결해야 합니다. 우리 교회는 매 예배나 집회 시에 40-50분간 기도를 합니다. 기도를 시켜놓고 제가 돌아다니면서 안수를 합니다. 안수하면서 이상한 현상을 일으키거나 귀신의 역사가 일어나는 분들은 성령께서 저에게 알려주십니다. 저는 기도를 정지시키고 축사를 합니다. 몇 번만 축사하면 모두 떠나갑니다. 왜냐하면 기도를 많이 해서 열려 있기 때문에 쉽게 드러나고 떠나가는 것입니다. 귀신이 떠나가니 편안하게 잔잔하게 기도를 합니다. 본인이 느낍니다. 기도도 성령으로 잘되고, 영육의 질병도 문제도 해결이 되는 것을 말입니다. 목회자는 이런 상황을 영안으로 분별하여 해결해주어야 합니다. 그래야 성도들이 영적으로 깊어지는 것입니다.

성도들이 기도를 많이 하고 신앙생활을 오래해도 변하지 않는 것은 목회자가 무조건 기도하면 문제가 해결이 된다고 하기 때문입니다. 무조건 기도하라고 해서 생각나는 대로 기도를 하니 이런 영적인 문제가 해결이 되지 않는 것입니다.

제가 여기에서 부가해서 말한다면 성령의 역사가 바르게 일어나면 샤머니즘적인 잔재들이 떠나갑니다. 그러기 때문에 성령으로 기도하면 잔잔하게 성령의 역사만 일어나는 것입니다. 분명하게 분별하여 치유해야 성도들이 하나님과 친밀하게 지내며 하나님의 복을 받을 수가 있습니다.

바른 기도를 하는 습관을 들여야 합니다. 습관이 잘못되면 고치는데 시간이 많이 걸리고 힘이 들기 때문입니다.

넷째, 성령으로 기도하라. 기도에 대하여 바르게 알아야 합니다. 많은 성도들이 문제가 있으면 무조건 기도하면 문제가 풀어지는 줄로 알고 있습니다. 그래서 무조건 기도하라고 합니다. 그렇지 않습니다. 기도는 하나님의 음성을 듣는 것입니다. 문제의 원인에 대하여 하나님께 질문하여 하나님께서 알려주시는 것을 해결하면서 기도해야 합니다. 예를 든다면 회개라든가, 용서라든가, 하나님께서 알려주시는 레마를 받아 순종하며 기도해야 문제가 풀어지는 것입니다. 막연하게 문제를 해결하여 주시옵소서. 잘되게 하여 주시옵소서, 하며 기도하면 문제가 해결되지 않습니다. 반드시 하나님에 알려주시는 해결 방법을 적용하여 해결하면서 기도해야 문제가 풀어지는 것입니다. 성도들이 바르게 알아야 할 것은 자신이 당하는 문제는 하나님의 문제라는 것을 믿어야 합니다. 그래서 자신에게 일어나는 문제는 하나님이 해결해야 합니다. 왜냐하면 자신은 예수를 믿을 때 죽었습니다. 다시 예수로 태어났습니다. 지금 예수 인생을 사는 것입니다. 그렇기 때문에 성령으로 기도하여 영의 상태가 되면 하나님께 해결 방법을 질문하여 응답받은 대로 조치를 해야 문제가 해결되는 것입니다. 그렇기 때문에 문제를 해결하려면 기도하지 않으면 안 되는 것입니다. 성령으로 기도하여 영의 상태가 되어야 내적인 상처도 치유되고, 귀신도 떠나가고, 병도 고쳐지고, 문제도 해결되고, 하나님의 음성도 들을 수가 있는 것입니다.

성령으로 기도하는 것은 성령의 임재가운데 성령 안에서 기도하는 것을 말합니다. 마음으로 기도하여 마음의 문이 열려야 영으로 기도하게 되는 것입니다. 영으로 기도하는 것이 성령으로 기도하는 것입니다. 그렇기 때문에 먼저 마음의 기도로 마음의 문을 열어야 영으로 기도할 수가 있는 것입니다. 성령으로 기도하는 비결은 이렇습니다. 숨을 들이 쉬고 내 쉬면서 주여! 숨을 들이 쉬고 내 쉬면서 주여! 숨을 들이 쉬고 내 쉬면서 주여! 자연스럽게 주여! 주여! 를 하면 되는 것입니다. 방언으로 기도할 줄 아는 분들은 호흡을 들이쉬고 내쉬면서 방언기도하고, 호흡을 들이쉬고 내쉬면서 방언기도를 합니다. 즉 내면의 활동이 강화되어 자신의 마음속 영 안에 계신 성령이 밖으로 나오시게 해야 합니다. 코로는 바람을 들이쉬고 배꼽 아랫배로 호흡을 하는 것입니다. 호흡을 들이쉬고 내쉬면서 주여! 주여! 주여! 하다가 성령께서 감동을 주시는 것이 있습니다.

예를 든다면 "자녀를 위하여 기도하라!"하실 수도 있습니다. 그러면 자녀를 위하여 기도하는 것입니다. 자녀에게 문제가 있는 것도 할 수가 있습니다. 자녀에게 바라는 것이 있으면 그것을 기도해도 좋습니다. 기도를 마치고 다시 주여! 주여! 주여! 하면서 기도를 합니다. 다시 성령께서 너의 물질문제를 기도하라고 하실 수도 있습니다. 물질문제를 기도합니다. 물질문제가 어떻게 해서 생겼는지 하나님에게 질문하며 기도합니다. 죄악으로 인한 것이라면 회개를 합니다. 회개하고 죄악을 타고 들어온 귀신을 축귀합니다. "예수 이름으로 명하노니 선조들의 죄를 따라 들어와 물질 고통을 주는 귀신아 물러가라" 소리는 크지 않아도 됩니다. 성령이 충만한 상태이므로 귀신들이 잘 떠나갑니다. 다시 다른 기도를 위하여 주여! 주여! 주여! 하면서 기도를 합니다.

그러면 성령께서 다시 감동을 합니다. 너의 건강을 위하여 기도하라! 그러면 자신의 건강을 위하여 기도합니다. 기도하면서 하나님에게 질문을 합니다. 하나님! 저의 어느 부분이 문제가 있습니까? 하면서 기도하여 조치를 취하면 됩니다. 무엇을 결정해야 할 경우는 어느 정도 기도하여 성령으로 충만한 상태가 되면 지속적으로 문의 하는 것입니다. 이것을 어떻게 해야 합니까? 이것을 어떻게 해야 합니까? 이것을 어떻게 해야 합니까? 지속적으로 질문을 하면 문득 떠오르는 생각이 있습니다. 이것이 하나님의 방법입니다. 이것을 해결하면 치유가 되는 것입니다. 이것이 성령으로 기도하는 것입니다. 어려울 것이 없습니다.

자신의 생각이나 욕심을 내려놓고 순수하게 성령을 따라 기도하는 것입니다. 보통 성도님들이 하시는 말씀대로 기도분량이 채워지니까 성령께서 알려주신 것입니다. 기도분량이 채워졌다는 것은 성령님이 역사하실 수 있는 영적인 상태가 되었다는 것입니다. 절대로 성령은 육의 상태에서 응답을 주시지 못합니다.

반드시 성령으로 충만한 영의 상태가 되어야 레마를 들려주십니다. 그러므로 영의 상태가 되도록 성령으로 깊은 영의기도를 해야 합니다. 영의 상태에서 하나하나 감동이나 음성으로 알려주시는 것입니다. 기도의 성공요소는 영의 상태에 들어가는 것입니다. 영의상태에서 성령님과 교통할 수가 있기 때문입니다. 성령님과 교통하는 기도가 되어야 하나님의 복을 받아 누릴 수가 있습니다.

8장 하나님과 관계가 열려야 한다.

(시편 139:1-8)"여호와여 주께서 나를 감찰하시고 아셨나이다. 주께서 나의 앉고 일어섬을 아시며 멀리서도 나의 생각을 통촉하시오며, 나의 길과 눕는 것을 감찰하시며 나의 모든 행위를 익히 아시오니 여호와여 내 혀의 말을 알지 못하시는 것이 하나도 없으시니이다. 주께서 나의 전후를 두르시며 내게 안수하셨나이다. 이 지식이 내게 너무 기이하니 높아서 내가 능히 미치지 못하나이다. 내가 주의 신을 떠나 어디로 가며 주의 앞에서 어디로 피하리이까, 내가 하늘에 올라갈찌라도, 거기 계시며 음부에 내 자리를 펼찌라도 거기 계시니이다."

강력한 능력을 이끌어내어 하나님께 쓰임을 받을 분들은 하나님과 관계가 무엇보다도 중요합니다. 하나님과 관계가 열려야 강력한 능력을 이끌어낼 수도 있고, 쓰임을 받을 수도 있습니다. 하나님께서는 하나님과 관계를 여시기 위하여 예수님을 보내주셨습니다. 그리고 믿는 자들에게 성령이 마음 안에 임재 하도록 하셨습니다. 성령을 통하여 하나님과 관계를 열기 위해서 하나님의 깊은 배려입니다. 그만큼 하나님은 자녀들과의 관계를 중요하게 생각을 하십니다. 하나님과 관계가 열려야 목회자로서 소명을 감당할 수 있을 것입니다. 그런데 안타까운 것은 일부 목회자라고 자처하시는 분들이 하나님과 관계를 열려고 하지 않고 무조건 열심히 하려고 합니다. 하나님은 육체를 가지고 열심히 하는 것을 달갑게 여기지 않으십니다. 하나님과 관계가 열려서 성령으로 하나님의 뜻을 알고 순종하기를 원하시는 것입니다. 하나님은 영이시기 때문입니다. 영이신 하나님과 말씀과 성령으로 관계가 열리면 모든 것은 하나님이 하십니다.

예를 들어서 설명하면 지금 불신자로 살다가 예수를 영접하는 분들이 정상적인 생활을 하는데 천국가려고 예수를 믿는 사람이 별로 없습니다. 모두 세상에서 영육의 문제로 고통을 해결하려고 이 방법 저 방법 별 방법을 다 동원했으나 해결하지 못합니다. 그러다가 예수를 믿으면 문제가 해결이 된다는 말을 듣고 예수를 영접하고 교회에 들어옵니다. 교회에 들어와서 문제만을 해결하려고 예배도 참석하고 봉사도 하고, 헌금도 하고, 철야기도도 합니다. 그런데 문제가 해결이 안 됩니다. 불평불만을 토로하거나, 믿음에서 떠나거나, 예수 믿어도 소용없더라하면서 원망을 하기도 합니다. 그런데 바르게 알아야 할 것은 이렇게 자신의 문제만 해결하려고 하니 문제가 해결이 안 된다는 것입니다. 강력한 능력도 나타나지 않는 것입니다.

하나님은 분명하게 "그런즉 너희는 먼저 그의 나라와 그의 의를 구하라 그리하면 이 모든 것을 너희에게 더하시리라(마 6:33)"말씀하셨습니다. 자신 안에 하나님의 나라가 먼저 이루어지게 하라는 말씀입니다. 그래서 교회에 들어오면 먼저 예배를 드리면서 기도하고 찬양하다가 성령으로 세례를 체험해야 합니다. 성령으로 세례를 받으면 성령께서 자신이 살아오면서 받은 상처를 치유하십니다. 앞에서 설명했던 자아를 부수십니다. 그러면서 자신 안에 계신 하나님과의 관계가 열립니다. 하나님과 관계가 열리니 심령이 점차로 하늘나라가 이루어집니다. 하늘나라가 이루어지면서 혈통에 역사하던 귀신이 떠나갑니다.

귀신이 떠나가니 하나님과 친밀한 관계가 됩니다. 기도할 때마다 하나님께서 음성이나 감동이나 꿈이나 환상을 통해서 자신의 문제를 해결하는 지혜를 주십니다. 주신 지혜대로 순종하니 문제가 해결이 됩니다. 마음 안에 계신 성령님의 역사로 귀신이 떠나가기 때문입니다. 그러므로 예수를 믿었으면 성령으로 세례를 받아 하나님과 관계를 먼저 열어야 합니다.

우리가 바르게 알아야 할 것은 예수만 믿으면 모든 문제가 해결이 되고 만사가 형통한 것이 아닙니다. 예수를 믿으면 원죄가 해결이 됩니다. 자범죄와 상처는 자신이 성령의 인도를 받아가며 해결해야 합니다. 예배를 드리며 말씀 듣고 기도하며 찬양하다가 성령으로 세례를 받게 됩니다. 성령으로 세례를 받은 후에 자신이 인생을 살아오면서 지은 자범죄를 해결합니다. 조상들이 지은 죄도 해결합니다. 왜냐하면 죄를 지으면 반드시 죄를 타고 귀신이 들어왔기 때문입니다. 인생을 살아오면서 받은 상처를 치유해야 합니다. 상처 뒤에는 귀신이 역사하면서 하나님의 말씀을 듣지 못하게 하거나 이해하지 못하는 문제를 발생하게 하거나 믿음이 자라지 못하도록 방해합니다.

강력한 능력을 이끌어내려면 이것을 이해해야 합니다. 아브라함은 25년간 하나님의 인도를 받으면서 하나님께서 원하시는 영적인 사람으로 변했습니다. 그러므로 자신이 성령의 인도를 받으면서 변화되려고 관심을 가져야 합니다. 하나님께서 원하시는 사람으로 변했을 때 강력한 능력을 이끌어낼 수가 있는 것입니다. 성령으로 섞인 세상적이고 육적이고 혼적인 것을 정화해야 강력한 능력을 이끌어낼 수가 있습니다.

크리스천들이나 목회자나 할 것 없이 예수를 믿는 순간 죽었습니다. 그리고 다시 예수로 태어났습니다. 예수를 믿고 성령으로 거듭난 성도가 인생을 살아가면서 일어나는 모든 일은 자신의 일이 아닙니다. 죽은 자는 일을 할 수가 없는 것입니다. 다시 사신 예수님의 일입니다. 예수를 믿을 때, 자신은 죽고, 예수로 다시 태어났기 때문입니다. 이제 자기가 세상을 사는 것은 자신 속에 주인으로 임재하신 예수님이 사시는 것입니다. 성도는 자신 앞에 있는 문제를 자신의 능력이나 힘으로 하지 말아야 합니다. 예수님의 일이므로 예수님께 문의하여 예수님께서 하라는 대로 순종하면 믿음을 보시고 예수님이 하십니다.

일부 크리스천들이나 목회자들이 자신 앞에 일어나는 일을 자신의 힘으로 하려고 합니다. 하나님의 일을 인간인 자신의 힘으로 하려고 하니 얼마나 힘이 들겠습니까? 자신의 힘으로 인생을 살아가려니 힘이 들고 버거워서 탈진이 찾아오기도 합니다. 목회자들도 마찬가지입니다. 목회는 예수님의 일인데 자신의 힘으로 하려고 합니다. 그러다가 힘들어서 목회를 포기하기도 합니다. 예수님을 믿고 성령으로 거듭난 크리스천이나 목회자나 할 것 없이 하나님과 관계를 열어, 성령의 인도를 받으면서 문제를 해결하는 것입니다. 성령님께 질문하여 지혜를 받아 해결하는 것입니다.

푯대를 향하여 가는 길에 부딪치는 모든 일은 예수님의 일이라고 믿는 믿음이 중요합니다. 문제가 나타나거든 하나님께 기도하는 것입니다. 하나님 이 문제를 어떻게 해결해야 합니까? 기도하여 성령께서 감동하시는 대로 순종하면 성령께서 문제를 해결하시는 것입니다. 문제를 만나거든 하나님께 기도하여 알려주신 지혜대로 순종하여 통과하시기를 바랍니다.

우리는 모두 관계 속에 살아가고 있습니다. 관계를 떠나서 존재하는 사람은 한 사람도 없습니다. 관계 속에서 태어나 관계 속에서 살아갑니다. 관계를 떠나서는 삶의 의미나 가치를 찾을 수 없습니다. 가장 아름다운 사랑도 관계를 떠나서는 생각할 수 없습니다. 이 세상은 관계를 맺으려고 애를 씁니다. 좀 더 유익을 얻으려고, 좀 더 덕을 보려고 보다 나은 사람이 있으면 관계를 맺으려고 합니다. 국가적인 차원에서도 마찬가지입니다. 외교라고 하는 것 역시 관계입니다. 관계라는 말은 대단히 중요합니다.

실제로 영향력 있는 사람과 관계를 잘 맺으면 덕을 보는 경우가 있습니다. 동창관계라든지, 친구관계라든지, 선후배관계라든지 이 세상을 살아가는 데는 관계가 중요합니다. 그러나 이보다 더 중요한 관계는 하나님과의 관계입니다. 강력한 능력을 이끌어내어 하나님께 쓰임을 받은 분들은 무엇보다도 하나님과 관계가 열리는 것이 중요하십니다. 관계를 잘 맺은 사람과 맺지 못한 사람은 차이가 있습니다. 아무래도 관계를 잘 맺은 사람이 세상을 살아나가는데 더 많은 유익을 얻습니다.

첫째, 하나님과 관계가 열린 자가 누리는 축복. 하나님은 크리스천이나 목회자를 축복하려고 불러서 예수를 믿게 했습니다. 쉽게 말해서 하나님의 부름을 받고 예수님을 믿었다는 것입니다. 그러니까, 예수님을 믿고 교회에 다니는 사람치고 하나님의 음성을 듣지 못한 사람은 아무도 없습니다. 자신이 듣지 못해서 그렇지 하나님의 부름을 받고 마음이 열렸기 때문에 예수님을 영접한 것입니다. 마음이 열렸기 때문에 예수님을 믿었고 교회에 나온 것입니다. 세상의 법은 인간의 행위를 규정합니다. 하지만 천국의 법은 사람의 마음까지 다스립니다. 마음이 따라줘야 예수를 믿을 수 있다는 것입니다. 그래서 하나님은 순종이 제사보다 낫다고 하시는 것입니다. 마음이 예수를 믿고 교회에 다니는 것이 동의 했다는 것입니다. 이제 말씀과 성령으로 하나님과의 관계를 열어야 합니다. 하나님은 영이시기 때문에 우리 안에 성령으로 오셔서 크리스천이나 목회자를 영적인 상태가 되어 하나님과 관계를 열도록 배려하셨습니다. 하나님과 관계를 여는 것의 가장 기본적인 것이 영과 진리로 예배드리며 성령으로 기도하는 것입니다.

그런데 사람은 누구나 다 하나님과 관계가 있습니다. 어떤 사람은 하나님을 믿지 않기 때문에 하나님과 관계가 없다고 생각할지라도 모두 하나님의 도우심 속에서 살아갑니다. 선한 자든 악한 자든 하나님과 관계가 있습니다. 예수님을 믿는 자는 하나님과 관계가 화평의 관계를 맺고 있지만(롬5:1), 하나님을 믿지 않는 사람은 죄인의 관계, 형벌의 관계를 말합니다. 아담과 하와는 본래 하나님과의 관계가 축복의 관계였습니다. 그런데 아담이 하와의 말을 듣고 금단과를 먹고 범죄 함으로 이 관계가 깨어진 후에는 사망의 관계, 저주의 관계, 멸망의 관계가 되고 말았습니다.

우리는 살아가면서 다른 사람과의 관계가 없다고 생각하여 고독해하는 사람이 있습니다. 이성 관계, 부모관계, 친구관계, 동료관계 등 아무런 관계가 없어도 하나님과의 관계가 되어 있는 사람은 결코 불행하지 않습니다. 에녹은 하나님과 삼백년 동안 동행했습니다(창5:22). 동행했다는 말은 관계를 맺었다는 말입니다. 노아도 하나님과 동행했습니다(창6:9). 하나님과 동행한 사람 곧 하나님과 관계한 사람은 복을 받았습니다. 에녹은 죽음을 보지 않고 하늘로 올리워가는 축복을 받았습니다. 노아는 홍수 심판의 때에 구원의 축복을 받았습니다. 아브라함, 이삭, 야곱, 요셉은 하나님과 관계한 자로 모두 축복을 받은 자들입니다. 요셉 같은 경우는 하나님과의 관계를 끊으려고 하는 유혹이 많았으나 끝까지 하나님과의 관계를 갖고 있다 보니 축복을 받았습니다.

세상은 돈이 있어 있는 사람과 관계를 맺으려고 사람들이 찾아오다가 돈이 없으면 관계를 끊어버립니다. 건강하면, 힘이 있으면, 뭔가 영향력이 있으면, 도움을 받을만하다고 생각하면 관계를 맺으려고 찾아오다가도 그 모든 것을 상실하면 외면하는 것이 세상입니다. 그리고 나이가 많아지면 관계가 끊어집니다. 부부관계가 끊어지고, 자식들도 결혼을 해서 관계가 끊어지고, 이웃들은 늙었다고 외면을 하니 관계가 끊어집니다. 세상의 관계들은 이렇게 끊어지기도 하지만, 하나님과의 관계는 절대로 끊지 말아야 할 것입니다. 어떤 환난이 와도, 고난과 역경이 와도, 괴롭고 답답한 일을 만나도 끊지 맙시다. 그래야 축복을 받습니다. 하나님은 우리가 변하지 않는 한 절대로 떠나가지 않으시는 분입니다.

둘째, 하나님과 관계가 열린 자를 만나야 한다. 강력한 능력을 이끌어내어 하나님께 쓰임을 받을 분들은 특별하게 하나님과 관계를 열어야 합니다. 아니 관계가 돈독해야 합니다. 서로 주거니 받거나 하는 관계가 되어야 합니다. 그래야 휘하에 있는 성도들이 목회자를 통하여 하늘의 복을 받을 수 있기 때문입니다. 세상은 자기에게 유익할 것 같으면 관계를 맺습니다. 아무나 관계를 맺지 않습니다. 그러나 우리는 무엇보다도 하나님과 관계 맺은 자와 관계를 맺어야 하겠습니다. 노아의 가정을 봅시다. 노아가 하나님과 관계를 맺었습니다. 홍수의 때에 하나님과 관계를 맺은 노아로 인하여 그의 자녀들이 구원을 받았습니다. "너와는 내가 내 언약을 세우리니 너는 네 아들들과 네 아내와 네 자부들과 함께 그 방주로 들어가고…(창6:18)" 노아의 자녀와 자부들의 믿음이 좋은 것은 아니었습니다. 그들의 아버지로 인하여 방주에 들어가게 된 것입니다. 이것을 보면 하나님과 관계를 맺은 자와 관계를 맺은 것이 축복입니다.

아브라함은 하나님과 관계를 맺은 자입니다. 그 아브라함에게 롯이 있었습니다. 롯은 하나님과 관계있는 아브라함이 축복을 받을 때에 그도 역시 축복을 받았습니다. 뿐만 아니라 소돔과 고모라에 전쟁이 있을 때에 롯은 재물과 함께 끌려가게 됩니다. 아브라함이 이 사실을 알고 군사를 이끌고 찾아가 다시 데려옵니다(창14장). 롯의 축복은 이것으로 끝나지 않습니다. 소돔과 고모라 성이 멸망당할 때에 하나님과 관계있는 아브라함의 중보로 말미암아 살아남게 되는 놀라운 축복을 받습니다(창19장). "하나님이 들의 성들을 멸하실 때 곧 롯의 거하는 성을 엎으실 때에 아브라함을 생각하사 롯을 그 엎으시는 중에서 내어 보내셨더라(창19:29)."

야곱 역시 하나님과 관계를 맺은 사람입니다. "내가 너와 함께 있어 네가 어디로 가든지 너를 지키며 너를 이끌어 이 땅으로 돌아오게 할찌라. 내가 네게 허락한 것을 다 이루기까지 너를 떠나지 아니하리라(창28:15)." 야곱은 외삼촌댁에 머물게 됩니다.

본래 라반의 집은 부유한 집이 아닙니다. 그런데 하나님과 관계 맺은 야곱으로 인하여 축복을 받습니다. 이것을 모르는 외사촌들은 자기들 때문에 야곱이 축복을 받은 줄로 착각하고 말았습니다(창32:1-3). 이런 것을 볼 때에 하나님과 관계를 맺은 자와 관계를 맺는 것이 얼마나 큰 축복인가를 알 수 있습니다. 그러나 마귀는 이 하나님과의 관계를 끊으려고 하고, 하나님과 관계 맺은 자와 의 관계를 끊으려고 애를 쓰고 있습니다. 우리는 속지 말아야 합니다. 여전히 하나님과 관계를 맺고, 하나님과 관계를 맺은 자와 관계를 맺는 자가 되어야 하겠습니다.

셋째, 하나님과 관계가 열린자를 선택하자. 하나님과 관계를 맺었다는 것은 무엇을 말합니까? 바리새인과 같은 사람이 있습니다. 바리새인은 종교인이지 신앙인은 아닙니다. 주님은 저들을 향하여 "화 있을 찐저"라고 책망하셨습니다(마23:15,16,23). 형식적인 그리스도인이 있습니다. 교회 안에 있다고 해서 모두가 다 거듭나고 하나님과 관계를 맺은 사람이라고는 할 수 없습니다. 교회를 다닌다고 해서 다 하나님과 관계를 맺은 사람이라고 할 수 없습니다.

뿐만 아니라, 목회자가 능력을 행사한다고 해서 다 하나님과 관계를 맺은 사람이라고 볼 수 없습니다. 이는 모든 목회자가 가슴에 새기고 명심해야 합니다. 많은 목회자들이 귀신을 축사하고 병을 고치고, 내적치유하고, 열매가 나타나지 않는 성령의 역사를 일으킨다고 다되었다고 착각하는 분들이 있습니다. 분명하게 이것이 다가 아닙니다. 하나님의 말씀 안에서 모세를 생각해 보시고, 다윗을 생각해 보시고, 엘리사나 엘리야를 생각해 보시기를 바랍니다. 모두 하나님과의 관계를 열기 위해서 혹독한 광야 훈련을 치렀습니다. 쉽게 되는 것이 아닙니다. 필자에게 여러 목회자들이 오셔서 안수를 받아서 쉽게 능력전이 받아 어떻게 해보려는 생각을 하시는 분들이 있습니다. 그렇게 안수한번 받아서 성령의 불 한번 받아서 되는 것이 아닙니다. 전인격이 성령으로 장악이 되어 하나님 화 되어야 합니다. 그래야 하나님과 관계가 열리는 것입니다. 모세는 광야훈련을 40년을 받았습니다. 다윗은 사울 왕에게 쫓겨서 잠을 제대로 자지 못하면서 광야훈련을 10년을 받았습니다. 그렇게 광야훈련을 하는 동안에 자신들은 죽어 없어지고, 하나님만 바라보고 순종하는 사람으로 변화된 것입니다. 그래서 예수님은 "나더러 주여! 주여! 하는 자마다 천국에 다 들어갈 것이 아니요 다만 하늘에 계신 내 아버지의 뜻대로 행하는 자라야 들어가리라(마7:21)." "그 날에 많은 사람이 나더러 이르되 주여! 주여! 우리가 주의 이름으로 많은 권능을 행치 아니하였나이까(22). 주께서 말씀하시기를 내가 너희를 도무지 알지 못하니 불법을 행하는 자들아 내게서 떠나가라(23)"고 하셨습니다. 능력을 행사한다고 해서 다 하나님과 관계된 것이 아닙니다. 하나님과 관계없이 능력을 행사하기도 합니다.

그러면 누가 하나님과 관계를 맺은 사람입니까? 그는 성령으로 거듭난 사람입니다. 성령으로 전인격이 장악이 된 사람입니다. 성령의 인도를 받는 사람입니다. 하나님을 마음으로 사랑하는 사람입니다. 성경 누가복음 7장 37-49절에 보면 예수님께서 바리새인의 집에 초청을 받아 가셨는데 그 집에 들어가자마자 그 동네의 여자 죄인 한 사람이 따라오며, 주님 앞에서 그 눈물을 예수님의 발에 방울방울 떨어뜨리며 울었습니다. 예수님께서 자리에 앉으시자 그 여인은 머리채를 내려 눈물로 얼룩진 예수님의 발을 닦고, 그 위에 자신이 귀하게 간직한 향유를 부었습니다. 그러자 함께 와 있던 동네 사람들은 속으로 예수님을 비난했습니다. "예수님이 만일 선지자이면 이 여인이 얼마나 더러운 죄인인줄을 아시고 근처에 오지도 못하게 할 텐데 예수님은 진짜 선지자가 아닌가보다" 그때 예수님께서 그 생각을 아시고 주인을 부르셨습니다. "시몬아 내가 네게 질문할 것이 있다. 여기에 빚을 진사람 둘이 있는데 한 사람은 5백 데나리온, 또 다른 한 사람은 5십 데나리온 빚을 졌다. 두 사람이 다 그 빚을 갚지 못하므로 탕감을 해준다면 누가 탕감해 준 사람을 더 사랑하겠느냐" 시몬은 '물론 많이 탕감 받은 자가 더 많이 사랑하겠지요'라 대답했습니다. 그러자 예수님께서 "네 말이 옳다 내가 이 집에 들어올 때 이 여인은 눈물로 내 발을 적시고 머리로 닦고 끊임없이 내 발에 입 맞추고 향유를 부었다. 그런데 내가 들어올 때 너는 나의 발 씻을 물도 주지 아니하고 입 맞추지도 아니하고 머리에 감람유도 붓지 아니하였다. 그러나 이 여인은 나를 많이 사랑하므로 이 여자의 많은 죄가 용서를 받았느니라" 말씀하시고,

그 여인을 보시고 "네 믿음이 너를 구원하였으니 평안히 가라"고 하셨습니다. 예수님은 이 여인의 절실한 죄악의 문제를 해결해 주셨습니다. 이 여인은 마음속의 죄책으로 말미암아 주야로 고민하였으나 예수님께서는 그 여인의 죄악을 해결해 주신 것입니다. 시몬은 행위(율법)를 중요하게 생각을 한 것입니다. 예수님은 한 차원 깊은 마음으로 예수님을 사랑한 것을 인정하신 것입니다. 하나님은 이렇게 마음으로 하나님을 사랑하는 사람과 관계를 열어 가십니다. 하나님과 깊은 관계를 맺으시려면 마음으로 하나님을 사랑해야 합니다.

예수의 생명이 그 안에 있는 자입니다. 또한 하나님을 두려워하는 자가 하나님과 관계를 맺은 자입니다. 모든 삶을 하나님께서 보시기 때문에 두려워합니다. 그리고 하나님의 징계도 알고 심판도 알고 형벌도 아는 자입니다. 이런 자가 하나님과 관계를 맺은 자입니다. 하나님과 관계를 맺은 자는 언제나 무엇을 하든지 하나님과 관계된 것을 선택하여야 할 줄 믿습니다. 직장을 선택할 때에도, 동업을 할 때에도, 이성교제를 하더라도 무슨 일을 하든지 하나님과 관계된 자를 선택하고, 하나님과 관계된 것을 선택하시기를 바랍니다. 하나님께서 축복하실 것입니다. 하나님과 관계있는 명예, 권력, 돈이라면 의미가 있습니다. 하나님과 관계가 없는 자는 부끄러움을 당하게 됩니다(계6:15).

넷째, 하나님과 관계가 열려 있는 자를 떠나지 말라. 우리 교회를 나올 수 없는 곳으로 이주할 때에 하나님과의 관계있는 곳을 찾아야 합니다. 하나님과 관계를 가졌다가 떠난 자들이 많습니다. 통일교로, 여호와의 증인으로, 천부교로 빠지고 말았습니다. 하나님과의 관계를 떠나면, 하나님과 관계있는 자를 떠나면 위험합니다. 우리는 언제나 어디서든지 하나님과의 관계 속에 살아야 합니다. 그리고 말 못해서 하나님과 관계없는 곳에 빠져 있으면 빨리 나와야 합니다.

아담과 하와가 하나님과의 관계에서 떠났을 때에 사망이 왔습니다. 그들에게 불행이 찾아왔습니다. 롯은 하나님과 관계가 있는 아브라함을 떠났을 때에 모든 소유를 빼앗겼고, 그가 살던 곳은 유황불로 심판을 받고 말았습니다. 그는 심판을 받을 때에 재물을 하나도 건지지 못했습니다. 우리는 하나님과 관계있는 자를 떠나서는 절대로 안 됩니다. 정말로 중요한 것입니다.

오늘 본문인 시편 138편은 다윗의 시입니다. 다윗은 하나님께 범죄한 자입니다. 그러면서도 다윗은 하나님과 관계있는 자입니다. 다윗 또한 하나님께서 자기를 버리시지 않고 관계하시는 것을 알았습니다. 그래서 이 시를 읊은 것입니다. 하나님은 하나님과 관계있는 자가 범죄할지라도 그의 기도를 응답하시고 (3), 낮은 자를 하감하시고(6), 환난 중에 다닐지라도 소성케 하시고 오른 손으로 붙드셔서 구원하십니다(7). 그래서 다윗이 하나님께 감사하고 있습니다(1). 하나님과 관계가 있는 것이 축복입니다.

9장 영적인 세계를 보려고 노력하라.

(고전 2:10)"오직 하나님이 성령으로 이것을 우리에게 보이셨으니 성령은 모든 것 곧 하나님의 깊은 것까지도 통달하시느니라"

하나님은 강력한 능력을 이끌어내어 하나님께 쓰임을 받을 분들에게 영적인 세계를 체험하게 하십니다. 영적인 세계를 알아야 영적인 사역자가 될 수가 있기 때문입니다. 하나님은 성도가 예수를 믿고 교회에 들어오면 성령을 체험하게 하십니다. 성령을 체험하면서 영적인 면에 관심이 많아집니다. 예수를 믿고 교회에 들어오면 성령께서 축복을 받는 것에 관심을 갖는 것에 앞서서 영적인 면에 관심을 갖도록 인도하시는 것입니다. 영적인 눈이 열려서 하늘나라 사람으로 변해야 강력한 능력을 이끌어낼 수 있기 때문입니다. 강력한 능력을 이끌어내려면 영적인 눈이 열려서 영의 사람이 되어야 하기 때문입니다. 영적인 세계에 관심을 가짐과 동시에 영적인 궁금증이 생깁니다. 능력은 어떻게 받을까? 환상은 어떻게 열릴까? 영적인 세계에 무엇이 존재할까? 영안은 어떻게 열릴까? 성령은사는 어떻게 해야 받을 수 있을까? 영들은 어떻게 분별할까? 방언 기도는 어떻게 받게 될까? 이런 궁금증을 해결하기 위하여 책도 읽고 집회도 참석하여 영의 눈이 뜨이게 됩니다.

세상에서 불신자로 살아갈 때는 영이 육에 눌려서 기능을 제대로 발휘하지 못합니다. 한마디로 갑갑한 인생입니다. 복음을 전도 받고 교회에 나와 예수 믿고 성령으로 세례를 받으면서 처음으로 느끼는 영적인 체험을 하는 것입니다. 인간이 본능적으로 세상을 살아가다가 말씀을 통하여 성령이 운행하시어 빛이 비치고 영적인 눈이 열리며 깨닫기 시작하는 것입니다.

많은 분들이 예수를 믿고 교회에 와서 처음 성령으로 세례를 받으면서 회개의 눈물을 흘립니다. 처음 하나님을 만나는 단계입니다. 저도 처음으로 하나님을 만나 회개의 눈물을 1박2일 동안 흘렸습니다. 정말 주체 못 할 정도로 회개의 눈물을 흘렸습니다. 순간 영이 깨어남으로 지금까지 체험하지 못한 신비한 것들이 보이게 됩니다. 이즈음에 내가 꿈속에서 보니 내 배가 자꾸 불러 오는 것입니다. 아 내가 임신을 했구나~ 아기를 어디로 낳지 하고 걱정을 하는데 갑자가 내 배가 갈라지면서 검은 치타가 죽어서 나오는 것입니다. 그것이 무엇이겠습니까? 혈기입니다. 성령을 체험하니 혈기가 죽어서 나오는 것입니다. 아직 그래도 세상에서의 행동하던 육성이 펄펄 살아있는 시기입니다. 아무것도 모르면서 아는 척을 잘 하는 시기이기도 합니다.

그러나 땅의 사람이 하늘의 사람으로 바꾸어지는 첫 경험이므로 여러 영적인 신비한 체험들이 마음속에 강하게 자리하게 됩니다. 이때에 주의해야 할 것은 나쁜 영의 전이가 된다는 것입니다. 영들의 전이에 대한 자세한 지식은 제가 집필하여 출간한

"하나님의 복을 전이 받는 법" "영들을 보는 눈을 개발하라" 책을 읽어보시면 상세하게 알 수 있을 것입니다. 이 책에는 하나님의 복을 전이 받는 법과 성령의 권능을 받는 법이 상세하게 수록되어 있습니다. 그리고 영들이 어떻게 전이 되는지와 일대일 사역자에게 자주 나타나는 영적손상과 대처 방법에 대하여 제시하고 있습니다.

예수 믿고 교회에 들어와 성령으로 불세례를 체험하고 사람 속에 있던 신령적인 요소가 깨어납니다. 이때부터 성령께서 인도하십니다. 영의 눈이 열리니 영적인 것에 관심을 가지기 시작합니다. 툭하면 자기에게 나타난 영적인 현상을 가지고 상담을 하려고 합니다. 신비한 음성을 들으려고 합니다. 기도 할 때 무엇인가 보이고, 또 보려고 하고, 영물들이 보인다고 자랑도 하기 시작합니다. 영혼이 혼탁하여 혼란스러운 꿈을 많이 꾸기도 하는 시기입니다. 꿈에 뱀이 나타나기도 하고 무당이 보이기도 합니다. 어느 분은 자신이 기도할 때 환상으로 보니 입에서 뱀이 나왔는데 이것이 무엇이냐고 물어보는 사람도 있습니다. 이는 자신의 심령상태를 보여준 것입니다. 자신이 아직도 마귀의 영향 하에 있다는 것을 환상으로 보여준 것입니다. 저도 이 시기에 말로 표현하기 힘든 영적인 현상을 체험했습니다.

기도할 때 얼굴이 일그러진 사람이 나타나 하! 하! 하! 하면서 달려들기도 했습니다. 중이 목탁을 탁탁 치면서 기도를 방해하기도 했습니다. 여자가 머리를 풀어 젖히고 흐느끼면서 울기도

했습니다. 어느 목사님은 호흡을 깊게 하면서 기도를 하니 몸이 뒤틀리는데 이것이 무슨 현상이냐고 질문하기도 합니다. 이는 자신 안에 있는 악한 영의 역사가 성령의 역사에 의하여 밖으로 드러나면서 나타나는 현상입니다. 자기 교회에서 목요일 밤에 기도를 하는데 눈을 감고 기도하면 곡하는 소리가 들린다는 것입니다. 눈을 뜨고 보면 아무도 곡하면서 기도하는 사람이 없었다는 것입니다. 그래서 권사가 하나님에게 기도하니 천사가 기도를 도우면서 기도하는 소리라는 것입니다. 이것은 곡하는 사람 속에 있는 귀신이 곡하면서 기도하는 것입니다.

많은 분들이 이 시기에 이런 경험을 합니다. 자신의 나름대로 판단하여 기도할 때 영물들이 보이고, 환상도 보이니 자신이 제일 믿음이 좋은 사람이라고 스스로 판단하여 교만하게 행동하는 시기입니다. 이는 옛 사람이 죽지 않고 그대로 있기 때문에 자연스럽게 나타나는 현상입니다. 교회에 나와 나름대로는 불같은 성령도 체험했고 열심히 믿음 생활한다고 해도 아직 육신에 속하여 환경을 의식하며 살아가는 것입니다. 예수를 믿어도 자신의 자아와 혈기가 남아서 자기 힘으로 어떻게 해보려고 열심히 노력하는 것입니다.

예수를 이용하여 육적인 만족을 얻으려고 합니다. 그러다가 자신의 뜻대로 되지 않는 인생을 깨닫고 자신의 능력으로 세상을 이기기는 역부족하다는 것을 알게 됩니다. 그래서 능력이 있다는 사람을 추종하고 찾는 단계입니다. 능력이 있다는 사람을 분별도 하지 않고 의지합니다. 성도는 빨리 이 단계를 넘어서야 합니다. 일부 성도들은 이 단계에 머물러서 예수를 믿으면서도 오만가지 문제로 고생을 합니다.

성도는 교회에 나와서 축복만 받으려고 하지 말고 말씀과 성령으로 영의 눈을 열어 하나님이 원하시는 수준에 도달하려고 노력해야 합니다. 성령님은 성도를 하나님이 원하시는 영적인 수준이 되게 하려고, 영적인 일에 관심을 갖도록 인도합니다. 저의 경우 성령께서 영적인 궁금증을 주셨습니다. 영적세계를 알아야 한다는 성령의 감동이 저를 주장했습니다. 영적세계에 대하여 연구하고 몰입을 하다가 보니 영적인 세계에 대한 이론이 정립되고 영적세계가 열렸습니다. 영분별을 어떻게 할까! 영분별을 할 수 있도록 하기 위하여 기도했습니다. 영분별 세미나도 참석했습니다. 이렇게 영분별을 하려고 몰입하고 집중하다가 보니 영을 분별할 수 있게 되었습니다.

영안은 어떻게 하면 열릴 수가 있을까 고민하면서 기도하다가 보니 영안의 이론이 깨달아지고 영안이 서서히 열어졌습니다. 깨달은 것으로 책을 집필하여 두 권을 출간했습니다. 어느날 기도하니까, 내 마음 속에서 영들의 전이가 어떻게 이루어질까! 잘못된 영의 전이가 이루어지면 무슨 현상이 나타날까! 하는 감동이 저를 주장했습니다. 영들의 전이에 대하여 관심을 갖다가 보니까, 영적전이에 대한 이론이 정립되고 영들의 전이에 대하여 깨달아지기 시작했습니다.

우리는 성령께서 관심을 갖도록 인도하시는 분야에 전문가가 되려고 의지적인 노력을 해야 합니다. 그 분야에 대한 책도 읽고 체험도 하면서 성령의 인도에 적극성을 보여야 합니다. 성령은 자신의 인도에 적극성을 보이면 전문가가 되도록 감동하시고 훈련을 하십니다. 성령의 인도로 차츰 하나님이 원하시는 수준에 도달하게 되는 것입니다. 성령의 인도하시는 분야에 적극적인 관심을 같다가 보면 생명의 말씀과 성령으로 영적 민감성이 개발되기 시작을 합니다.

영적 민감성(spiritual sensibility)은 영안을 열고 영적 성장을 이루는데 매우 중요한 요소입니다. 영적으로 민감하다는 것은 영적인 일에 관심이 남다르게 많다는 것을 의미합니다. 관심이 많아야 발전이 있는 법입니다. 세상의 일에도 관심과 흥미를 가지고 있어야 성공할 수 있는 것입니다. 관심과 흥미가 있으면 그 일에 깊이 관여하게 되고 그에 따라서 여러 형태의 도움을 받을 수 있게 됩니다. 무슨 일이든 전문가가 되기 위해서는 먼저 관심과 흥미로부터 시작하는 것처럼 영적 성장 역시 관심과 흥미로부터 시작하는 것입니다.

관심이 있게 되면 그 일에 모든 것을 걸게 됩니다. 관심과 흥미가 있게 되면 오로지 그 일만 생각하게 됩니다. 세상에서도 관심과 흥미가 그 일에 깊이 빠지게 만들고, 그렇게 해서 해당분야 전문가가 되는 것입니다. 이처럼 영적인 일에도 마찬가지로 관심과 흥미가 있어야 영적 발전이 이루어지는 것입니다. 그런데 이렇게 민감해지면 우리 마음속에 스스로를 통제하려고 하는 생각이 일어나게 됩니다. 이런 생각이 드는 것은 절제하고 균형을 유지하기 위한 것이라고 봅니다. 너무 지나친 것 역시 바람직하지 못하기 때문입니다. 관심과 흥미를 가지는 것은 좋지만 너무 지나치면 해로울 수 있기 때문입니다. 우리는 이런 교육을 항상 받고 자랐습니다. 모든 일을 절제하고 적당히 해야지 너무 깊이 빠지는 것은 위험하다는 식의 교육을 받고 있기 때문에 한 가지 일에 너무 깊숙이 빠져 드는 것은 바람직하지 못하다고 생각하는 것입니다.

이런 교육을 받고 자랐기 때문에 일반적인 사람들은 어느 정도의 경계선을 긋고 그 선을 넘어가지 않으려고 합니다. 그런데 이런 일반적인 생각은 평범한 사람들에게 해당하는 말입니다. 일반인들은 자신이 하는 일이 따로 있습니다. 그래서 어떤 일에 빠지게 되면 자신이 하는 일을 소홀히 하게 됩니다. 그래서 적당한 수준에서 절제를 하는 것입니다. 그러나 전문가가 되고자 하는 사람은 이런 편견에서 벗어나야 합니다. 하나님에게 쓰임을 받으려면 영적인 일에 깊숙하게 빠져 들어가야 합니다.

영적으로 깊어져서 하나님과 친밀하게 지내려면 평범한 수준을 넘어서야 합니다. 세상에서도 자신이 하는 일에 완전히 빠져 들지 않으면 절대로 전문가가 될 수 없습니다. 영적인 일에 깊은 자가 되려면 오로지 영적인 일에 관심을 가지고 자나 깨나 그 일에만 골몰해야 합니다. 자나 깨나 오로지 영적인 일에 정신을 집중하고 그 변화에 민감해야 합니다. 사람들이 무어라 해도 신경 쓸 필요가 없습니다. 사람들의 눈치를 보고 그들의 말에 신경을 쓰는 것은 아직 육신적인 성도이기 때문입니다. 영적인 성도가 되어 하나님의 선물을 받으려면 오로지 성령의 인도에만 관심을 갖아야 합니다. 적당히 하라, 너무 깊이 들어가지 말라는 것은 마귀의 소리입니다. 모세가 바로에게 이스라엘 백성을 이끌고 삼일 길쯤 광야로 가서 제사 드리겠다고 하였으나, 바로가 너무 멀리 가지 말라고 합니다(출8:27-28).

영의 눈을 뜨기 위해서는 반드시 성령으로 세례를 받아야 합니다. 그런데 성령으로 세례를 받게 되면 이해하지 못할 두려움이 자신을 주장하게 되는 경우가 많습니다. 우리가 신앙생활을 하면서 가장 극복하기 어려운 부분이 영적 두려움일 것입니다. 우리는 알지 못하는 세계에 대해서 막연한 두려움을 지니고 있습니다. 특히 영적 세계는 일반적으로 잘 알려져 있지 않기 때문에 모든 것이 생소하고 낯설기만 합니다. 특별하게 성령체험은 더욱 생소하고 두렵고 불안하게 합니다. 그러므로 자연적으로 막연한 두려움을 가지고 있는 것입니다. 많은 사람들이 이런 막연한 두려움 때문에 성령으로 세례를 받아 영적 변화를 얻기를 달갑지 않게 생각합니다. 영적인 것을 깨닫고 싶어서 집회에 가려다가 잘못되면 어쩌나 하고 가지 않습니다. 막연하게 두려워하며 가지 않기 때문에 영적 변화를 체험하지 못하는 것입니다. 변화란 성장을 의미하며 성장이란 새로운 세계에 들어가는 것을 말합니다. 영적인 사람으로 변화하기 위해서는 먼저 두려움을 이기는 법을 배워야 합니다. 두려움을 이기는 길은 담대하게 부딪치는 것입니다. 담대하게 뛰어 들어가지 않으면 죽을 때까지 영적으로 변하지 않습니다.

영적인 일은 많은 오해를 불러올 수 있습니다. 영적인 일은 생소하기 때문입니다. 왜냐하면 다수가 영적이지 못하기 때문입니다. 우리는 영적이란 말을 자주 종교적이라는 말과 혼동합니다. 세속적인 일이 아닌 종교적인 일을 하는 것을 영적인 일이라고 표현하지만, 사실 엄격하게 말하면 그 말은 틀립니다. 종교적인 일과 영적인 일은 근본적으로 다릅니다. 전혀 영적이지 않은 사람들도 종교적인 일을 할 수 있습니다. 거듭나지 않고 영적 감동과 흥미를 전혀 느끼지 못하는 사람이라 할지라도 종교적인 일은 얼마든지 할 수 있습니다. 열심만 있으면 종교적인 일은 얼마든지 할 수가 있습니다. 그러나 영적인 일은 성령을 받지 않고는 할 수 없는 일이며, 성령의 움직임을 파악하지 못하고는 전혀 할 수 없는 일입니다. 영이신 하나님에게 쓰임을 받아야 하기 때문입니다.

영적 세계에는 하나님만 계시는 것이 아니라 무수한 악령이 존재합니다. 그러므로 이런 악령에 대해서 두려움을 가지고 있습니다. 악령에 대한 지식이 부족한 사람들은 막연한 두려움을 가지고 있습니다. 이들은 세속적인 지식으로 인해서 마귀에 대해 거부감과 두려움을 지니게 됩니다. 그래서 영적인 눈이 열리지 않게 됩니다. 예수를 믿으나 성령의 역사를 이해하지 못하는 육신적인 신앙인이 되는 것입니다.

두려움은 무지에서 비롯됩니다. 성장과 변화에 대한 올바른 지식이 없기 때문에 자신에게 이상한 변화가 나타나면 두려워합니다. 혹시 잘못되는 것이 아닌가 하고 의심합니다. 다른 사람이 자신들과 다른 행동을 하게 되면 색안경을 쓰고 봅니다. 영적 지식이 부족하기 때문에 자신에게나 주변에서 나타나는 변화를 제대로 이해하지 못하고 두려워합니다. 한국 교회 성도들이 영적인 일에 지식이 부족하기 때문에 막연하게 두려워하는 것입니다. 영적인 일과 영적 세계는 보이지 않기 때문에 목회자와 성도들의 관심밖에 있기 때문입니다. 예수님이 어두운 바다를 걸어서 제자들이 타고 있는 배로 다가왔을 때 제자들은 두려워하면서 떨었습니다.

영적인 변화는 예고하고 찾아오는 것이 아닙니다. 성령님은 처음 성도를 장악하실 때 비인격적으로 역사하십니다. 성도가 어느 정도 장악이 되면 인격적으로 역사하십니다. 그래서 우리가 생각하지 못한 이상한 변화는 언제라도 우리 가운데 나타날 수 있습니다. 그러므로 우리가 경험하지 못한 것에 대한 지식들을 풍성하게 갖추는 것이 두려움을 이기는 비결입니다. 많은 영적 지식들은 자신의 삶 속에서 다가오는 영적 변화를 자신 있게 맞이할 수 있게 해 줍니다.

우리는 많은 사람이 가는 길이 안전하다고 여깁니다. 다수결의 원칙은 진리처럼 여깁니다. 다수의 선택은 항상 안전하다는 그릇된 상식을 가지고 삽니다. 이것은 우리의 두려움이 만들어낸 잘못된 결론입니다. 성경은 소수의 진리를 자주 언급합니다. 그리고 그 소수의 진리 편에 설 용기를 얻기를 권합니다. 영적인 일은 소수의 편에 서는 일입니다. 그러므로 모험이 따릅니다. 베드로가 물 위에 발걸음을 옮겨놓는 일은 전적으로 모험입니다. 상식을 초월하는 일을 오로지 모험으로 행동했습니다. 영적인 일에는 이런 모험이 절대로 필요하기 때문에 두려움이 없어야 합니다.

하나님의 능력을 덧입는 일은 두려움을 극복했을 때 가능해집니다. 모든 사람들이 불가능하다는 일을 믿음으로 도전하여 성취시키는 일이 능력을 행하는 일입니다. 성공에 대한 아무런 보장이 없습니다. 그렇기 때문에 용기가 필요한 것입니다. 결과를 예측할 수 없는 일을 하는 것은 어리석은 행동임에는 분명합니다. 그러나 이런 일을 할 수 있는 것은 믿음이 있기 때문입니다. 믿음은 두려움을 극복하는 힘이지만 그 믿음을 얻기까지 넘어야 할 산이 많습니다. 두려움을 극복하여 믿음의 길로 나가는 데에는 우리의 노력으로는 사실 불가능합니다. 두려움을 이기기 위해서는 오로지 하나님의 은혜가 필요합니다. 하나님의 은혜는 그냥 얻어지는 것이 아니라 극심한 시험을 통해서 얻어지는 것입니다. 성령의 인도를 받으면서 훈련하며 극복해야 가능합니다.

두려움을 통과하지 않고서는 절대로 영적 성장이 이루어질 수 없습니다. 영적 변화는 사람들에게서 오해도 받을 수 있고, 자신 스스로도 두려워하게 됩니다. 두려움을 이기지 않고서는 성장할 수 없기 때문에 하나님은 우리를 강제로 막다른 길로 이끌어 가지 않으면 안 되게 하시는 것입니다. 그러므로 우리 스스로 영적 변화에 대해서 담대할 필요가 있습니다. 이미 경험한 지도자들의 경험을 자신의 것으로 해서 담대함을 만들어내야 합니다. 선배들의 영적 지식은 담대함을 얻게 하는데 많은 도움이 됩니다. 성도는 체험과 진리를 깨달은 목회자를 잘 만나야 영적인 눈이 빨리 열리게 됩니다.

하나님은 성도와 목회자의 담대함을 기르기 위하여 꿈이나 환상이나 실제 체험을 통하여 영적인 존재들이 실제로 존재하고 있다는 것을 깨달아 알게 하십니다. 이를 위하여 하나님은 성령으로 세례를 받음과 거의 동시에 성령으로 인도하시면서 영적인 눈을 열어 가십니다. 필자의 체험으로는 성령께서 귀신의 공격에 대하여 알게 하십니다. 귀신의 공격을 알게 함과 동시에 천사들이 돕고 있다는 것도 알게 합니다. 제가 하나님의 부름을 받고 신학을 할 때 이런 꿈을 꾸었습니다. 제가 어느 비포장 길을 가는데 길에 빨간 지렁이가 길에 쫙 깔려있어서 발을 내 딛을 수가 없었습니다. 발 거름을 옮기지 못하고 머뭇거리자, 천사들이 몰려와서 지렁이를 모두 집어 먹어버렸습니다. 그때 제가 깨달은 것은 제가 하나님의 뜻을 이루기 위하여 성령님을 따라가는 길에 어떤 장애물이 나타나도 모두 천사가 도와주니 갈수 있다는 것을 보여주신 것이라고 믿었습니다. 그 꿈을 꾸고 하나님의 뜻을 이루기 위하여 가는 길에 어려움이 찾아오더라도 하나님이 천사를 동원하여 보호하여 주신다는 담대함을 가질 수 있었습니다.

어느날 꿈에 진흙창 길을 자전거를 타고 가는데 자전거가 나가지를 않는 것입니다. 자전거 페달을 아무리 강하게 발로 돌려도 자전거가 나가지를 않는 것입니다. 힘이 너무 들어서 길 옆을 보니까, 콘크리트로 만든 배수로가 보였습니다. 배수로를 보니까, 시커먼 뱀이 머리를 내밀면서 허를 날름거리를 것입니다. 그래서 막대기로 끄집어냈습니다. 길로 잡아내 가지고 발로 아무리 밟아도 죽지 않고 점점 커지는 것입니다. 그래서 습관적으로 찬사들이 나를 도와라, 하니까! 키가 늘씬하게 큰 천사 넷이 군대 지프를 몰고 와서 지나가니까, 그렇게 크던 미물이 납작하게 되는 것입니다. 미물이 납작하게 됨과 동시에 진흙창 길이 단단하고 평탄한 길로 변하는 것입니다. 자전거를 타고 가는데 너무나 쉽게 잘 나가는 것입니다. 제가 그 꿈을 꾸고 깨달은 것은 내가 하나님을 따라가는 길이 어렵고 힘이 드는 것은 악한 마귀 귀신이 방해하기 때문이라는 것을 알게 되었습니다. 당신도 하나님의 뜻을 따라가는 길이 어렵고 힘이 드는 것은 마귀 귀신이 방해하기 때문입니다. 성령으로 세례 받아 권능을 개발하고 천사를 동원하여 방해하는 마귀 귀신을 몰아내기를 바랍니다.

제가 하루는 새벽에 기도하다가 비몽사몽이 되었는데 얼굴이 일그러진 험악하게 생긴 놈이 저에게 이렇게 말하는 것입니다.

야! 강 목사, 자네가 그렇게 병을 잘 고친다면서 하더니 내 병도 고쳐보아라, 하면서 달려드는 것입니다. 내가 습관적으로 내가 예수님의 이름으로 명하노니 더러운 귀신은 물러갈지어다. 하고 대적하니 순간 없어지는 것입니다. 이는 성령께서 저의 담대함을 기르기 위해서 훈련하는 것이라고 생각을 했습니다.

어느날 꿈에 뱀과 지하실에서 싸우는 것입니다. 한창 싸우다가 뱀을 지하실 밖으로 내던졌습니다. 그러자 뱀이 밖으로 내동댕이쳐지고, 저는 지하실에서 나왔습니다. 그 일이 있은 후부터 귀신을 축귀하는 것이 쉬워졌습니다.

어느날은 꿈속에서 사람들과 같이 잠을 잤습니다. 꿈을 깨고 일어나려는데 보니까, 뼈만 앙상하게 남은 죽은 사람의 뼈가 내 옆에 누워 있는 것입니다. 꿈속에서도 제가 놀랐습니다. 성령님은 우리의 담대함을 기르기 위하여 꿈속에서 훈련을 하십니다.

성령의 권능이 부족한 채 영적인 사역을 하면 귀신에게 당한다는 것도 깨달아 알게 하십니다. 제가 '남묘호랭개교'를 믿던 집사를 오후에 불러서 3시간 축귀를 했습니다. 성령의 임재가 되니까, 목구멍이 아주 크게 확장이 되면서 황소울음을 17번을 하면서 귀신이 떠나갔습니다. 축귀를 하고 피곤하여 저녁 9시부터 강단 앞에 침대위에서 잠을 자려고 했습니다. 막 잠이 들려고 하는데 시커먼 놈 둘이 저에게 와서 목을 눌렀습니다. 가위눌림을 당한 것입니다. 어떻게 강하게 누르던지 숨을 쉴 수가 없었습니다. 윅윅하고 소리를 지르니까, 뒤에서 자던 사모가 무슨 일이냐고 소리를 지르는 것입니다. 그러자 떠나가는 것입니다. 그 일을 당한 후 저는 이렇게 생각을 했습니다. 성령의 강한 무장 없이 축귀를 하면 더 강한 귀신들에게 당할 수가 있구나, 깨달아 알았습니다. 그 후 더 기도를 많이 하고 사역을 하니 그런 일을 당하지 않았습니다. 성령께서는 성령의 강한 무장 없이 축귀를 하면 귀신에게 당할 수 있다는 것도 깨달아 알게 하여 대비하게 하십니다.

제가 깨달은 것은 꿈속에서 예수 이름으로 귀신을 쫓아내고, 천사를 동원하여 마귀와 귀신을 물리치면서 영적인 전쟁을 하니까, 환경이 서서히 풀리는 것입니다. 꿈속에서도 예수이름을 사용하고, 천사를 동원하여 영적 싸움에 승리하면 실제 환경이 열리기 시작을 합니다. 반대로 꿈속에서 귀신의 공격을 물리치지 못한다면 환경에 어려움이 해결되지 않습니다. 성령하나님이 영적인 눈을 열고, 영적인 사고를 하면서 하나님의 일꾼으로 사명을 감당하게 하기 위하여 미물들을 통하여 훈련하시는 것입니다.

강력한 능력을 이끌어내어 예수님의 일꾼으로 쓰임을 받을 분들은 무엇보다도 영적인 세계가 열려야 합니다. 영적인 세력들을 볼 수가 있어야 합니다. 모두 영적인 존재들로 인하여 문제가 발생하기 때문입니다. 영적인 세계를 무시하면 정확한 진단이 나오지 않습니다. 강력한 능력을 이끌어내어 예수님의 일을 하시려고 마음을 먹었으면 영적인 군사가 되려고 노력을 해야 합니다.

10장 영적인 사고로 바뀌어야 한다.

.

(고전 2:14-16)"육에 속한 사람은 하나님의 성령의 일들을 받지 아니하나니 이는 그것들이 그에게는 어리석게 보임이요, 또 그는 그것들을 알 수도 없나니 그러한 일은 영적으로 분별되기 때문이라. 신령한 자는 모든 것을 판단하나 자기는 아무에게도 판단을 받지 아니하느니라. 누가 주의 마음을 알아서 주를 가르치겠느냐 그러나 우리가 그리스도의 마음을 가졌느니라"

하나님은 강력한 능력을 이끌어내어 하나님께 쓰임을 받을 분들이 영적인 사고를 하기를 원하십니다. 우리가 말로는 예수를 믿고 영적으로 거듭났다고 합니다. 그러나 여전하게 육을 입고 육적인 사고에서 탈피하지 못하고 살고 있는 것을 부인할 수 없는 것입니다. 육적인 사고에서 탈피하지 못하니 영안이 열리지를 않는 것입니다. 강력한 능력을 이끌어내어 하나님께 쓰임을 받을 분들은 반드시 영안이 열려야 합니다. 저는 영적인 사고가 굉장히 중요하다고 생각을 합니다. 영적으로 사고하면 좀 더 빨리 영안이 열리고 영적으로 바뀔 수가 있기 때문입니다. 신령한 사람으로 바뀔 수 있습니다. 강력한 능력을 이끌어내어 하나님께 쓰임을 받을 수가 있습니다.

왜 나는 예수를 믿고 교회에 다닌 지 십 년이 넘었는데 믿음이 자라지를 않을까? 사고가 영적으로 바뀌지 않기 때문입니다. 왜 나는 예수를 믿고 교회에 다닌 지 십 년이 넘었는데 강력한 능력을 이끌어낼 수가 없을까? 생각이 바뀌지 않고, 습관이 바뀌지 않고, 여전하게 인간적인 사고를 하기 때문에 믿음이 자라지를 않고 영안이 열리지를 않는 것입니다. 어떻게 하면 영적인 사고를 하면서 영안이 빨려 강력한 능력을 이끌어 내어 하나님께 쓰임을 받을 수가 있을까요?

첫째, 영적인 사고를 하는 사람이 되려면. 성경은 "사람이 물과 성령으로 거듭나지 아니하면 하늘나라를 볼 수 없다"고 말씀하셨습니다. 육으로 난 것은 육이요, 성령으로 난 것이 영입니다. 우리는 부정모혈로 육으로 태어나 육의 사람이 되었지만 이제 또 다시 태어나야 하는 것입니다. 우리는 성령으로 태어날 수밖에 없는 것입니다. 이러므로 유대인의 선생이요 율법사로서 윤리와 도덕적인 면에서 흠이 없는 사람이었던 니고데모가 주님을 찾아왔었을 때 예수님께서는 단도직입적으로 "내가 진실로 진실로 네게 이르노니 사람이 물과 성령으로 거듭나지 아니하면 하늘나라를 볼 수 없느니라"고 말씀하셨던 것입니다.

이와 같이 거듭난다는 것은 하나님께로부터 태어나는 것입니다. 이는 혈통으로나 육적으로나 사람의 뜻으로 나지 않고 아버지께로부터 태어나야 하는 것입니다. 이렇게 거듭나게 하기 위해서 하나님께서 그 아들 예수님을 보내주신 것입니다. 하나님의 아들 예수님은 바로 우리의 생명나무요 생명의 씨앗인 것입니다. 예수께서 오셔서 우리의 거역한 모든 죄를 당신의 몸에 짊어지고 죄악을 다 책임지시고 십자가에서 몸 찢고 피 흘리시며 죽으심으로 말미암아 우리를 구하시고 죽은지 사흘 만에 부활하심으로 말미암아 생명의 원천이 되신 것입니다. 이러므로 예수 그리스도를 구주로 모시지 않고 거듭날 수 있는 사람은 한 사람도 없습니다. 예수님의 생명나무에 접붙임을 받지 않고 생명을 얻을 존재는 없습니다. 예수님의 생명의 씨앗을 받아야 우리가 영의 사람, 신령한 사람으로 태어나게 되는 것입니다.

영적인 사고를 하는 사람은 하나님의 자녀가 된 사람을 말합니다. 인본주의에서 벗어나 하나님을 주인으로 모시는 신본주의가 되어서 의와 거룩함의 열매를 맺게 되는 것입니다. 그러므로 우리 모두가 다 하나님의 자녀인 것입니다.

더 나아가서 영적인 사고를 하는 사람이란 하나님의 성령이 내주 하시는 사람입니다. 예수를 주인으로 영접하여 영의 사람이 되자마자 하나님은 거룩한 성령을 우리에게 보내주셔서 성령이 우리 속에 거하고 계시는 것입니다. 성경은 "너희가 하나님의 성전인 것과 하나님의 성령이 너희 안에 거하시는 것을 알지 못하느뇨"라고 말씀하십니다. 육으로 있을 때는 육의 세계만 알지만 하나님이 성령이 오셔서 거하심으로 말미암아 3차원의 육의 세계를 떠나 영적인 사고를 하며 신령한 세계의 시민이 되고, 신령한 세계와 대화하고 호흡하게 되는 것입니다.

육에 속한 사람은 하나님의 성령의 일을 받지도 아니하고 신령한 세계에 대해 전혀 알 수 없습니다. 그런 우리 속에는 성령이 오셔서 거하시게 되므로 신령한 세계와 대화가 이루어지고 호흡할 수 있게 되는 것입니다. 우리 속에 신령한 세계가 개발되어 들어오게 되는 것입니다. 이렇기 때문에 영적인 사고를 하는 영에 속한 사람과 육에 속한 사람은 다릅니다.

그래서 하나님의 영적인 사고를 하는 성령의 사람은 기도와 말씀이 요구되는 것입니다. 그는 기도하지 않고는 살 수가 없습니다. 성령이 들어와 계시므로 하나님과 교제하는 대화의 생활을 통해 신령한 하나님의 생명이 우리에게 공급되는 것입니다. 기도하지 않으면 하늘나라의 신령한 생명이 우리에게 공급되지 않습니다. 영적인 사고를 할 수가 없습니다.

이렇기 때문에 교회에 아무리 왔다 갔다 하여도 기도하지 않는 사람은 하나님의 생명을 받을 수가 없는 것입니다. 영적인 사고를 할 수가 없습니다. 그리고 성령이 거하시며 영적인 사고를 하는 사람은 하나님의 성령이 주시는 영의 양식을 먹어야 합니다. 육의 양식을 먹지 않으면 살아날 천하장사가 없는 것처럼, 영의 양식을 먹지 않고서 영적인 사고를 할 수 있는 영이 살아날 사람은 없는 것입니다. 그래서 우리는 하나님의 말씀을 열심히 먹고 싶은 욕구가 생기는 것입니다. 그리고 하나님의 성령이 거하시기 때문에 성령이 증거의 영으로서 우리로 하여금 육의 세계가 아닌 영의 세계가 있다는 것을 끊임없이 증거 하게 만드시는 것입니다.

이러므로 육신의 정욕, 안목의 정욕, 이생의 자랑을 따라 썩어질 것만 추구하는 사람들에게 '이 길로 가면 종국에는 멸망한다. 죽어 지옥에 떨어지게 되고 만다. 그러나 여기에 더 높은 길, 다른 길, 사는 길이 있다. 그리스도의 길이 있다'하고 성령께서는 우리를 통해 부모, 형제, 친지, 이웃 간에 지속적으로 전도하게 만들어 주시는 것입니다. 그리고 성령께서 속에 거하시기 때문에 폐일언하고 생활에서 영적인 사고를 하며 성령의 열매가 맺어집니다. 감나무에 감 열리고 밤나무에 밤 열리는 것처럼, 성령이 오시면 성령의 열매인 사랑, 희락, 화평, 오래 참음, 자비, 양선, 충성, 온유, 절제와 같은 열매가 맺어지게 되는 것입니다.

예수님을 믿어 교회를 10년 20년 다녔다고 해서 조금도 열매 없는 삶을 사는 것은 영적인 사고를 하지 않기 때문입니다. 그 사람 속에 성령이 주인이 되시지 않았다는 증거입니다. 또한 영의 사람이 되지 않았다는 증거입니다. 많은 사람들이 '나는 카톨릭 교인이다. 프로테스탄트다'하고 말하면서도 예수를 구주로 모시고, 성령이 내주 장악하는 체험을 하지 않아, 영의 사람이 되지 않았기 때문에 십 년을 믿어도 변화되지 않고 성령의 열매가 없습니다. 그래서 "예수 믿는 저 사람을 봐라! 예수 믿는 사람이 저런 사람이냐?"하는 지탄을 받게 됩니다. 그러나 영의 사람이 되어 영적인 사고를 하며 성령이 속에 거하시는 사람이 되면 성령께서 우리의 생활 속에 열매를 맺을 수 있도록 역사 하여 주시는 것입니다. 이러므로 영의 사람은 영적인 사고를 하며 성령의 열매를 맺게 되는 것입니다.

그리고 영적인 사고를 하는 영의 사람은 하나님 앞에 의롭다 함을 입은 사람입니다. 예수님께서 우리의 일체의 죄악을 짊어지셨기 때문에 죄에서 용서를 받고 이제는 죄를 한 번도 안 지은 사람처럼 하나님 앞에 부끄럼 없이 설 수 있는 자격자로서 의롭다 함을 입은 사람이 됩니다. 영적인 사고를 하며 영의 사람은 그리스도와 함께 그 영광과 고난에 참여하는 사람이 되는 것입니다. 영의 사람이기 때문에 예수께서 십자가에서 우리의 죄를 도말 하셔서 중생의 열매를 얻고 성령 충만의 열매를 맛봅니다. 치료의 열매를 맛보고, 저주에서 해방되는 축복의 열매를 맛보며, 영원한 천국의 영광의 열매를 맛볼 수 있는 것입니다. 영적인 사고를 하는 영의 사람은 영생천국의 상속자인 것입니다. 하나님께서 우리를 일으켜 세우신 것은 그리스도와 함께 신령한 세계와 온 물질적인 우주를 상속받게 하시기 위해서입니다. 그래서 오늘날 이 세상 사람들은 영적인 사고를 하는 영에 속한 사람이거나 육에 속한 사람인 것입니다. 영에 속한 사람, 육에 속한 사람, 그 종류 이외의 존재란 이 세상에 존재하지 않습니다. 교회가 존재하는 것은 육에 속한 사람에게 거듭나서 영의 사람이 되라고 외치기 위한 것입니다. 영적인 사고를 하여 영안을 열고 영에 속한 사람으로 변화되는 기간을 단축하시기를 바랍니다.

둘째, 하나님의 말씀과 성령으로 해답을 구한다. 영적인 사고를 하는 사람은 하나님의 말씀과 성령으로 기도하여 문제의 해답을 구합니다. 하나님의 말씀 안에는 모든 문제를 풀 수 있는 원리가 숨어있습니다. 그래서 영적으로 사고하는 신령한 사람은 문제가 다가올 때, 그 문제에 대한 해답을 하나님의 말씀을 따라 구하지 인간의 지혜나 지식이나 총명을 따라 구하지 않습니다. 왜냐하면 영적인 사고를 하는 사람은 떡으로만 살지 않습니다. 하나님의 입으로 나온 말씀으로 말미암아 삽니다. 영적인 사고를 하는 사람은 이제 믿음으로 말미암아 살고 인간의 이성으로 살지 않습니다. 그렇기 때문에 문제의 해답을 하나님 말씀에서 찾아야 됩니다.

사람의 문제는 영에서부터 발생합니다. 문제를 해결하기 위해서는 영적인 사고를 해야 합니다. 영적인 사고를 하지 않으면 인간에게 발생하는 문제를 해결할 수가 없습니다. 질병과 문제를 해결할 때 영적인 사고로 문제의 원인을 찾아야 합니다.

예를 든다면 불안장애나 공황장애를 치유하기 위해서 이렇게 해야 합니다. 육적인 방법은 정신과의 약을 먹는 방법밖에 도리가 없습니다. 잘 아시다시피 정신과 약은 치유하는 약이 아니고 도파민과 세로토닌을 조절하는 약입니다. 그러므로 평생 약을 먹어야 합니다. 마치 혈압약이나 당뇨약과 같은 것입니다. 그러므로 영적으로 사고하여 치유 방법을 찾아야 합니다. 불안장애나 공황장애는 상처에 의하여 발생합니다. 상처를 치유해야 근본적인 치유가 되는 것입니다. 상처를 치유하려면 성령으로 세례를 받아야 합니다. 성령으로 내적인 상처를 치유하면서 두려움의 상처 뒤에 역사하는 귀신을 축사해야 합니다. 이렇게 지속적으로 치유를 하면 정상적인 생활을 할 수 있는 사람이 되는 것입니다.

그리고 가정의 재정에 문제가 있을 경우입니다. 육적인 방법으로 보면 원인을 찾을 수가 없습니다. 영에서 문제가 발생했기 때문입니다. 영적인 눈으로 보면 가난의 영이 역사할 수도 있습니다. 게으름의 영이 역사할 수도 있습니다. 거지의 영이 역사할 수도 있습니다. 이런 영적인 문제를 해결하기 위하여 말씀과 성령으로 정확한 진단을 하여 원인을 찾아 해결해야 합니다. 이 영적인 문제를 해결하지 않으면 절대로 가난의 문제가 해결되지 않는 것입니다.

부부간의 문제도 마찬가지입니다. 원인 없는 문제는 없습니다. 원인은 성령의 임재 가운데 찾아야 합니다. 영적인 원인이 있기 때문입니다. 원인은 상처로 인한 것일 수도 있습니다. 가문에 흐르는 부부 불화의 영의 영향일 수도 있습니다. 부부 이간의 영이 역사할 수도 있습니다. 이런 여러 영적인 원인을 찾아 해결하지 않는 한 부부간의 문제는 해결이 되지 않습니다. 이런 부부문제의 원인을 영적으로 찾지 않고 육적으로 해결하려고 하니 문제가 해결이 되지 않는 것입니다. 결국 악한 영의 계획대로 부부가 이혼하고 마는 것입니다. 인간의 모든 문제를 해결하려면 영적인 사고를 해야 가능한 것입니다.

이래서 세상 사람들이 자신들에게 임한 문제를 자신들의 능력으로 해결하려고 발버둥을 치다가 결국 무당을 찾아가는 것입니다. 자신의 문제를 해결하는 데는 한계가 있다는 것을 아는 것입니다. 반드시 신적인 도움을 받아야 해결이 될 수 있다는 것을 알고 무당을 찾아가는 것입니다. 이는 세상 모든 민족들이 공통으로 사용하는 방법인 것입니다. 사람은 육적이면서 영적인 존재이기 때문입니다.

예수를 믿는 우리는 예수를 믿고 성령으로 거듭난 사람들입니다. 하늘에 시민권이 있는 사람들입니다. 우리 영적인 사고를 습관화하여 영안을 열어갑시다. 인간에게 찾아오는 문제를 해결함에 있어서 영적인 사고를 합시다. 영안을 열고 원인을 찾아 해결하는 습관이 되시기를 바랍니다. 성도가 영적으로 사고를 하며 하나님의 말씀으로 문제의 해답을 구하여 사는 삶이 바로 깊은 곳에 그물을 던지는 삶입니다. 영적으로 사고하며 성령의 역사로 기적을 체험하며 형통의 축복을 받는 삶인 것입니다.

셋째, 생활을 영적으로 사는 사람. 참으로 신령한 생활을 하고 사는 사람은 영적인 사고를 하며 생활하는 습관이 된 사람인 것입니다. 영적인 사고로 생활하며 영으로 사는 사람은 중생한 사람인 것입니다. 종교를 믿는 사람이 아닙니다. 생명의 종교인 기독교(예수님)를 믿는 사람인 것입니다. 영적인 사고로 생활하며 영으로 사는 사람은 예수 그리스도를 만난 사람인 것입니다. 갈보리 십자가에서 날 위하여 양손과 양발에 대못이 박히시고, 머리에 가시관을 쓰시고, 피를 흘리시고, 옆구리에 창을 받아 물과 피를 다 쏟으시고, 나의 과거의 죄, 현재의 죄, 미래의 죄를 청산해 버리신 속죄 제물인 예수 그리스도를 만나서, 내 죄를 고백하고, 내가 죄 사함을 받고, 하나님의 성령을 주인으로 모시어 들여서, 성령의 인도를 받으며, 영적인 사고로 생활하는 사람은 신령한 사람인 것입니다.

로마서 8장 9절에 "만일 너희 속에 하나님의 영이 거하시면 너희가 육신에 있지 아니하고 영에 있나니 누구든지 그리스도의 영이 없으면 그리스도의 사람이 아니라"고 말씀하고 있는 것입니다. 오늘 예수를 나의 주인 구주로 믿으셨으면 '아멘'하십시다. 그렇다면 영적인 사고로 생활하며 성령의 인도를 받아야 합니다. 그래야 하나님이 원하시는 대로 영안이 열리는 것입니다. 이 사람은 영적인 사고로 생활하며 말씀과 성령으로 사는 사람인 것입니다. 육신의 정욕을 따라 살지 아니하고, 인간의 혼의 교만과 인간의 지성으로 살지 아니하고, 말씀과 성령으로 사는 사람인 것입니다. TV를 보거나 컴퓨터를 하더라도 영적인 사고를 하며 사는 신령한 사람인 것입니다. 세상 모든 생활을 할 때 영적으로 사고하는 사람이 신령한 사람입니다. 하나님은 이런 영적인 사람을 들어서 사용하십니다. 하나님은 지금도 이런 사람을 찾고 있습니다. 이렇게 영적인 사고로 생활하며 변화된 사람이 되게 하기 위하여 성령으로 인도하며 훈련하시는 것입니다.

성경은 말하기를 사람이 떡으로만 살 것이 아니요, 하나님의 입으로 나오는 모든 말씀으로 살 것이라고 했는데, 이 말씀은 바로 하나님의 지식이요, 하나님의 지혜요, 하나님의 판단인 것입니다. 우리가 영적인 사고로 생활하며 영으로 사는 사람은 주야로 이 성경 말씀을 자기의 삶의 양식으로 삼아야 되는 것입니다. 우리가 육신의 떡을 먹고사는 것처럼, 우리의 이 신령한 영은 하나님의 영의 말씀을 먹고삽니다. 영적인 사고로 생활할 때 영이 깨어나기 때문에 영안이 열리는 것입니다. 이렇기 때문에 말씀을 등한히 하면서, 신령한 생활을 할 수 있다는 것은 절대로 거짓말인 것입니다. 말씀은 매일 먹어야 되고, 매주일 먹어야 되고, 묵상해야 되는 것입니다. 그리고 영적인 사고를 하며 생활을 해야 합니다. 그래야 영이 깨어나고 사고가 영적으로 변하니 영안이 밝아지는 것입니다. 영안은 영적으로 사고를 해야 열리는 것입니다. 영적으로 사고를 하며 생활을 하고 말씀을 삶에 적용하며 체험을 할 때 영안이 열리는 것입니다. 영안은 능력 있는 사람에게 눈 안수 한번 받았다고 열리는 것이 아닙니다.

예수를 믿고 말씀과 성령으로 거듭난 사람은 하루 빨리 육적인 사고를 탈피해야 합니다. 영적인 사고로 바꾸어야 합니다. 그러기 위해서 생활을 하면서도 영적으로 사고를 해야 합니다.

그래서 생활 속에서 하나님의 역사를 보고, 하나님의 지혜를 얻고, 하나님의 지식을 얻고, 하나님의 판단력을 얻고, 하나님의 능력을 얻어서, 그래서 하나님처럼 생각하고, 하나님처럼 말하고, 하나님처럼 판단하는 이러한 승리적인 삶을 살수가 있는 것입니다. 신령한 사람은 영적인 사고로 생활하며 성령의 인도를 받는 사람인 것입니다. 로마서 8잘 14절에 "무릇 하나님의 영으로 인도함을 받는 사람은 곧 하나님의 아들이라"고 말한 것입니다. 그러므로 신령한 사람은 일상생활에서도 하나님의 성령을 인정하고, 환영하고 모시어 들이고 의지하고, 하나님 성령께서 항상 우리와 같이 계신 것을 믿는 사람인 것입니다.

예수께서 내가 너희를 고아와 같이 내버려두지 아니하고, 너희에게 다시 오리라고 하시고, 내가 아버지께 구하겠으니, 그가 또 다른 보혜사를 너희에게 주사 영원토록 너희와 함께 있게 하시리라고 말한 것입니다. 보혜사라는 것은 부름을 받아 내 곁에 와서 나를 도와주기 위해서 기다리고 계신 분을 말하고 있는 것입니다.

성령이 없는 개인, 성령이 없는 교회는 물 없는 우물과 불 없는 화로와 같이 형식은 있으되 생명이 없는 것입니다. 성령이 없는 사람은 영적인 사고를 할 수가 없는 것입니다. 그리고 신령한 사람은 직관과 양심으로 사는 사람인 것입니다. 하나님의 성령은 우리의 영의 직관을 통해 말씀하시고, 우리의 양심을 통해서 역사하는 것입니다. 성령께서는 우리의 머리 지성을 통해서 역사하지 않습니다. 성령은 우리에게 계시로써 나타나기 때문에 우리에게 직관을 통해서 오시고, 그리고 우리의 양심을 통해서 오시는 것입니다. 아무리 하나님의 계시가 온다고 하더라도 그 계시에 윤리와 도덕성이 결여되면 이것은 하나님의 계시가 아닌 것입니다.

하나님은 언제나 우리에게 계시하시되, 성령을 통하여 우리의 마음 안에 있는 영에 계시하십니다. 하나님은 인간의 머리나 육성에 계시하시지 않습니다. 그래서 육은 하나님의 나라에서 무익하다는 것입니다. 그리고 하나님은 인간의 윤리와 도덕성에 벗어난 계시는 하시지 않습니다. 그래서 하나님께서 계시가 계시 일 때 거짓말을 하라고 계시하신다면, 이것은 하나님의 계시가 아니라, 마귀의 계시인 것입니다. 하나님께서 계시가 왔는데 도둑질하라고 한다면, 이것은 윤리와 도덕성이 결여된 계시인 것이므로 하나님의 계시가 아닌 것입니다. 우리 하나님께서 우리에게 계시해 줄 때는 그 계시는 언제나 윤리와 도덕성이 겸한 계시를 주시는 것입니다.

우리가 영적으로 사고를 하니 인간의 시간과 공간을 초월해서 하나님의 성령께서 우리에게 직관을 통해서 역사하십니다. 성령께서 지시하는 직관이 양심에 거리끼지 아니하고 양심에 일치가 되면 우리 주님께서 직접으로 우리를 인도하는 것이 되는 것입니다. 그래서 생활에서도 영적으로 사고하는 것이 중요한 것입니다. 우리가 매사를 영적으로 사고하니 성령께서 율법이요, 선지자로 역사하는 것입니다.

그리고 영적인 사고를 하며 영으로 사는 사람은 하나님 중심으로 사는 사람인 것입니다. 무엇을 하더라도 하나님 중심으로 생각하는 것입니다. 내 개인도, 내 가정도, 내 처자에 속한 일이라도, 내 가정, 처자를 앞세울 것이냐, 하나님을 앞세울 것이냐를 결정할 때, 하나님을 앞세워야 되는 것입니다. 내 사회생활에 있어서 주님의 몸 된 교회를 앞세울 것이냐, 나의 이익을 앞세울 것이냐, 언제나 주의 몸 된 교회를 앞세우는 것입니다. 몸 된 교회란 자신 안에 있는 성전을 말합니다. 영적인 사고를 하는 사람은 자신 안에 성전이 잘되는 일을 최우선으로 하는 사람입니다.

우리의 영원한 관심사가 하나님 중심이 되어야 되는 것입니다. 영적인 사고로 바뀌어야 합니다. 우리의 삶의 본업이 하나님을 섬기는데 있고, 이 세상의 모든 삶은 우리의 삶의 부업이 되어야만 되는 것입니다. 이래서 신령한 사람은 영적인 사고를 하며 하나님 중심으로 사는 사람이 신령한 사람이 되는 것입니다. 그 다음 신령한 사람은 영적인 사고를 하며 영으로서 몸의 행실을 죽이고 사는 사람이 신령한 사람이요, 영의 생각으로 혼을 굴복시키며 사는 사람인 것입니다. 우리는 어찌할 수 없이 혼이 영을 도우려 육을 옷 입고 살고 있는 것입니다.

혼은 인간의 지성인 것입니다. 그러므로 인간의 지성은 그가 아무리 교육을 많이 받고, 지혜가 있다고 할지라도, 영의 명령에 순종하는 시녀이지, 혼이 일어나서 내리 휘젓고, 다스리면 그 사람은 완전히 망하고 마는 것입니다. 그래서 생활에서도 영적인 사고를 해야 하는 이유가 여기에 있습니다. 이러므로 영은 혼을 정복할 줄 알아야 되는 것입니다. 그리고 혼은 영에 정복당해야 하는 것입니다. 영이 주인이 되어야 합니다. 그래야 강력한 능력을 이끌어내어 하나님께 쓰임을 받을 수가 있는 것입니다.

3부 능력을 강력하게 하는 영적비밀

11장 능력이 나타나는 원리를 이해하라.

(고전12:7)"각 사람에게 성령을 나타내심은 유익하게 하려 하심이라."

하나님은 강력한 능력을 이끌어내어 하나님께 쓰임을 받을 분들이 능력을 강하게 하는 영적인 원리를 바르게 깨닫기를 원하십니다. 강력한 능력을 이끌어내려면 먼저 마음의 문을 열고, 예수를 영접해야 하고, 그리고 불같은 성령으로 세례를 받아야 합니다. 믿는 것과 성령으로 세례 받는 것에는 분명한 차이가 있다는 것을 알고 믿고 성령을 체험하려고 해야 합니다. 성령으로 세례를 받으려고 노력하시기를 바랍니다. 그리고 성령이 충만하여 심령 깊은 곳에서 성령이 나타남이 충만해야합니다. 성령은 우리 마음 안에 깊은 곳에서 나타나는 것입니다. 하나님께서 구약시대에는 성전 안에 계신 것처럼, 신약시대에는 성령 하나님께서 인간 안에 임재하시는 것입니다.

첫째, 구약의 성전 구조를 통한 성령의 나타남을 이해하라.
첫째로 성전 바깥마당(Place)이 있는데, 이는 모든 사람이 볼 수 있고, 모든 사람이 드나드는 곳으로 외부에 노출되어 있는 인간의 육과 육신에 비유할 수 있습니다.

둘째로 더 들어가면 성소(Holy Place)가 있는데, 이곳은 일반적인 제사장들이나 레위족들이나 일반 백성들이 제사 드리고, 하나님께 가까운 곳이지만 하나님이 임재하시는 곳은 아닙니다. 이것은 우리 심령에 비유하면 인간의 지성과 감정과 의지가 있어 하나님을 섬기게 되며, 지성소에서 대제사장이 들은 하나님의 말씀이 선포되어지는 곳이기 때문에, 오늘에 비유한다면 지성소에서 받은 성령의 여러 가지 계시와 말씀을 해석하는 기능을 가진 혼(이성/지성/감성)에 비유할 수 있는 곳입니다. 그러므로 영적인 사람이 되려면 이 혼의 훈련이 무엇보다 중요한 것입니다. 혼이 영의 감동에 순종을 잘해야 합니다. 그래야 영적인 성도입니다.

셋째로 휘장이 둘러 처진 더 깊숙한 곳이 있는데, 이곳은 하나님이 임재하시는 지성소(Holy of Holies)로서 아무나 들어갈 수가 없고, 대 제사장만이 일 년에 한 번씩 들어가서 하나님의 음성을 듣고, 성소로 나아와서 하나님으로부터 들은 말씀을 성소에서 선포하는 하는데, 이 지성소에 하나님의 성령이 임재 하시어 좌정하고 계시는 곳으로 인간의 심령구조에 비유하면 인간의 마음 안에 있는 영(Sprit)입니다.

인간의 심령구조를 비유하여 하나님의 성전구조인 성전 뜰과 성소와 지성소를 우리의 심령성전과 비교하여 본다면 지성소는 하나님이 계시는 곳이요, 하나님을 은밀하게 만나는 곳입니다.

그곳에는 구룹들이 법궤를 지키고 있는 곳입니다.

지성소에 해당하는 영에는 하나님의 영과 인간의 영이 만나 교제가 이루어지는 곳이요, 인간이 하나님의 사정을 이해하게 되는 곳도 이곳이요, 성령이 인간의 사정을 알아 말할 수 없는 탄식으로 간구하는 곳도 이곳입니다(롬8:16, 26).

그리스도인의 몸이 성전이라면, 그리스도의 영은 이 지성소인 인간의 영에 거하며, 인간의 영은 그리스도의 영과 연합하여, 그로부터 오는 생명수를 공급받고, 그로부터 능력이 흘러나오고, 그로부터 사랑이 흘러나와 우리의 혼(마음)과 육신의 장애를 뚫고(자아를 깨트리고) 나타나는 것입니다(고전12:7). 요한복음에서는 인간의 영과 하나님이 영이 접붙임 받아서 하나가 된 것으로 비유하고 있습니다. 포도나무와 가지의 관계와 같이 인간의 영은 성령으로부터 계속 기름 부어지는 성령의 흐름이 없다면 곧 메말라 버리고 맙니다(요15:1-10). 이 지성소에는 휘장이 찢어지기 전에는 결코 아무나 들어 갈 수가 없었습니다. 그러나 예수님이 십자가 위에서 돌아가시는 순간 십자가상에서 "다 이루었다" 하실 때, 비로소 이 휘장이 찢어지고 누구든지 하나님께 직접 예배드릴 수 있는 만인 제사장 시대가 열렸습니다. 그래서 지금은 성도의 영 안에 있는 성령의 역사로 하나님으로부터 오는 모든 것을 깨달을 수가 있는 것입니다. 그래서 성령으로 충만하라고 하는 것입니다. 하나님이 영이시기 때문에 성도가 성령으로 충만해야 하나님으로부터 오는 각종 신호를 깨달을 수 있기 때문입니다. "하나님은 영이시니 예배하는 자가 영과 진리로 예배할지니라."(요4:24).

인간의 육성이 깨어지고 찢어지면 영에 거하시는 성령으로부터 기름부음을 통하여 흘러나오는 갖가지 계시와 영감과 능력과 말씀(예언)을 받아 성령이 외부로 표출되어 나타나는 현상이 있게 됩니다. 이러한 현상을 우리는 성령의 기름부음, 또는 성령의 나타남, 또는 성령의 은사라 부릅니다.

둘째, 영의 지각 기능을 통하여 나타나는 영적 현상. 성령의 신령한 은사가 과연 초자연 적인 것이냐 아니면 우리에게 인식되는 직관이냐 하는 것입니다. 성령의 은사는 분명히 초자연적인 것입니다. 그러나 초자연적인 여러 가지 현상에 대한 이러한 인식들이 인간의 어느 기능을 사용하여 나타나는 것이 사실이라면, 초자연적이라는 말보다는 인간의 지, 정, 의가 성령으로 장악 당한, 초의식 상태에서 인식되어지는 것이라는 것이 더 타당 할 것입니다. 이러한 초의식이 평소에 자연적인 상태에서 수시로 나타나는 의식이 아니기 때문에 초자연적이라 하는 것입니다.

사람에게는 누구나 가진 직관력(직감의 기능)이 있습니다. 이 직관의 기능은 사람의 영의 기능의 일부로서 누구를 보게 되면, 그 사람이 지니고 있는 독특한 분위기나 말이나 얼굴이나 자세 특히 눈…등에서 직관적으로 파악되어, 그 사람이 "슬픔의 영"을 품고 있는지, "분노의 영"을 품고 있는지, "교만의 영"을 품고 있는지, "우울의 영"을 품고 있는지, 거짓을 말하고 있는지(거짓의 영), 나아가 "귀신의 영" "요한복음의 나다니엘 같이 하나님의 선한 영(요1:48)"을 품고 있는지 분별이 가는 것입니다. 이것을 깨달아 알게 하는 것이 우리 안에 계신 성령입니다.

그러나 이러한 직관적인 능력도 사람에 따라 차이가 있는 것입니다. 예술가는 보통사람보다 더 예민하고, 믿지 않는 사람은 더 어두울 것이요, 믿는 사람 가운데도 말씀과 성령으로 연단되고 훈련되어 노련한 목회자와 같은 성령 충만한 분들은 더욱 예민한 능력이 있을 것입니다. 이러한 분별력이 민감하면 할 수록, 사람을 보지 않고도, 곁에 있는 사람을 파악하게 되고, 얼굴과 이름만 보아도 심령 상태를 분별하게 되고, 나아가서는 멀리 떨어진 사람도 분별하게 되고, 귀신의 영도 분별하게도 되고, 때로는 직접 영물을 환상처럼 보게 되기도 하는 것입니다. 그런데 성령님은 지혜로운 분입니다. 항상 부정적으로 영물들만 보게 하시는 성령님이 아닙니다. 사람 속에 있는 선한 것도 보게 하시는 성령님 이십니다. 제가 지금까지 성령치유 사역을 하다가 보니 정신적인 문제가 있는 분들을 상담을 하다가 보니까 항상 영물들이 보였다고 했습니다. 그러므로 항상 좋지 못한 영물들이 보인다는 사람은 정신적으로 영적으로 잘못된 사람입니다. 절대로 성령은 필요한 때만 보여주시는 분입니다. 저도 성령께서 필요할 때는 영물을 보게 하시고 축사하게 하십니다. 또 그 성도에게 있는 선한 것도 보게 하십니다. 이 모든 영감이 직관의 기능을 통하여 주어지기 때문에 직감과 영감을 엄격하게 구별하기는 어려운 것입니다.

그러므로 초자연적이라고 하여 전혀 인간의 기능과 관계가 없는 것이 아니기 때문에 초자연적이라고만 할 수는 없는 것입니다. 그런데 문제는 성령의 나타남인 성령의 은사라는 것이 초자연적인 어떤 현상으로 특별한 사명을 위하여, 특별한 사람에게 주어지는 것이라는 이론적으로 가르칩니다. 이 잘못된 가르침이 오늘날 수많은 사역자들과 성도들을 어둠에서 눈을 뜨지 못하게 만드는 원인이라는 것을 알게 된다면, 그 피해가 얼마나 막대하며, 가슴 아픈 일인가 하는 것을 깨달아 알게 될 것입니다.

그러나 성령의 은사에 대한 이론이나, 책들은 항상, 그 과정은 설명하지 않고, 극단적인 상황을 설명하는 경우가 많습니다. 그러므로 우리들이 실질적으로 이러한 영감과 직관력을 많이 경험하고 느끼지만, 그러한 현상들을 이해하지 못하여 분명하게 체험하지 못하게 됩니다. 또 경험이 부족한 사람들은 그러한 느낌이나, 현상들을 주의하지 않고, 소홀하게 흘려버립니다. 그러므로 그러한 것을 민감하게 반응하는 지각이 민감하게 작용하지 못하게 됩니다. 그래서 직관력이 결여된 사람이나 영적인 감각이 둔한 사람이, 직관력이 강한 사람과 영적으로 민감한 분별력을 가진 사람을 볼 때는 신비를 쫓는 사람처럼 보이게 됩니다. 또 초자연적인 어떤 특별한 능력을 가진 것으로 보이게 되는 것입니다. 그리고 하나님이 그 성도에게 특별한 일을 하게 하기 위하여 특별한 은사를 주었다고 생각하게 하는 것입니다. 그러나 성도는 모두가 영적인 직관력이 강한 신비한 성도가 되어야 하는 것입니다. 신비를 우리는 바로 알아야 합니다. 예수님이 십자가에서 죽으셨다가 삼일 만에 부활하신 것도 신비입니다. 그리고 우리가 영으로 기도하여 하나님에게 응답을 받는 것도 신비입니다. 기독교에서 신비를 빼어 놓으면 아무것도 아닌 종교에 불과 할 것입니다. 왜냐하면 성도는 성령이 내주하면서 인도하는 자를 성도라고 합니다. 그리고 성도는 성령의 인도를 받는 사람을 말하는 것입니다(롬 8:14).

이 직관력의 훈련과 개발이야말로 영적인 능력의 민감한 반응을 높이고 이로 말미암아 성령의 나타남을 민감하게 파악할 수 있습니다. 영성훈련과 치유사역에 적용 및 활용할 수 있음을 의미합니다. 그리고 우리가 똑 바로 알아야 할 것은 영성훈련으로 성령의 은사를 받는다는 것이 아닙니다. 영성훈련으로 인간의 영이 그리스도의 영에 접붙임 받아, 지성소인 영에 내주 하시는 성령의 나타나는 영적 현상에 장애가 되는 여러 가지 조건들을 제거하여, 성령의 흐름을 민감하게 파악할 수 있게 되어, 성령의 은사가 나타나기 좋은 영적인 상태를 만든다는 말입니다. 이점을 잘 이해하시고 오해가 없으시기를 바랍니다.

영국의 성령운동가 도날드. 지(Donald Gee)는 "성령의 은사들은 자연적인 인간의 재능과 선택에 초자연적인 어떤 것이 첨가된 것이라고 생각합니다"라고 주장합니다. ①훈련하여 은사를 받을 수 있다는 주장이나 표현과, ②훈련으로 성령이 역사하기 쉬운 상태와 조건이 된다는 것은 엄청난 차이가 있습니다.

① 만약에 훈련으로 은사를 받는다는 주장을 하면, 이것은 세상 적인 방법으로 능력을 받는 것이 됨으로 성령을 의지할 필요가 없어지기 때문에 이단적이 되지만, ② 성령이 역사하기 쉬운 영적 상태를 유지하기 위한 영성훈련은 성령을 필수적으로 의지하게 됨으로 이것은 신앙적이며, 성경 적인 영성 훈련이 되는 것이며, 보다 더 하나님을 가까이 하여, 잃어버린 하나님의 형상을 성령의 도우심을 받아, 되찾으려는 노력이 됩니다. 그리하여 영성을 되찾아 보다 더 그리스도인다워지는 것이 되는 것입니다. 그래서 저희 교회에서 하는 모든 치유와 성령의 은사의 나타남을 위한 훈련은 전적으로 성령이 나타나기 쉬운 영적인 상태를 만들어 치유하고 성령의 은사가 나타나게 하는 것입니다.

은사를 받기 위한 영성 훈련의 정확한 표현은 성전 삼고 내주하시는 성령님에게 보다 더 깊은 관심과 관계를 갖게 됨으로 성령과 더불어 성령의 인도함을 받아 살아갑니다. 그리하여 성령과 더불어 동역 하는 사역을 배우게 됩니다. 이를 삶에서 체험하고 경험하게 되어 살아 있는 신앙인이 됩니다. 마찬가지로 치유사역도 잘못하면 안 됩니다. 영적인 원리를 잘 이해하지 못하면 영육을 치유하는 능력의 역사가 세상 적인 방법이나 이단적인 방법과 외면적으로는 큰 차이가 없을 수 있습니다. 그래서 치유사역이 성령을 의지하여 성령의 흐름이 있는 사역이냐? 아니

면 인간의 혼적인 사역이냐의 차이가 있습니다. 악령을 의지하
느냐, 혹은 아니냐에 차이가 있는 것입니다. 그렇기 때문에 성도
는 말씀과 성령으로 분별력을 길러야 합니다. 영안이 열려야 하
는 것입니다. 그래야 자신도 실수하지 않고 잘못된 영을 받지 않
게 됩니다. 모두 말씀과 성령으로 연단되어 바른 영안을 열어 가
시기를 바랍니다. 그리하여 자신의 영은 자신이 지키는 성도들
이 되시기를 소원합니다.

셋째, 성령의 흐름과 기름부음의 현상. 사람의 심령구조를 분
석하여 설명하면 이렇습니다. 중요함으로 바르게 이해바랍니다.

첫째로 육의 기능입니다.

○ 1단계는 육체 조직의 지각영역으로 물질세계와 접촉점입니
다. 모든 신체조직상의 변화와 자극을 느끼고 나타나는 곳입니다.

○ 2단계는 육체 조직의 무의식단계로서 육체의 자극이 신경
반응으로 전환하는 곳입니다.

○ 3단계는 본능적 의식단계로서 혼과 육체의 전이 접합 점입
니다. 육신의 생각은 사망이라(롬8:6).

둘째로 혼의 기능입니다.

○ 4단계는 표면적 의식단계로서 이성적 의식이 본능적 의식
으로 변화되거나 영으로 잠복된 경험이 생각이나 행동으로 표출
되는 곳입니다.

○ 5단계는 개인적 잠재의식 단계로서 개인의 의식과 경험의

발자취가 저장되는 곳입니다. 말씀의 능력이나 접촉된 영적인 세력이 잠복되어 있는 곳입니다.

○ 6단계는 씨족적 잠재의식 단계로서 가족이나 씨족의 발자취가 저장된 곳입니다. 나로부터 3-4대 전의 조상의 우상숭배가 후손(나)에게 영향을 끼치게 됩니다(출20:5).

셋째는 영의 기능입니다.

○ 7단계는 집합적 잠재의식 단계로서 영과 혼의 전이 접합점으로 인류의 역사의 발자취가 저장되며, 혼, 육의 자극이 생명이나 사망으로 전환(양심)되는 곳입니다.

○ 8단계는 직관적 의식 단계로서 영적 지각이 영감으로 나타나거나 양심의 느낌으로 전환되어지는 곳이며, 살아있는 양심이 알게 하는 곳입니다.

○ 9단계는 영적 지각영역으로서 영적 세계와의 접촉점(행11:5)으로 모든 영적 변화가 지각되어지는 곳이며, 성령으로부터 오는 신호를 듣는 곳입니다.

사람의 심령은 이와 같이 깊습니다. 그래서 옛날 속담에 열길 물속의 속은 알아도 한 길 사람 속은 알 수가 없다는 말이 있는 것입니다. 심령구조 설명에서 보면 우리가 살아오면서 받은 상처는 5단계에 들어 있습니다. 그리고 혈통에 대물림되는 영육의 문제는 더 깊은 6단계에 형성되어 있습니다. 그러므로 내적치유나 질병의 치유나 혈통의 대물림의 치유는 성령으로 심령이 장악되어 9단계에서 성령의 능력이 안에서 밖으로 밀고 올라와서 치유해야 정확하고 깊은 치유가 되는 것입니다. 모두 자신의 깊은 심령을 보시는 영안이 열리시기를 바랍니다. 그리고 다른 사람의 심령을 보고 고통당하고 있는 분들을 치유하여 이 땅에서 하나님의 나라를 이루는 도구가 되게 하시기를 바랍니다. 하나님은 이런 일을 하라고 우리에게 영안을 열고 성령의 권세를 이끌어내어 주시는 것입니다.

앞의 심령 구조 설명에서 보면, 성령의 역사가 영적 세계(9단계)에서 일어나면, 그 힘과 영향이 8단계의 직관의 영역에서 우리 직관력은 그것을 분별하게 됩니다. 그러면 7단계의 깊은 우리의 잠재의식은 그것을 느끼게 됩니다. 이 느낌이 어떠한 장애도 받지 않고, 4단계 이성적 의식이 본능적 의식으로 변화되거나 영으로 잠복된 경험이 생각이나 행동으로 표출되는 영역에게 전달되어지면, 여러가지 보이는 육체적인 현상으로 밖으로 표출이 됩니다. 영적인 현상이 혼적인 현상으로 전이가 일어나게 되어 감동을 받거나 비판을 하거나 결단을 일으킵니다. "너희 안에서 행하시는 이는 하나님이시니 자기의 기쁘신 뜻을 위하여 너희에게 소원을 두고 행하게 하시나니."(빌2:13).

이와 같이 성령의 능력이나 영향력이 9단계에서 1단계로 전이되는 상태를 성경에서는 성령의 기름부음(요1:20)이라, 하는 말로서 표현하고 있습니다. 영적 의식의 단계에서 일어난 사건이나 변화를 혼의 직관력이 인식하게 됩니다. 그래서 하나님의 뜻이나 계시를 받아드리게 되거나, 깨닫기도 합니다. 그리고 감동이 오기도 합니다. 성령의 힘을 얻어 충만하게도 됩니다. 여러 가지 육체적인 현상까지 동반하게 되어, 치유가 일어나기도 합니다. 진동이 오기도 하고, 영안으로 영적세계가 순간적으로 보이기도 합니다. 이 기름부음의 결과로 성령이 영과 혼과 육신을 흘러 외부로 나타나는 현상을 성령의 나타남(고전2:1, 12:7)이라 합니다. 영과 혼과 육신에 장애요소가 없는 심령 상태는 심령이 가난한 상태요, 하나님의 신령한 축복을 누릴 수 있는 준비된 심령 상태입니다.

이러한 상태에서 성령의 기름 부음이 심령에 차고 넘치게 되면 바로 성령이 충만한 상태이며, 주님을 사랑하는 마음의 상태입니다. 주님을 사랑하는 마음의 상태는 의무적이거나 율법적인 상태에서가 아니라, 자진하여 내 마음이 주의 말씀을 사모하며 말씀을 지키고 싶어집니다. 순수하게 예수님의 말씀에 순종합니다.

이러한 사랑의 마음은 교만과 냉정하고, 이성적인 모습의 심령이 아니라, 은혜롭고 평안하며 온유한 성령의 충만한 모습으로 채워집니다. 이 성령의 충만한 마음은 외부적으로 나타나게 됩니다. 그래서 얼굴에 나타나는 것입니다. 이러한 성령의 기름 부음의 결과로 나타나는 현상이 인격적으로 나타남이 성령의 열매요, 육신 적으로 나타나는 것이 속칭 말하는 능력이요, 성령의 은사(고전12:4-11)인 것입니다.

성령의 기름부음이 입술에 나타나는 현상은 방언으로 나타납니다(고전12:7). 영감으로 나타나는 현상으로는 지혜의 말씀이

나 지식의 말씀, 예언으로 나타나기도 합니다. 방언통변이나 영분별로 나타나기도 합니다. 말에 부어지는 현상이 권세가 되어 명령할 때 귀신이 떠나가게 됩니다. 손으로 부어지는 현상은 병을 고치는 치유의 은사와 능력으로 나타납니다. 뿐만 아니라, 안수함으로 일어나는 능력의 전이 현상은 여러 가지 모습으로 나타납니다.

성령으로 말미암아 죄를 깨닫고, 눈물을 흘리며 회개하기도 합니다. 방언이나 예언을 하기도 합니다. 하나님을 찬양하는 일들이 일어납니다. 귀신이 쫓겨 나가기도 합니다. 넘어지거나 성령 안에 사로잡히는 상태나 영에 완전히 몰입된 상태(입신이라고도 함)가 되는 현상도 일어나게 됩니다. "바울이 그들에게 안수하매 성령이 그들에게 임하시므로 방언도 하고 예언도 하니"(행19:6).

귀신의 영을 보거나 환상을 보는 것은 영의 의식 단계(9단계)에서 지각되는 것을 8단계에서 분별하는 것이요, 느낌(영감)은 전이 단계(7 단계)에서 이루어지고, 확신은 그 이하 단계에서 이루어집니다. 그렇기 때문에 말씀과 성령으로 충만하여 영의 통로가 열리고, 체험적인 신앙이 되어야 합니다. 그래야 영에서 알려주는 정보를 혼(마음)이 인식하고 믿어 육이 순종하면 밖으로 보이는 여러 성령의 역사가 일어나는 것입니다. 이 7단계의 인식 단계는 민감도에 따라 차이가 있게 되는데, 영적인 심령의 준비상태에 따라 차이가 있게 됩니다.

신앙생활을 뜨겁게 하고 말씀과 성령으로 치유된 사람들은 자연히 이러한 지각이 예민하게 개발되어 집니다. 반대로 말씀이 부족하고 성령이 장악하지 못하여 육신 적으로나 이성적으로만 신앙생활을 하는 사람이나 영적으로 미숙하면 전혀 반응이 없을 수도 있습니다. 우리는 이런 심령을 강팍한 심령이라고 합니다. 그리고 육신적인 신앙인이 되면 성령의 나타나는 여러 가지 현상을 이해하지 못하고 두려워하거나 거부하거나 그 자리를 떠나는 것입니다. 왜냐하면 영적세계에서 일어나는 현상을 혼이 이해하지 못하고 거부하거나 육을 장악하고 있는 악령이 두려움을 주거나 거부하게 하는 것입니다.

그래서 내가 영에 속한 사람인지 육신에 속한 사람인지 알려면 영안이 열려야 하고 성령의 충만함을 받아야 하는 것입니다. 육신에 속한 성도는 모든 것을 자신의 지식과 체험을 통하여 분석하여 맞으면 받아들여 순종한다면 육신에 속한 그리스도인입니다.

이스라엘 사람들이 애굽에서 나와 가나안을 정찰하기 위하여 똑 같이 믿음이 좋은 열두 지파에서 한 사람씩 선발하여 똑같이 가난 안을 정찰했지만, 육신에 속한 열 지파 사람들은 모든 것을 자신의 지식과 입장에서 보고 판단하여 육신에 속한 보고를 하여 멸망을 받게 되었습니다. 그러나 여호수아와 갈렙은 영의 눈으로 가나안을 바라보고, 가나안의 사람들이 크고 장대하고, 그리고 성벽은 높고 견고 했지만, 우리는 하나님이 계시기 때문에 넉넉히 점령할 수 있다는 믿음으로 눈으로 본 그대로 담대하게 결과 보고를 하는데 그들은 우리의 먹이라고 보고하는 것입니다

(민 14:6-10).

그래서 육신에 속한 그리스도인과 영에 속한 그리스도인은 그들의 말을 들으면 분별이 가는 것입니다. 왜냐하면 마음에 가득한 것을 입으로 말하기 때문입니다. 그리고 육신에 속한 그리스도인이 되면 모든 영적세계에서 일어나는 현상을 자신의 지식과 세상의 합리로 만 이해하려고 하기 때문에 받은 성령의 은사가 소멸되는 이유도 이러한 맥락에서 소멸하게 됩니다.

은사를 회복하려면 다시 육성 적인 것을 제거하고 영적인 사람으로 돌아가야 됩니다. 겉 사람이 모든 것을 눈으로 보고 듣고 피부로 지각하는 오감각 기능으로만 판단하고 인식하는 사람이라면, 속사람은 내적인 기능인 영적 감각을 통하여 판단하고 인식하는 사람입니다. 우리 속에 있는 심령의 기능(양심과 직관의 기능과 하나님을 아는 기능들)이 마비되지 않아야 합니다. 이러한 과정들이 기도와 영성훈련을 통하여 이루어지게 됩니다. 그래서 무턱대고 기도하거나 신앙생활을 하는 것 보다, 이러한 영적 원리를 알고, 영성 훈련과 기도 훈련을 하게 되면 보다 빠른 시일 내에 어느 수준까지 영적 지각의 개발이 가능 한 것입니다. 그래서 바른 영적이고 깨어있고 체험 있는 지도자를 만나는 것이 중요합니다. 영적인 지도자가 영적인 원리를 바르게 설명하여 이해시키고 체험하게 하므로 혼이 이해를 하고 받아들이니 영이 자꾸 깨어나 휘하에 있는 성도들의 믿음이 자라는 것입니다. 따라서 강력한 능력도 좀 더 빠르고 쉽게 이끌어낼 수가 것입니다.

12장 성령의 체험만 말고 장악이 되라.

> (고전 2:10)"오직 하나님이 성령으로 이것을 우리에게
> 보이셨으니 성령은 모든 것 곧 하나님의 깊은 것까지도
> 통달하시느니라"

하나님은 강력한 능력을 이끌어내어 하나님께 쓰임을 받을 분들은 성령으로 세례를 받고 전인격이 성령의 지배를 받으려고 의지적인 노력을 해야 합니다. 자신의 생각이나 의지를 내려놓고 전폭적으로 성령의 인도하심을 따르면 좀 더 빨리 하나님이 원하시는 영적인 수준에 도달할 수가 있는 것입니다.

성령의 세례는 성도에게 와있는 영육간의 문제를 치유하는데도 지대한 영향을 미치게 됩니다. 성령으로 세례를 받지 않으면 치유가 되지 않습니다. 육체에 역사하는 세상신의 힘이 강하기 때문에 좀처럼 치유가 되지 않습니다. 그러다가 성령으로 세례를 받고 뜨겁게 기도하기 시작을 하면 육체가 성령의 지배를 받게 됨으로 치유가 되기 시작을 하는 것입니다.

그러므로 성도가 당하는 영육의 문제를 치유 받으려면 최우선으로 체험해야하는 것이 성령의 세례입니다. 성령의 세례가 없이는 아무리 능력이 강한 사역자라도 치유를 할 수가 없습니다. 치유는 성령께서 하시기 때문입니다.

하나님은 영이십니다. 영육의 문제는 영이신 하나님이 치유

하시는 것입니다. 하나님이 치유하시게 하려면 영적인 상태가 되어야 하는 것입니다. 영적인 상태가 되려니 성령으로 세례를 받고 성령의 깊은 임재에 들어가야 합니다. 그러면 하나님의 치유의 손길이 역사하기 시작을 합니다.

하나님의 음성을 들으려고 해도 성령으로 세례를 받아야 합니다. 상처를 치유 받으려고 해도 성령으로 세례를 받아야 합니다. 귀신을 쫓아내려고 해도 성령으로 세례를 받아야 합니다. 질병을 치유 받으려고 해도 성령으로 세례를 받아야 합니다. 재정의 문제를 해결하려고 해도 성령으로 세례를 받아야 합니다. 성령의 세례가 없이는 아무것도 이루어지지 않습니다. 그러므로 성령의 세례는 모든 성도가 꼭 받아야 합니다.

한번 성령으로 세례를 받았다고 다 되는 것이 아닙니다. 지속적으로 성령 충만해야 합니다. 많은 성도들이 성령으로 세례를 받고, 방언으로 기도하면 항상 성령 충만한 줄로 생각을 합니다. 그러나 잘못된 생각입니다. 항상 성령으로 충만 하려고 의지적인 노력을 해야 합니다. 사람은 육을 가지고 있기 때문입니다.

여기서 우리가 더 알아야 할 것이 있습니다. 첫째, 성령의 세례를 이론으로 알고 스스로 성령으로 세례를 받았다고 자처하는 성도들입니다. 이런 분들이 영육으로 문제가 생겨서 치유를 받으러 옵니다. 와서 본인이 기도를 하고, 안수를 해주어도 성령의 역사가 일어나지 않습니다. 몇 주를 다니면 그때에야 반응이 있기 시작합니다. 왜냐하면 자기만의 자아가 있어서 영적인 말씀이 귀에 들리지 않기 때문입니다.

두 번째는 몇 년 전에 성령을 체험했다고 자랑하는 성도들입니다. 얼마 전에 여 집사가 2년 전에 성령을 체험했다고 하면서 치유와 능력을 받으러 왔습니다. 2일을 기도하고 안수를 하니까, 성령의 역사가 일어나 몸이 뒤틀리고 괴성을 지르는 것입니다. 한참을 안수하니 성령이 장악을 했습니다. 귀신들이 소리를 지르면서 떠나갔습니다. 지금 교회에는 몇 년 전에 성령을 체험했다고 안심하고 지내는 성도들이 있습니다.

이런 분들이 열심히 믿음 생활을 하면서도 여러 가지 문제로 고통을 당합니다. 왜냐하면 자기에게 역사하는 상처와 악한 영의 역사로 일어나는 것입니다. 그러므로 한번 성령을 체험했다고 다 된 것이 아니라, 지속적으로 성령을 체험하며 깊은 영의기도를 하여 심령을 정화시켜야 합니다. 그래야 깊은 영성이 되어 하나님과 교통하는 기도를 할 수가 있습니다. 한번 성령을 체험했다고 자랑삼아 말하는 분들은 자기 관리에 신경을 써야 할 것입니다. 우리가 육체가 있기 때문에 영성에 꾸준하게 관심을 가져야 합니다. 한번 체험했다고 멈추면 얼마 있지 않아 육으로 돌아갑니다.

성령으로 세례가 임할 때 몸으로 체험하고 눈으로 볼 수 있는 현상은 이렇습니다. ① 호흡이 깊어지거나 빨라지고 손이 찌릿찌릿 하기도 합니다. ② 주체하지 못하게 울음이 터지거나. 웃음이 터지는 경우도 있습니다. ③ 가슴을 찌르고 무엇이 빠져나오는 아픔을 느낄 수 있습니다. ④ 위장이나 아랫배 부근에서 어떤 뭉치 같은 것이 움직일 수도 있습니다. ⑤ 큰소리가 속에서 터져 나오기도 하고 온 몸에 불이 붙은 것 같이 뜨겁습니다. ⑥ 가슴이 답답하고 기침이 나오고 손과 입에서 불이 나오는 체험을 하기도 합니다. ⑦ 기침, 하품, 트림이 나오고. 토하기도 하고 메스꺼움을 느끼기도 합니다. ⑧ 멀미하는 것처럼 속이 울렁거리며 아랫배가 심히 아프기도 합니다. ⑨ 머리가 아프고 어지럽고 몸을 감당하지 못하게 흔들리기도 합니다. ⑩ 때로는 얼굴이나 몸 전체가 뒤틀리다가 풀어져 평안해지기도 합니다. ⑪ 때로는 집에 돌아가서도 심신을 성령의 만지심의 현상이 일어날 수 있습니다. 이것은 일종의 성령의 치유의 현상이니 두려워말고 계속 다니면서 기도하면 없어집니다. 분명하게 성령으로 세례를 받을 때 몸으로 느끼고 눈으로 볼 수 있는 가시적인 현상이 나타납니다.

필자가 그동안 사역하면서 체험한 바로는 기도할 때 진동이 심한 분들이 성령으로 장악이 되니 점점 안정을 찾았습니다. 만약에 자신이 기도할 때 진동이 심하다면 점점 성령으로 장악이 되고 몸 안에 있는 상처가 배출이 되면 점점 진동하는 것이 약해지면서 없어질 것입니다. 다음 이야기를 읽어보시면 이해가 될 것입니다. 그런데 알고 계셔야 할 것은 당신은 치유 받아야할 상처가 많다는 것입니다.

허리에서부터 얼굴까지 반신불수가 되어 12월 20일부터 다음해 4월 25일 충만한 교회에 오기 전까지 반신불수가 되어 거동을 못하며 집안에서 지내던 목사님의 이야기 입니다. 친한 친구 목사님들이 충만한 교회에 가면 치유가 된다는 말을 듣고 차에 실려 우리 교회 성령치유 집회에 참석하여 은혜를 받았던 이야기 입니다. 그런데 참석한 첫날부터 강한 성령의 불을 받고 온몸이 불덩어리가 되더니 몸이 뒤틀리기 시작했습니다. 악한 귀신들이 발작을 한 것입니다. 제가 "예수 이름으로 명하노니 허리를 잡고 있는 더러운 귀신은 떠나가라"하고 안수 기도를 할 때마다 수많은 귀신들이 발작을 하면서 떠나고 소리를 지르면서 떠나갔습니다.

목사님의 이야기입니다. "저는 이때까지 내가 허리디스크와 좌골 신경통으로 이렇게 거동을 못하게 되었지, 악한 영의 역사로 이렇게 되었다고는 꿈에도 생각을 하지 않고 병원치료만 하였습니다. 한마디로 영적인 무지한이었습니다. 성령님의 인도로 충만한 교회에 와서 성령의 불을 받고 아~ 이것이 영적으로 문제가 되어 발생한 것이구나! 체험적으로 인정을 했습니다.

저는 충만한 교회에 오기 전에 영적인 집회에 참석을 많이 했습니다. 심지어는 미국에 가서 빈야드 집회도 참석을 했습니다. 그때도 몸이 뒤틀리고 발작을 했습니다. 거기 있는 사역자들이 성령의 불을 받은 것이라고 했습니다. 저는 성령의 불을 받았기 때문에 저에게 악한 영이 역사한다는 것은 꿈에도 생각을 못했습니다. 저의 허리를 아프게 하는 것은 악한 영의 역사라고 인정을 하니 귀신이 떠나가고 치유되기 시작하다가 며칠 지나니 저 혼자도 걸을 수가 있었습니다.

강 목사님이 안수 기도를 하면 할수록 몸이 편안해졌습니다. 허리 아픈 것이 점점 없어졌습니다. 몸이 뒤틀리고 발작하는 것도 없어졌습니다. 정말 신기할 정도로 안정을 찾았습니다. 치유되고 능력을 받으니 심령이 읽어지는 지식의 말씀의 은사가 나타나고 안수 기도하면 강요셉 목사님 같이 성령의 역사가 강하게 나타납니다. 그래서 다시 목회를 시작하니 교회가 점점 부흥이 되었습니다. 몇 개월 다니면서 치유를 받으니 이제 몸도 완치가 되었습니다. 저를 치유하신 하나님에게 영광을 돌립니다.”

이렇게 안수를 받고 치유하면 진동하는 것이 현저하게 줄어듭니다. 이분도 몸이 뒤틀리고 발작하는 것이 없어졌습니다. 첫째 날과 둘째 날은 교회의 접의자를 다 차고 다닐 정도로 몸이 뒤틀리고 발작을 했습니다. 점차 치유되어 안정을 찾고 심령에서 성령의 불이 나오는 기도를 하니 목사님에게 역사하던 귀신들이 떠나간 것입니다. 이렇게 기도하고 안수하면 할수록 안정을 찾아야 바른 성령의 역사를 체험하는 것입니다. 우리 속지 맙시다.

이분도 외국 빈야드 집회에까지 참석했다는데 누구 하나 바로 알려줘서 치유해준 사역자가 없었다는 서글픈 사실입니다. 지금 외국이나 한국이나 성령의 역사에 대한 영적인 분별 수준들이 이렇습니다. 생소하기 때문에 전문인이 귀한 실정입니다. 한국교회의 문제가 성령의 역사와 귀신 역사를 정확하게 분별할 수 있는 사역자가 귀하다는 것입니다. 눈에 보이지 않아 생소하고 두렵고 불안하기 때문에 이 사역에 뛰어드는 사람이 별로이기 때문입니다.

여기에서 한 가지 더 알아야 할 것은 일반적인 교회에서 열심히 신앙생활을 하면서 부흥회 때 성령을 체험한 분들입니다. 저에게 전화가 오는데 목사님 저는 3년 전 부흥회에서 성령체험을 했습니다. 그런데 기도가 안 됩니다. 왜 그런가요? 이런 분들은 모두 영이 막힌 것입니다. 한마디로 성령을 체험했을 때 심령을 정화시켜야 하는데 그렇지 못하여 상처와 악한 영의 역사가 심령에서 일어나 영이 막힌 것입니다. 이런 분들은 모두 성령의 임재가운데 내면의 상처를 치유하면서 악한영의 역사를 몰아내야 합니다. 그래야 영의 통로가 열려 기도가 됩니다. 심령의 문제를 해결하지 않으면 성령으로 기도가 되지 않습니다.

최초 성령을 체험하면 이런 현상이 나타날 수가 있습니다. 몸이 뻣뻣해집니다. 몸이 뜨겁거나 따뜻합니다. 몸이 시원해집니다. 바람이 느껴집니다. 몸에 전기가 감전된 것같이 찌릿찌릿합니다. 감동이 옵니다. 눈물이 납니다. 자꾸 뒤로 넘어지려고 합니다. 손에 힘이 주어집니다. 몸에 힘이 빠지기도 합니다. 기분 나쁘지 않는 소름이 끼칩니다. 향기가 납니다. 몸이 떨리거나 흔들립니다. 손발이 저리는 느낌을 받습니다. 몸이 떨리거나 흔들립니다. 근육이나 피부의 한 부위가 떨립니다. 호흡곤란을 느끼기도 합니다. 신체 부위가 커지는 느낌이 듭니다. 물을 먹는 것

같습니다. 잔잔하게 내려오는 것 같습니다. 기뻐집니다. 영적인 생각이 나면서 흥분됩니다. 소리가 질러집니다. 입으로 바람이 불어집니다. 자신은 낮아지고 하나님의 경외하심이 느껴집니다. 방언 찬양이 나오기도 합니다. 눈이 부셔 눈을 깜빡깜빡거립니다. 배가 묵직해지면서 힘이 들어갑니다. 술에 취한 것 같이 어지러움을 느낍니다. 잠이 오는 것 같이 졸음이 옵니다.

성령을 초기에 체험하면 이와 같은 현상을 느끼고 체험합니다. 왜냐하면 성령께서 자신에게 역사하고 있다는 것을 알게 하기 위해서 일으키는 역사입니다. 성도가 체험과 믿음이 없어서 성령님이 자신에게 역사한다는 것을 잘 믿지 못하기 때문입니다. 성령님은 인격이시기 때문에 이렇게 알고 느끼게 역사하시는 것입니다. 그러나 차츰 성령의 깊은 임재에 장악이 되면 잔잔해지면서 몸으로 느끼는 가시적인 현상이 점차로 줄어듭니다. 점차로 줄어든다면 자신이 성령으로 장악이 되고 있는 증표입니다. 그러나 계속적으로 임재 체험 현상이 나타나면 문제가 있는 것입니다. 알고 대처하기를 바랍니다.

우리는 무슨 현상을 보고. 체험하는 것에 중점을 두지 말고, 자신이 예수님의 성품과 같이 변화되고 있는지에 관심을 두어야 합니다. 너무 나타나는 현상에 눈을 돌리면 영안이 열리지를 않습니다. 바른 성령의 역사가 일어나면 변화되지 말라고 해도 변화되게 되어 있습니다. 그리고 성령 사역을 하시는 분들은 영들을 분별하는 능력을 깊고 수준 높게 개발하여 성도들이 불필요한 고통을 당하지 않도록 지도할 수 있어야 합니다.

성령의 불을 받는가, 나오는 가의 문제입니다. 물론 처음 한 번은 성령의 불을 받아야 합니다. 다음부터는 내주하신 성령으로부터 불이 나와야 합니다. 성령의 불이 자신 안에서 나오도록 영성훈련을 해야 합니다. 성령이 역사하는 교회 시대인 지금은 성령을 받은 사람이 말씀을 전하고 기도할 때 임합니다. 이는 말씀을 전하는 사람의 심령에 임재 했던 성령이 나타난 것입니다. 성령은 먼저 성령세례를 받은 성도 안에 임재 하여 계십니다. 그리고 성령으로 세례 받은 성도들이 모인 장소에 임재 하여 계십니다. 성령으로 세례를 받은 목회자가 전하는 말씀 안에 임재 하여 계십니다. 그러므로 성령의 불은 성령으로 세례를 받은 성도의 마음속에서 나오는 것입니다. 그런데 아직도 많은 목회자나 성도가 성령의 불이 하늘에서 떨어지는 줄로 압니다. 저에게 질문을 많이 합니다. 목사님! 우리 교회에서는 성령의 불이 하늘에서 떨어진다는데, 왜 목사님은 성령 받은 성도의 심령에서 올라온다고 하십니까? 그래서 제가 잘 설명을 합니다. 지금 하나님은 예수를 영접한 성도의 마음 안에 계십니다. 예수님은 요한복음14장 20절에서 "그 날에는 내가 아버지 안에, 너희가 내 안에, 내가 너희 안에 있는 것을 너희가 알리라"하셨습니다.

로마서8장 10-11절에서는 "또 그리스도께서 너희 안에 계시면 몸은 죄로 말미암아 죽은 것이나 영은 의로 말미암아 살아 있는 것이니라. 예수를 죽은 자 가운데서 살리신 이의 영이 너희 안에 거하시면 그리스도 예수를 죽은 자 가운데서 살리신 이가 너희 안에 거하시는 그의 영으로 말미암아 너희 죽을 몸도 살리시리라"하셨고, 고린도전서 3장 16절에서는 "너희는 너희가 하나님의 성전인 것과 하나님의 성령이 너희 안에 계시는 것을 알지 못하느냐"했습니다. 빌립보서 2장 13절에서는 "너희 안에서 행하시는 이는 하나님이시니 자기의 기쁘신 뜻을 위하여 너희에게 소원을 두고 행하게 하시나니"라고 하십니다. 이렇게 볼 때에 분명히 성령의 불은 내 안에서 나오는 것이 맞습니다. 하나님이 성도의 마음 안에 계시기 때문입니다. 성령의 불이 자신 안에서 나오는 것을 인정하지 않으면 이런 현상이 나타납니다. 밖에서 역사하는 불만 받으려고 하기 때문에 영의통로가 뚫리지를 않습니다. 왜냐하면 밖에다가만 관심을 집중하기 때문입니다. 내 안에 관심을 가져야 자신이 보이는데 밖에다가 관심을 두니 자신이 보이지 않는 것입니다.

그래서 밖에다가 관심을 두니 영의통로가 열리지를 않습니다. 영의통로가 막혀있으니 항상 갈급합니다. 성도는 심령에서 은혜가 올라와야 영의 만족을 얻을 수가 있습니다. 밖에서 들리고 보이는 것을 가지고 은혜를 받으려고 하니 항상 심령이 갈급한 것입니다. 교회나 은혜의 장소에 가서 말씀을 듣고 예배를 드릴 때는 은혜를 받는 것 같습니다.

그러나 마치고 돌아서면 허전합니다. 기도를 할 때도 마찬가지입니다. 기도를 하면 마음이 편안해지는 것 같습니다. 조금 지나면 심령이 갑갑해집니다. 밖에서 역사하는 성령의 불을 받아서 몸은 뜨거운데 마음은 평안하지 못합니다. 마음이 평안하지 못하니 성품이 변하지 않습니다. 남이 하는 조그마한 소리에도 참아내지 못하여 혈기를 냅니다. 성령의 불이 마음에서 올라오지 않으니 육체에 역사하는 세상신이 역사하기 때문입니다.

좀처럼 심령이 변하지 않으니 그리스도인으로서 본을 보이지 못합니다. 세상 믿지 않는 사람들보다 더 악하고 혈기를 잘 냅니다. 이런 성도가 기도하는 것을 보면 거의 목에서 나오는 소리로 기도를 합니다. 기도할 때 나름대로 생각하기는 성령으로 충만하다고 생각하는데 절대로 그렇지 못합니다.

이런 성도가 밖에서 역사하는 성령의 불을 잘 받습니다. 밖에서 역사하는 불로 인하여 육체가 훈련되어 있기 때문입니다. 성령이 역사하면 뜨거움도 강합니다. 그러니 성령의 불을 받았다고 믿어버리는 것입니다. 마음속에서 불이 나오게 하지 않으니 육체에 역사하던 세상신이 떠나가지를 않습니다. 기도를 해도 세상신이 적응을 하여 같이 기도하면서 꼼짝도 하지 않습니다. 이런 분들이 모두가 이구동성으로 하는 말이 얼마 전에 어디에서 성령의 강한 불을 받았다고 합니다.

예를 든다면 이런 경우입니다. 제가 어느 기도원에 간적이 있습니다. 기도 시간이 되었습니다. 강단에서 집회를 인도하시는 목사님이 성령의 불을 받아라! 불! 불! 불! 하니까? 어느 여성이 욱욱하는 것입니다. 제가 물었습니다. 왜~ 그렇게 몸을 움츠리면서 욱욱합니까? 그랬더니 이렇게 대답을 합니다. 강사 목사님의 성령의 불이 강하기 때문에 자기에게 그런 현상이 나타난다는 것입니다. 이는 잘못 이해한 것입니다. 우리 안에 역사하는 성령의 불은 밖에서 역사하여 나에게 와서 느끼게 할 수도 있습니다. 그렇다고 욱욱하는 것은 아닙니다.

제가 지금까지 성령치유 사역을 하면서 욱욱하는 분들을 안수하여 영의통로를 뚫으면 속에서 말로 표현하기 힘들 정도로 더러운 것들이 나옵니다. 이 더러운 것들이 나가고 나면 절대로 욱욱하지 않고, 조용하고 평안하게 영으로 기도를 합니다. 얼굴이 평안하게 보일 정도로 평안해집니다. 욱욱하게 하는 것은 상처 뒤에 역사하는 악한 영들입니다. 이들이 떠나가고 나면 잠잠해지면서 평안을 느끼고 영으로 깊은 기도를 합니다.

이렇게 성령의 불을 받는다고 하는 분들이 상처를 많이 가지고 있습니다. 자신의 속에서 떠나보내지 않고 받아들이기 때문입니다. 은혜의 장소에 가서 말씀 듣고 기도할 때는 충만한 것 같습니다. 3일만 지나면 갈급해 집니다. 혈기가 나고 괜히 짜증을 많이 냅니다. 심령의 영이 막혀있어서 일어나는 현상입니다. 이런 분들은 절대로 영의 만족을 누리지를 못합니다.

마음의 상처와 상처 뒤에 역사하는 세상신이 영을 압박하기 때문입니다. 치유를 받으려면 호흡을 깊게 들이쉬고 내쉬면서 배에서 나오는 소리로 주여! 주여! 주여! 를 한 5분만 하면 영의 통로가 뚫리기 시작하는 것을 본인이 느끼게 됩니다. 성령의 임재를 지속적으로 받았기 때문에 영의통로를 뚫기가 쉽습니다. 그런데 보통 이런 분들이 자아가 강하여 주여! 주여! 주여! 하면서 기도를 하지 않습니다. 몸을 움츠리고 으으으 하면서 자신만

인정해주는 성령의 불을 받았다고 믿기 때문입니다.

　자신이 성령의 불을 받는 방법을 터득하여 그대로 행동합니다. 이런 분은 좀처럼 변화되지 않습니다. 자아가 강하기 때문입니다. 제가 지금까지 십 년이 넘도록 성령 사역을 하면서 나름대로 체험한 결론에 의하면 영의통로를 뚫어야 되는 분들은 이렇습니다. 기도할 때나 안수를 받을 때 몸이 뜨거워지면서 경직이 되는 성도입니다. 기도를 하루라도 쉬면 마음이 갑갑하여 죽을 것 같다고 말하는 분입니다. 기도할 때 몸의 진동이 심하게 나타나는 성도입니다. 방언 기도할 때 몸이 뜨거워지면서 땀을 많이 흘리는 성도입니다. 안수를 받을 때 으으으 하면서 몸이 굳어지고 뜨거워지는 성도입니다. 일어서서 기도하다가 잘 넘어지는 성도입니다. 기도하다가 깜박깜박하면서 의식을 놓는 성도입니다. 기도할 때 뿐이고 돌아서면 갈급한 성도입니다. 다른 성도가 자신에게 조금이라도 거슬리는 말을 하면 분이 나와서 참지 못하는 성도입니다. 예배는 열심히 참석하고 기도는 많이 하는데 항상 심령이 갈급한 성도입니다. 나름대로 신앙생활은 잘한다고 생각하는데 몸이 이곳저곳 아픈 분입니다. 마음의 상처로 고생하는 분들입니다.

　그리고 교회에서나 세상에서 사람들과 대화할 때 머리가 아프다던가. 속이 거북스러운 분들은 영의통로를 뚫어 속에서 불이 나오게 해야 합니다. 이런 분들은 자신의 마음속에서 불이 나오지 않아 영이 약하기 때문에 일어나는 현상입니다. 대화할 때 상대방의 나쁜 기운들이 자신에게 침투하기 때문에 영이 알아차리고 조심하라고 육이 느끼게 하는 것입니다. 이런 분들은 대화할 때 마음으로 호흡을 하여 성령의 역사를 일으켜야 합니다. 그래야 상대방의 나쁜 기운들이 타고 들어오지 못합니다. 대화를 한 후 호흡을 깊게 들이쉬고 내쉬면서 심령을 정화해야 합니다. 그렇지 않으면 나쁜 기운들이 자신 안에서 집을 지을 수도 있습니다. 경각심을 가져야 합니다.

이런 분들은 성령이 충만한 장소에 가서 은혜 받고 기도하면서 영의통로를 뚫어야 합니다. 호흡을 들이쉬고 내쉬면서 배에서 나오는 소리로 주여! 주여! 주여! 를 지속적으로 하면 기침이 나오면서 영의통로가 열립니다. 체험 있는 사역자의 도움을 받는 것이 빠릅니다. 사역자가 안수할 때 이렇게 하시기를 바랍니다. 피사역자의 머리에 한 손을 올리고, 다른 손은 등 뒤에 올립니다. 피사역자에게 지시를 합니다. 호흡을 들이쉬고 내쉬라고 말입니다. 최대한 방광이 있는 곳이 부풀어 오르도록 호흡을 깊게 들이쉬게 합니다. 호흡을 들이쉬고, 내쉬고 하면서 한 3분 동안 기다리면 웬만한 성도는 모두 영의통로가 뚫립니다. 영의통로가 뚫리면 더러운 것들이 나오므로 사전에 꼭 휴지를 준비해야 합니다. 말로 표현 할 수 없도록 많은 오물들이 나옵니다.

피사역자의 마음 안에 있는 영으로부터 권능이 올라오니 더러운 것들이 밀려서 나오는 것입니다. 이렇게 몇 번만 하면 영의통로가 열려서 깊은 영의기도가 됩니다. 마음이 평안해집니다. 구습이 변합니다. 말로 표현 할 수 없는 평안이 올라옵니다. 우리는 성령의 불이 심령에서 올라오게 해야 합니다. 그래야 영적으로 변합니다. 영의 만족을 누리게 됩니다. 성령의 불이 심령에서 올라와야 예수님의 성품으로 변합니다. 영의통로가 뚫리니 영의 만족을 찾아 방황하지 않습니다. 분명하게 성령의 불은 받는 것이 아닙니다. 물론 처음에는 성령을 받아야 합니다. 그러나 성령이 장악하면 자신의 영 안에서 성령의 불이 나오는 것입니다. 자신의 영 안에서 성령의 불이 나오도록 영성을 깊게 해야 합니다. 우리 예수를 믿고 성령으로 거듭난 성도는 바르게 알고 바르게 행해야 합니다.

명확한 근거도 없는 샤머니즘적인 용어에 속지 말고 바르게 체험하기 바랍니다. 무엇이든지 받아들이지 말고 말씀으로 분별해 보는 습관을 들이시기를 바랍니다. 마귀는 어찌하든지 성도들을 속이려고 합니다. 그것도 하나님의 말씀과 성령의 역사를 교묘하게 위장하여 침투합니다. 분별력을 길러야 합니다.

성도는 하나님의 말씀과 바른 성령 체험을 하면 변하게 되어 있습니다. 무엇이든지 열매를 보시기를 바랍니다. 아무리 뜨거운 불을 받았다고 할지라도 구습이 변하지 않으면 분별의 대상입니다. 무엇인가 잘못된 것이 있다는 것입니다. 수준을 높이시기를 바랍니다. 강력한 능력을 이끌어내어 하나님께 쓰임을 받으려고 작정하신 분들은 성령으로 세례를 받고 성령으로 완전하게 장악이 되어야 합니다. 성령으로 완전하게 장악이 되어야 강력한 능력을 이끌어낼 수가 있습니다. 성령의 인도도 받을 수가 있습니다.

13장 능력을 사용하는 적극적 활동을 하라.

(고전12:7)"각 사람에게 성령의 나타남을 주심은 유익
하게 하려 하심이라."

하나님은 강력한 능력을 이끌어내어 하나님께 쓰임을 받을 분
들은 이끌어내는 능력을 적극적으로 사용해야합니다. 하나님의
역사는 신령한 역사요, 신령한 역사는 여러 가지 신령한 영적 현
상을 통하여 나타나는 축복입니다. 이 성령의 사역의 결과를 통
하여 눈에 보이는 현실적인 축복으로 나타납니다. 지혜가 부족한
자에게는 지혜를, 믿음이 없는 자는 믿음을, 깨닫지 못하는 자에
게는 지식을, 병든 자에게는 치유를, 가난한 자에게는 믿음을 통
한 부요한 축복을, 답답한 자에게는 예언을 통한 권면과 안위를
주시는 등의 축복으로 역사를 하십니다. 강력한 능력은 하나님께
서 원하시는 일에 사용할 때 더욱 강하게 나타나는 것입니다.

첫째, 예배와 집회에서 능력의 활용. 성령의 능력이 나타나게
하려면 상대방의 심령에 성령의 역사가 강하게 작용되어질 필요
가 있습니다. 상대방에게 강하게 작용되어질 요소는 신령한 요
소로 말미암아 하나님의 능력 앞에 굴복되어지게 됩니다. 상대
방에게 성령의 역사가 강하게 작용되어질 요소는 여러 가지가
있습니다. 가장 강하게 작용되는 것은 지식의 말씀이나 통변이
나 예언의 은사를 통하여 역사할 때에 상대방이 신령함을 인정
하게 됩니다.

1) 예배나 부흥집회나 치유사역에서 기적과 신유의 역사를 일으킨다. 병원에서 고치지 못하는 여러 가지 질병을 성령의 나타남으로 고침 받는 유익함이 있습니다. 예수님 당시나 오늘날이나 기적은 많은 부분이 이러한 질병의 고침으로 예수님의 신성이 증명되는 것이며, 복음이 능력 있게 전파되며 성도들의 믿음이 사람의 지혜에 있지 않게 되고, 성령의 능력 있는 믿음을 가질 수 있도록 합니다. "두 사도가 오래 있어 주를 힘입어 담대히 말하니 주께서 저희 손으로 표적과 기사를 행하게 하여 주사 자기 은혜의 말씀을 증거 하시니"(행14:3).

집회를 인도하는 사역자는 성령이 강하게 역사할 수 있도록 자기만의 은사를 가지고 있어야 합니다. 자기만이 터득한 은사를 가지고 성령이 청중을 사로잡아야 기적의 역사를 체험합니다. 내가 성령집회를 인도하다 보니 강단에서 말씀을 전하고 집회를 인도하는 사역자의 은사와 영성에 따라 집회의 성패가 갈리게 됩니다. 그러므로 집회 인도자는 성령이 강하게 역사하게 하는 자기만의 은사가 있어야 합니다. "내 말과 내 전도함이 지혜의 권하는 말로 하지 아니하고 다만 성령의 나타남과 능력으로 하여 너희 믿음이 사람의 지혜에 있지 아니하고 다만 하나님의 능력에 있게 하려 하였노라"(고전2:4-5).

2) 은사집회나 기도모임에서 은사의 역사를 일으킨다. 아무리 유명한 박사가 인도할지라도 능력이나 은사를 부인하고 지적으로만 가르치는 조용한 사경회는 졸음만 오게 됩니다. 말씀에 조리가 없고 설교가 체계가 없어도 성령 충만한 집회는 각종

역사가 일어나서 성령이 역사하고 각종 은혜와 은사가 나타나게 됩니다. "바울이 그들에게 안수하매 성령이 그들에게 임하시므로 방언도 하고 예언도 하니"(행19:6). 그러므로 집회를 인도하는 자는 무엇보다도 성령으로 세례 받고 성령 충만한 상태에서 집회를 인도해야 합니다. 집회의 성령의 역사 정도는 강단에서 인도하는 사역자의 성령 충만의 정도를 넘어가지 못합니다. 그러므로 집회를 인도하기 전에 깊은 영의기도를 하여 성령으로 충만한 상태에서 집회를 인도하는 습관을 들여야 합니다.

3) 축복집회나 은혜집회에서 은혜와 회개의 역사를 일으킨다. 회개하고 싶어도 회개가 안 되고 믿어 보려고 해도 믿어지지 않는 것이 문제입니다. 그러나 성령이 말하게 하심을 따라 전하는 말씀은 심령 골수를 쪼개고 영과 혼을 가르며, 성령의 충만함으로 뜨거운 기도의 부르짖음이나 찬송의 열기는 회개의 역사를 일으키게 됩니다. 성령이 말하게 하심을 따라 전하는 말씀은 격정적인 외침도 아니요, 웅변조의 큰소리도 아니요, 인위적인 스피치 훈련으로 되는 것도 아닙니다.

원고를 보더라도 순간 내부에서 솟아오르는 말씀과 영감과 성령의 나타남으로 주어지는 말씀의 선포는 영과 생명의 흐름이 있습니다. 이 영과 생명의 흐름에 접촉한 청중의 영은 감동을 받으며 자아를 깨트리고, 회개의 역사를 일으키는 내적인 성령의 기름부음으로 연결하게 됩니다. "저희가 이 말을 듣고 마음에 찔려 베드로와 다른 사도들에게 물어 가로되 형제들아 우리가 어찌할꼬 하거늘"(행2:37).

말씀을 전하는 목회자는 충분한 기도로 성령으로 충만한 가운데 말씀을 전해야 합니다. 말씀을 전하기 전에 청중들이 마음을 열도록 적절한 영적조치가 필요합니다. 찬양이나 기도를 통하여 마음의 문을 열게 해야 성령의 역사가 일어납니다. 말씀을 전할 때도 적절한 실증을 통하여 믿음을 유발하게 하면 마음이 열려서 심령에서 기름부음이 올라오게 됩니다. 기름부음이 심령에서 품어져 나오므로 성령의 감동을 받게 됩니다. 성령의 감동을 받으니 전인격이 성령으로 장악을 당하게 됩니다.

4) 능력사역의 집회에서 축귀의 역사가 일어난다. 질병의 원인이 사단과 악한 영들의 강한 세력에 사로잡힌 상태에서 일어난 질병이라면 성령님의 능력으로 이러한 속박에서 벗어나게 할 필요가 있습니다. 악령의 축귀에는 영분별의 은사와 능력의 은사가 나타남이 있어야 합니다. 귀신은 성령의 권능에 의하여 자신의 정체를 폭로합니다. 말씀 속에서 역사하는 성령의 권능으로 귀신이 정체를 드러내게 됩니다. "다 놀라 서로 물어 가로되 이는 어찜이뇨 권세 있는 새 교훈이로다 더러운 귀신들을 명한 즉 순종하는도다 하더라"(막 1:27).

귀신이 정체를 드러내는 것은 떠나가려는 것입니다. 말씀 속에서 역사하는 성령으로 말미암아 귀신이 제압당한 상태이므로 축귀가 쉽게 이루어집니다. 절대로 축귀는 사람의 힘으로 되지 않습니다. 성령의 역사가 일어나는 말씀을 전하여 귀신이 정체를 폭로하게 하고 축귀하는 것입니다. 그러므로 말씀을 전하는 목회자는 성령으로 세례를 받는 것은 필수입니다. 그리고 성령의 임재가운데 영으로 말씀을 전해야 합니다.

5) 전도 집회나 치유사역에서 전도와 부흥의 역사를 일으킨다. 은사를 부인하거나 외면하는 말씀위주의 부흥사경회가 실패하는 원인은 성령의 기름부음이 나타남이 없이 지식적으로만 가르치는 까닭입니다. 예배가 김빠진 콜라처럼 싱겁고 맥이 없고 졸리는 이유는 성령의 나타남이나 은사가 없이 지식적인 말씀이나 형식적인 예배와 종교행위로 끝나기 때문입니다. 부흥집회와 치유집회에서 하나님의 능력이나 신령한 역사 앞에서는 하나님에 대한 경외함이 생기게 됩니다. 복음에 대한 거부감이 제거되며 신앙생활에서는 믿음의 성장을 가져오게 됩니다. 치유 사역에서는 믿음의 확신을 주게 되고 영적인 놀라운 힘을 발휘하게 되어 이것은 곧 전도에 연결이 됩니다.

능력전도에서 죤 윔버 목사는 이러한 영적 은사를 통하여 복음의 내용이 확증됨으로써 사람들이 복음에 대하여 느끼는 거부감이 제거되고 예수 그리스도의 복음에 귀를 기울이게 되었습니다. 이러한 맥락에서 볼 때 '예수님의 전도가 그토록 효과적 이였던 이유를 이해 할 수 있다'라고 말하면서 효과적인 전도활동의 요체는 복음의 선포와 영적인 능력의 역사를 결합하는 것이라 했습니다(능력전도 p21). "내 말과 내 전도함이 지혜의 권하는 말로 하지 아니하고 다만 성령의 나타남과 능력으로 하여"(고전2:4).

둘째, 현실문제 해결사역에서의 능력의 활용. 현실문제 해결사역에서 사역자에게 나타나는 병을 고치는 은사만으로도 많은 사람들에게 복음에 대한 거부감을 제거하거나, 믿음의 성장을 가져오거나, 치유가 일어납니다. 보다 더 강력한 역사를 일으키는 데는 다른 성령의 은사의 도움 없이는 결코 많은 성과를 거둘 수가 없습니다. 환자가 병을 고치는 능력을 자신이 체험하기까지는 소극적 자세나 부정적인 자세를 가질 수도 있습니다. 일방적이 될 때는 사역자의 병 고치는 능력을 반감시킬 수도 있습니다. 강력한 믿음의 유발 요인이 되지 않을 수도 있기 때문입니다.

치유에 성과가 있기 위해서는 장애 요인과 질병의 원인을 파악하여, 그 원인의 제거도 필요하기 때문에 영분별의 은사나 지식의 말씀의 은사를 통한 활용이 있어야만 합니다. 마음의 깊은 상처나 용서하지 못한 죄들은 본인들이 모를 때도 있고, 일부러 감추려 하기도 하기 때문에 이러한 사실들을 털어놓지 아니하거나 파악하지 못하면 치유가 되지 않습니다.

치유사역에서 은사의 활용은 치유를 일으키는 결정적인 요인들을 제공하게 되기 때문에 은사에 대한 확인과 은사(성령의 나타남)에 대한 민감한 반응은 중대한 의미를 갖고 있습니다. 귀신들림이 외부로 드러나는 경우에는 누구나 알 수 있지만 귀신에 눌려 있는 잠복된 상태를 분별하지 못하는 경우가 대부분이기 때문에 이때에는 영분별의 은사가 활용되어야 하는 것입니다.

귀신이 붙어 있는 부위를 달리하여 숨을 때가 있는데 이때 숨어 있는 곳을 파악하거나 안수할 필요가 있을 때에는 영을 볼 수 있거나 느끼는 감각이 필요합니다. 귀신들이 공격을 할 때 이를 지각 할 수 있는 지각이 있어야 방어 할 수 있으며, 만약 공격을 받았으면 재빨리 추방을 하고 고통을 면할 수 있습니다.

이것은 처음으로 성령체험을 하는 성도들에게 일어나는 현상입니다. 성령체험을 계속하다가 보면 성령의 깊은 임재로 악한 영들이 정체가 폭로되어 소리 없이 떠나는 것이 보통입니다. 그러므로 사역자는 무엇보다 성령의 깊은 임재와 역사가 일어나게 집회를 인도해야합니다. 성령의 깊은 임재와 역사가 일어나게 하는 사역자만의 노하우를 가지고 활용해야 합니다. 무엇보다도 성령의 임재가 중요하기 때문입니다. 모든 것은 성령께서 하시기 때문에 사역자는 항상 성령의 역사가 앞서게 해야 합니다. 이를 위하여 평소에 성령의 충만함을 받고 성령의 역사를 감지할 수 있는 지식의 말씀의 은사가 있어야 합니다. 많이 체험하여 보는 것이 좋습니다. 그래야 그때그때 성령의 임하심을 보고 성령의 역사를 불러일으킬 수 있기 때문입니다.

셋째, 상담에서 계시의 능력으로 활용. 상담에서 사용되는 은사는 지식의 말씀의 은사, 지혜의 말씀의 은사, 영분별 은사, 예언의 은사 등이 활용되어 집니다. 상담에서 성령의 감동을 받고 문제를 해결하는 역사를 일으킵니다. "그러나 다 예언을 하면 믿지 아니하는 자들이나 무식한 자들이 들어와서 모든 사람에게 책망을 들으며 모든 사람에게 판단을 받고, 그 마음의 숨은 일이 드러나게 되므로 엎드리어 하나님께 경배하며 하나님이 참으로 너희 가운데 계시다 전파하리라"(고전14:24-25).

일반적인 교회에서 상담을 성경의 말씀을 지식적으로 깨우쳐 주는 것으로 생각하거나 심리적인 것으로 생각하는 경우가 많습니다. 이러한 심리적 혹은 학문적인 상담만으로는 해결이 안 되는 영적 갈급함이 있게 됩니다. 많은 신자들이 기도원을 찾게 되는 이유가 여기 있습니다. 이 상담학을 연구하지만 학문적으로만 연구하고, 신령한 은사가 나타나지 않으면 심령의 잠재의식이나 심령에 감추어진 깊은 영적인 문제점을 해결하지 못하게 되기 때문에 심리적인 상담만으로는 근본적인 해결은 어렵습니다. 영적이지 못한 상담은 어디까지나 무익한 것으로 끝나게 마련입니다. 그러므로 상담을 할 때는 성령님이 상담을 이끌고 가도록 하는 은사가 있어야 합니다. 그래서 심령 깊은 곳에 숨어있는 문제를 지식의 말씀으로 분별하여 해결함으로 성공적인 상담을 할 수가 있습니다. "살리는 것은 영이니 육은 무익하니라 내가 너희에게 이른 말이 영이요 생명이라"(요 6:63).

우리는 말씀을 읽거나 들으면서도 표면적인 의식수준에서만 듣기 때문에 수박 겉핥기가 되기 쉽습니다. 성경 말씀은 심령으로 읽어야하고 심령으로 들어야하며 성령으로 깨달아야 합니다. 이성적인 지식으로만 하나님을 알려고 연구하기 때문에 심령이 깊이 임재하시는 성령과의 교류가 이루어지지 않으며, 신적인 요소가 전혀 없는 이러한 지식은 바로 의문에 속한 것이요, 이러한 신앙인이 바로 쭉정이 신자인 것입니다. 하나님이 지혜 있는 자를 부끄럽게 하시고 무식한 자를 들어서 사용하시는 이유를 알아야 할 것입니다. "하나님의 미련한 것이 사람보다 지혜 있고 하나님의 약한 것이 사람보다 강하니라. 형제들아 너희를 부르심을 보라 육체를 따라 지혜 있는 자가 많지 아니하며 능한 자가 많지 아니하며 문벌 좋은 자가 많지 아니하도다. 그러나 하나님께서 세상의 미련한 것들을 택하사 지혜 있는 자들을 부끄럽게 하려 하시고 세상의 약한 것들을 택하사 강한 것들을 부끄럽게 하려 하시며"(고전1:25-27).

상담자의 신령한 면이 나타나면 인간적인 생각들이 하나님께 대한 경외하는 마음으로 바뀌게 됩니다. 여러 가지 개인적인 상담과 목회 사역에서 신령상 유익하게 되려면 계시의 은사가 활용되어야 합니다. 지식적인 상담은 내담자에게 감동을 전혀 주지 못하지만, 이러한 은사의 활용은 신적인 권위가 주어짐으로 그 사람에게 감동을 주고 변화를 주고 놀라운 성과를 나타냅니다.

넷째, 믿음 생활에서 능력을 활용. 믿음 생활에서는 축복과 기적을 일으킵니다. 지혜를 통하여 진리를 분별하며 어려운 난관을 해결하고, 지식의 말씀을 통하여 기적의 축복을 받으며, 예언의 말씀을 받음으로 감격과 회개가 일어나고 통변으로 교회에 덕을 세우며 믿음으로 기적이 나타나며 능력으로 승리하는 삶을 살수가 있습니다. 기적과 표적은 다 이러한 신령한 능력과 역사가 나타난 결과로 되어진 것임으로 하나님으로부터 축복과 은혜를 받기를 원하는 사람은 기를 쓰고 은사가 나타나는 영의 사람이 되어야 합니다. 그러므로 은사는 특별한 사람들에게만 나타나는 것이 절대 아닙니다. 하늘의 축복은 신령한 축복이기에 신령한 요소가 나에게서 나타나지 않고 은사가 활용되어 지지 않으면 신앙의 유익함은 나타날 수가 없는 것입니다.

성령의 내적 사역을 통하여 기름 부어진 결과 외적으로 성령이 나타나면 회개의 역사가 일어나고, 믿음의 확신을 통하여 담대하게 환경을 극복하며, 지혜가 부족하면 지혜의 은사를 통하여 문제를 해결하며, 병을 고치려하면 신유의 은사로 병을 고치게 되고, 여러 가지 유익한 성과를 거두게 됩니다.

다섯째, 전도할 때 능력을 활용. 전도할 때 활용되는 은사는 지식의 말씀의 은사, 지혜의 말씀의 은사, 영분별 은사, 예언의 은사, 믿음의 은사, 기적을 행하는 은사가 유용하게 활용되어 집니다. 전도는 생명을 살리는 성업입니다. 하나님의 생명이 접붙임 받는 것은 하나님 말씀 선포로만 되는 것이 아닙니다. 안수로도 되며 찬송으로도 가능하며 능력의 사역이나 환경을 통한 하나님의 사역으로도 가능한 것입니다. 특별히 사람들은 하나님의 신령한 능력 앞에 신에 대한 두려움과 경외감을 느끼게 됩니다. 예를들면 질병이 고침을 받을 때, 자기들의 심령을 꿰뚫어 보는 능력 앞에서, 혹은 방언을 하는 신비한 모습등 자신이 방언을 하게 되면 확신을 하게 되고, 귀신이 발작하거나 떠나가는 하나님의 능력 앞에 굴복하게 됩니다.

이러한 치유사역을 통한 전도가 능력전도의 기회가 되며 여러 가지 신령한 사역을 통한 전도의 기회가 되는 것이 은사집회가 됩니다. 전도하는 사역자는 이 은사의 활용을 통하여 성령과 더불어 동역 하는 경험을 하게 되며, 이러한 은사를 통하여 나타나는 전도의 지혜와 지식의 은사는 필요 적절한 전도의 방법에 대한 인도하심이나 가르침이 있게 되며, 또 난처한 입장이나 위기의 상황에서 지혜롭게 대처할 수 있도록 하시는 성령님의 도우심이 나타나게 됩니다. "사람들이 너희를 끌어다가 넘겨 줄 때에 무슨 말을 할까 미리 염려치 말고 무엇이든지 그 시에 너희에게 주시는 그 말을 하라 말하는 이는 너희가 아니요 성령이시니라"(막 13:11). 우리는 전도할 때 내 힘과 지혜로 하려고 하지 말아야 합니다. 성령의 인도와 성령의 나타남으로 전도를 해야 하는 것입니다. 전도는 영적인 전쟁이므로 성령의 인도와 권능이 없이는 전도가 불가능합니다. "너희는 주께 받은바 기름 부음이 너희 안에 거하나니 아무도 너희를 가르칠 필요가 없고 오직 그의 기름 부음이 모든 것을 너희에게 가르치며 또 참되고 거짓이 없으니 너희를 가르치신 그대로 주 안에 거하라"(요일 2:27). 그래서 예수님은 12제자와 70인을 전도하러 보낼 때 성령의 권능을 주어서 전도하러 보낸 것입니다. 전도를 할 때는 성령으로 충만하여 전신갑주로 무장을 하고 현장에 나가야 합니다.

여섯째, 봉사할 때 능력을 활용. 봉사나 헌금을 인간적인 생각이나 육신의 생각으로 하게 되면 교만하게 되고 억지로 하게 되면 시험이 들게 됩니다. 그러나 성령의 기름부음을 통한 자원하는 마음이 생기거나 지식의 말씀 은사를 통하여 나타나는 말씀을 듣거나 성령의 감동이나 열정이 일어날 때는 기쁨으로 봉사하게 되고 또한 감사함으로 드리게 됩니다. 그러므로 성령의 기름부음이 일어나는 은사집회나 여러 가지 은사 사역을 통하여 하나님께 대한 경험과 감격을 맛보도록 해야 하는 것입니다. "만일 누가 말하려면 하나님의 말씀을 하는 것같이 하고 누가 봉사하려면 하나님의 공급하시는 힘으로 하는 것같이 하라 이는 범사에 예수 그리스도로 말미암아 하나님이 영광을 받으시게 하려

함이니 그에게 영광과 권능이 세세에 무궁토록 있느니라 아멘"
(벧전 4:11). 일부 성도들이나 목회자들이 조건이 달린 봉사를
하고 헌금을 드립니다. 내가 이렇게 하면 나의 문제를 해결하여
주시겠지 하는 막연한 기대감으로 봉사나 헌금을 합니다. 이러
다가 그 문제가 해결되지 않으면 실망을 하거나 실족을 하게 됩
니다. 그래서 우리는 바르게 알고 행해야 합니다. 봉사나 헌금은
성령의 감동 하에 성령의 이끌림을 받아서 해야 하는 것입니다.

일곱째, 설교할 때 능력을 활용. 성령의 기름부음이 없는 설
교는 생명을 전달하지 못하고 단지 성경에 관한 지식의 전달로
끝나게 됩니다. 이런 말씀은 들은 자는 이성적인 신앙의 소유자
가 되고, 심령은 냉랭한 자가 됩니다. 오히려 성령에 순종하는
자가 되지 못하여 하나님께 열심은 있지만, 자기의 의를 힘써 드
러내려는 유대인들과 같이 예수를 대적하는 현대판 바리새인을
만들게 됩니다.

그러나 성령의 나타남을 활용하는 설교는 원고를 가지고 있지
만, 원고에 메이지 않고 설교가 자연스럽게 흘러나오면서 영감
의 설교를 하게 되며, 설교하면서 자신이 깨닫고 은혜를 받는 축
복을 누리게 됩니다. 뿐만 아니라 설교 준비가 쉬워집니다. 나아
가서 설교가 열정적인 모습을 보여 주게 되고 생명과 능력이 흘
러넘치는 설교가 됩니다. 성령역사를 동반하지 아니한 설교는
육신적인 사람들에게는 인기가 있지만, 이러한 설교는 어디까지
나 인위적이 되어 영적으로 민감한 사람들에게는 오히려 싱거움
을 느끼게 됩니다.

우리 교회성도들이 다른 교회에 가서 말씀을 들으면 싱거워서 들지 못하겠다고 합니다. 이는 전하는 말씀에 기름부음이 없어 생명이 되지 못하기 때문입니다. 강단에서 말씀을 전하는 목회자는 반드시 성령을 체험하고 성령의 임재 하에 말씀을 전해야 합니다. 그래야 전하는 자나 듣는 자가 모두 성령의 충만함으로 은혜를 받게 되고 영은 깨어나게 됩니다. "내가 증거하노니 저희가 하나님께 열심이 있으나 지식을 좇은 것이 아니라. 하나님의 의를 모르고 자기 의를 세우려고 힘써 하나님의 의를 복종치 아니하였느니라"(롬10:2-3). 여기에서의 '지식'이란 내적으로 임재하시는 성령의 기름부음을 통하여 나타나는 현상중의 하나로서 성령의 가르침(깨달음)과 인도함을 의미합니다.

여덟째, 심방할 때 능력을 활용. 그 가정이나 심방을 받는 자에게 심방할 때에 문제점들이나 그 문제점들에 얽힌 상황을 알거나 심령의 고민들을 꿰뚫어 보고 필요한 영적 위로의 말씀이나 권면을 할 수 있게 됩니다. 이러한 은사의 활용이 없는 목회는 어디까지나 영적 사역이 되지 못하고 인간적이 되거나 종교적인 행위가 되고 맙니다. 특히 심방을 할 때에는 계시의 은사를 적절하게 활용해야 은혜롭고 문제가 해결되는 심방이 됩니다. 우리는 심방을 정기적으로 성도들을 찾아보는 것으로 그치게 해서는 안 됩니다. 가정의 영적인 상태를 파악하고 파악된 영적인 상태에 따라 성령의 역사를 일으켜서 성령이 장악하도록 해야 합니다. 그렇기 때문에 심방은 성령의 은사를 가지고 심방을 해야 합니다(고전 14:3).

14장 내면을 강하게 해야 능력이 강해진다.

(잠4:23)"모든 지킬 만한 것 중에 더욱 네 마음을 지키라 생명의 근원이 이에서 남이니라"

강력한 능력을 이끌어내어 하나님께 쓰임을 받을 분들은 내면을 강하게 해야 합니다. 하나님은 예수를 영접한 사람의 마음 안에 임재 하여 계십니다. 많은 성도들이 성경에 나오는 교회가 유형 교회인 것으로 알고 있는 경우가 많습니다. 성경에 기록된 교회는 물론 유형교회를 말하고 알고 있지만, 성경에 기록된 교회는 대부분 마음의 교회를 말합니다. 사람들은 하나님께서 유형 교회 건물 안에나 성당 안에 혹은 기도원에 혹은 가톨릭 교인들이 말하는 피정의 집에 계신다고 말합니다. 실상은 인간이 지은 어떤 형태의 건물이든 그 건물 안에 하나님은 계시지 않습니다. 하나님은 바로 인간의 마음속에 거하시는 것입니다. 마음에 하나님을 주인으로 모시지 않은 사람들이 아무리 화려하게 지은 예배당에 모여도 그곳에서는 하나님은 계시지 않습니다. 그러나 예수를 영접하고 성령을 충만하여 마음에 하나님을 주인으로 모신 사람들이 모인 곳에는 어떠한 초라한 예배 처소든지 그곳에 하나님이 임재 하여 계신 것입니다. 하나님은 영과 진리로 예배 드리는 사람을 찾고 그런 마음속에 주인으로 계시는 것입니다.

하나님은 사람을 지었을 때 하나님의 형상을 따라 지으셨습니다. 하나님의 모습은 영이시기 때문에 사람을 영적존재로 지으셨습니다. 사람의 마음이 하나님의 형상과 모양인 것입니다. 서양 사람의 마음, 동양 사람의 마음, 흑인의 마음, 남자의 마음, 여자의 마음, 마음은 다 같은 마음인 것입니다. 그 마음이 하나님의 형상과 모양으로 지음 받았고, 그 마음이 바로 하나님이 임재 하여 계시는 성전이 되는 것입니다. 하나님은 아담과 하와를 지었을 때 그들의 마음속에 오셔서 성전삼고 거하시기를 원하셨습니다. 그런데 아담과 하와가 하나님을 배반 했을 때 하나님이 그들의 마음을 떠난 것입니다.

첫째, 빼앗긴 우리의 마음. 창세기 1장 27절로 28절에 하나님이 자기 형상 곧 하나님의 형상대로 사람을 창조하시되 남자와 여자를 창조하시고 하나님이 그들에게 복을 주셨다고 말한 것입니다. 또 창세기 2장 7절에 "여호와 하나님이 땅의 흙으로 사람을 지으시고 생기를 그 코에 불어넣으시니 사람이 생령이 되니라"고 했습니다. 그런데 하나님은 성경에 보니 영이라고 말했지, 하나님이 육체라고 말하지 않았습니다. 그러므로 육체적인 아담과 하와가 하나님의 형상과 모양이 아니라, 아담과 하와의 마음이 하나님의 형상과 모양이요, 그 마음속에 하나님이 와서 거하시는 것인데, 아담과 하와의 마음이 불신앙과 불순종으로 하나님을 떠나 버리고 만 것입니다. 마귀의 말을 듣고 하나님을 반역하고 아담과 하와의 마음이 하나님을 떠나 버렸었습니다. 그러자 하나님도 아담과 하와의 마음속에 거하지 아니하시고 떠나시게 된 것입니다.

창세기 2장 17절에 "선악을 알게 하는 나무의 열매는 먹지 말라 네가 먹는 날에는 반드시 죽으리라" 하셨습니다. 그들이 선악과를 따먹고 그 마음이 죽어서 마귀가 그 마음에 들어오자 하나님은 아담과 하와의 마음을 떠나 버린 것입니다. 타락한 아담과 하와 이후의 인류들은 마음속에 하나님을 모시지 못하고 공중에 권세 잡은 악령을 마음속에 갖고 산 것입니다. 사람의 마음은 영을 담든 그릇이기 때문에 성령이든, 악령이든 거하는 것입니다. 중간지대인 마음은 없습니다.

그래서 악령이 시키는 대로 불신앙과 불순종과 세속을 따라서 살았고 하나님과 멀리멀리 떠나 버리고 만 것입니다. 그러므로 사람에게 가장 중요한 것은 마음인 것입니다. 마음이 하나님을 떠나고, 마귀가 점령하자 공허하고 혼돈하며 흑암이 깊이 점령한 마음이 되고 만 것 입니다. 사람의 마음이 죄와 허무와 죽음의 황야가 되고 만 것입니다. 죄가 마음을 부패시키고 마음이 하나님 없으니 허무하기 짝이 없게 된 것입니다. 하나님이 계셔야 마음에 소망이 있고 기쁨이 있고 가치가 있을 것인데 이것 다 잃어버리고 마음이 허무하게 되고 죽음의 광야가 꽉 들어찬 것입니다. 어디에서 와서 왜 살며 어디로 가는지를 마음은 알지 못하고 오직 죄와 허무와 죽음의 황야가 되고 만 것 입니다. 마음이 길을 잃고 방황하게 된 것입니다. 하나님은 방황하는 인간을 예수님을 보내셔서 구원하십니다.

둘째, 예수님의 구원과 성전 회복. 하나님이 우리 마음을 변화 시키기 위해서 보내신 분이 하나님의 아들 예수님인 것입니다. 우리 마음을 변화시킬 수 있는 유일한 분은 예수님 밖에 계시지 않습니다. 예수를 영접하면 성령께서 마음 안에 임재하시기 때문입니다. 예수님이 오셔서 십자가를 걸머지고 우리 옛사람을 십자가에 못 박아 버려 마음에 죄악을 청산하고 마음을 점령한 귀신을 성령으로 쫓아내고 청소하고 변화시켜 주셨습니다. 그렇기 때문에 십자가의 보혈을 통해서 우리는 새로 거듭날 수가 있는 것입니다. 성경은 "누구든지 그리스도 안에 있으면 새로운 피조물이라 이전 것은 지나갔으니 보라 새것이 되었다"고 말한 것입니다. 주님이 우리를 새것으로 만들기 위해서 이사야 53장 5절로 6절에 보면 "그가 찔림은 우리의 허물 때문이요 그가 상함은 우리의 죄악 때문이라 그가 징계를 받으므로 우리는 평화를 누리고 그가 채찍에 맞으므로 우리는 나음을 입었도다. 우리는 다 양 같아서 그릇 행하여 각기 제 길로 갔거늘 여호와께서는 우리 모두의 죄악을 그에게 담당 시키셨도다."라고 말한 것입니다.

예수님이 우리의 부패하고 부정하고 죽은 마음을 십자가에 걸머지시고 청산한 것입니다. 우리의 육체를 청산한 것이 아니라, 우리 죄악으로 물든 영혼을 청산한 것입니다. 그리고 변화시켜서 하나님의 형상과 모양대로 다시 새롭게 지음을 주신 것입니다. 십자가를 통해서만이 우리는 하나님의 형상과 모양이 복구되고 새로운 피조물이 되는 것입니다. 십자가 없이 인간의 수양과 도덕으로 마음이 변화되지 않습니다. 아무리 자기 피부를 비 눗물로 닦아도 황인종이 백인종이 되지 못하고, 흑인종이 황인 종이 되지 못하는 것입니다. 마음이 그리스도의 보혈로 말미암 아 변화되어야 참 새롭게 변화될 수가 있는 것입니다. 예수님은 보혈과 성령을 통하여 우리 마음을 점령하였던 마귀를 쫓아내 고, 하나님과 화목케 하시고 보혈과 성령의 능력으로 우리를 새 롭게 한 것입니다. 주의 십자가의 보혈의 능력과 성령의 역사가 없이는 마귀는 쫓겨 나가지도 않습니다. 보혈과 성령의 역사가 일어나면 마귀는 마음에서 철수하는 것입니다. 보혈과 성령의 역사 없이 하나님과 우리 사이를 화목 시킬 수도 없습니다. 예수 님의 보혈과 성령이 마귀를 청산해 버리고 쫓아내고 죄악을 씻 어내고 우리 마음을 하나님과 화목 시키고 하나님이 또다시 우 리 마음속에 와서 거하게 만들어 주시는 것입니다. 심령성전을 가꾸는 분은 성령입니다. 성령으로 기도할 때 성령께서 마음 성 전을 정화하시는 것입니다.

셋째, 말씀과 성령으로 마음을 다스리는 자가 삶을 다스린다. 어떻게 하면 마음을 다스릴 수가 있을까요? 하나님의 마음은 우 리 마음속에 성령을 통해서 오시는 것입니다. 성령으로 세례를 받고 성령으로 충만 받아 마음을 성전 만들어야 합니다. 성전 된 마음에 하나님 말씀을 성령으로 받아 드려서 마음을 다스려야 되는 것입니다. 그러므로 말씀을 우리가 듣고 말씀을 읽고 말씀 을 묵상하는 것은 굉장히 좋습니다. 성령으로 마음을 다스리지 아니하면 말씀으로 다스리지 아니하면 마음은 절대로 다스려지지 않습니다. 말씀과 성령을 마음속에 항상 채워 놓아야 세상과 마귀가 마음에 들어오지 못합니다. 말씀과 성령의 충만을 등한이 하면 곧장 세상과 마귀가 들어와서 세상과 마귀의 생각을 집어넣어서 마음을 흔들어 놓는 것입니다. 그러므로 하나님의 말씀이 마음을 변화시키는 것입니다. 그러므로 마음으로 늘 하나님을 찾아야 합니다.

히브리서 4장 12절에 "하나님의 말씀은 살아 있고 활력이 있어서 좌우에 날선 어떤 검보다도 예리하여 혼과 영과 및 관절과 골수를 찔러 쪼개기까지 하며 또 마음의 생각과 뜻을 판단 한다"고 말한 것입니다. 말씀과 성령이 마음을 점령해야 되는 것입니다. 로마서 12장 2절에 "너희는 이 세대를 본받지 말고 오직 마음을 새롭게 함으로 변화를 받아 하나님의 선하시고 기뻐하시고 온전하신 뜻이 무엇인지 분별하도록 하라" 하나님의 말씀을 통해서 마음이 어떻게 변화될까요? 하나님의 말씀과 성령을 통해서 "내 마음이 영혼이 잘되고 범사에 잘되며 강건하고 생명을 얻되 풍성하게 얻는 생각으로 꽉 들어차야" 되는 것입니다. 용서와 의로움을 받은 생각으로 꽉 들어차야 되고, 거룩함과 성령 충만의 생각으로 꽉 들어차야 되고, 치료와 건강의 생각으로 꽉 들어차야 되고, 아브라함의 축복과 형통의 마음으로 꽉 들어차야 되고, 부활, 영생, 천국의 마음으로 꽉 들어차야 되는 것입니다. 마음에 하나님의 말씀과 성령이 들어와서 꽉 들어 채우고 새롭게 변화시키지 아니하면 세상과 마귀가 곧장 와서 마음을 부정적이고 파괴적이고 절망적이게 만드는 것입니다. 그렇기 때문에 "지킬만한 것보다 마음을 지켜라. 생명의 근원이 이에서 나온다"고 합니다. 마음을 지키는 것은 성령으로 기도하는 것입니다. 항상 하나님을 찾는 것입니다. 때문에 말씀과 성령으로 마음을 지켜야지 말씀과 성령이 떠나가면 하나님과 교통이 단절되고 마는 것입니다. 그러므로 가장 귀한 것이 하나님의 말씀과 성령인 것입니다.

교회는 생명의 말씀이 준비되어 있고, 성령의 역사로 심령 성전을 깨우는 곳이 교회인 것입니다. 신앙생활이란 말씀과 성령으로 마음을 변화시키는 것이 신앙생활이 되는 것입니다. 생명의 말씀과 성령의 역사가 없는 교회는 교회가 아닙니다. 교회는 성도들의 심령 성전을 깨끗하게 가꾸기 위하여 필요하다고 해도 과언은 아닙니다. 성도들은 교회를 잘 만나야 합니다. 그런데 말씀과 성령의 역사가 없다면 교회로서 사명을 감당할 수가 없는 것입니다. 말씀과 성령의 역사가 없는 유형교회는 종교적인 형식과 의식은 가질 수 있어도, 마음이 변화되지 아니하므로, 운명과 환경이 변화되지 않고, 하나님이 같이 계시지 아니하는 것입니다. 그러므로 우리는 항상 말씀을 사랑하고 성령의 임재가운데 말씀을 듣고, 성령으로 기도하여 말씀이 마음을 점령해서 말씀이 우리 속에서 역사하도록 해야 되는 것입니다.

성령의 역사가 일어나지 않으면 심령 성전을 가꿀 수가 없습니다. 심령에 마귀와 귀신이 거할 수가 있기 때문입니다. 마귀는 사람의 힘으로 어찌할 수 없는 강하자입니다. 반드시 성령의 역사가 일어나야 마귀와 귀신이 떠나가는 것입니다. 심령에서 성령이 사로잡아야 심령성전이 정화되고 거룩하게 되어 하나님께서 마음대로 역사하실 수가 있습니다. 마음은 성령으로 충만한 믿음으로 다스려야 되는 것입니다. 믿음은 들음에서 나며 들음은 그리스도의 말씀으로 말미암는 것입니다. 하나님의 말씀을 믿는 것입니다. 눈에는 아무 증거 안보이고 귀에는 아무 소리 안 들리고 손에는 잡히는 것 없더라도 하나님의 말씀을 믿고 흔들리지 말아야 마음을 다스릴 수 있는 것입니다. 하나님의 은혜로 주신 약속을 우리는 믿어야 되는 것입니다. 믿으면 그 믿음을 통해서 마음을 다스리고 그 마음이 하나님의 역사를 나타낼 수가 있는 것입니다.

강력한 능력을 이끌어내어 하나님께 쓰임을 받으려고 작정하신 분들은 말씀과 성령으로 마음을 강화해야 합니다. 마음 안에서 강력한 능력이 나오기 때문입니다.

열두 해를 혈루병 앓은 여인을 보십시오. 그가 하나님을 알지 못할 때는 마음을 다스릴 수가 없었습니다. 마음이 불안하고 초조하고 절망이었습니다. "나는 못산다. 나는 할 수 없다. 나는 죽는다"고 생각한 것입니다. 열 두해 동안 피를 흘리고 고통을 당했으니 빈혈증에 걸리고 가족들을 다 떠난 후로 산비아래 초막을 치고 살고 있으니 외롭기 그지없었습니다. 마음을 잡을 수가 없었습니다. 그는 이미 절망하고 죽음이 그 마음을 점령했습니다. 그런데 어느 날 예수 그리스도의 소식을 들었습니다. 하나님의 아들 예수 그리스도께서 갈릴리와 유다를 다니면서 죽은 자를 살리시고, 문둥이를 깨끗이 하고, 앉은뱅이를 일으키고, 천국복음을 전한다는 말씀을 듣고, 이 예수 그리스도를 마음속에 믿자 그 마음이 변화되기 시작한 것입니다.

마음이 변화되어 흑암이 떠나가고 좌절과 절망이 떠나가고 마음에 희망과 꿈과 소망이 넘쳐나자 예수님이 그를 찾아오게 된 것입니다. 마음이 변화된 사람을 예수님이 찾아오시는 것입니다. 마음이 세속으로 꽉 들어찬 사람에게 예수님이 찾아오지 않습니다. 예수님은 마음이 예수 그리스도를 사랑하고 사모하는 자를 찾아오는 것입니다. 혈루병 앓은 여인이 마음속에 예수님을 믿고 예수님을 사모하고 마음이 안정되고 주의 은혜를 받기를 사모하자 예수님이 그 집 앞을 지나가게 되고 예수님을 만나고 그 옷자락에 손을 대고 혈루병이 낫게 된 것입니다. 이 혈루병 앓은 여인이 소망을 갖고 치유를 받은 것은 먼저 마음속에 예수님을 모시고 믿음이 굳세게 섰기 때문에 그렇게 된 것입니다.

그러므로 환경이 변화되기를 기다리지 마십시오. 마음이 변화되면 환경이 따라서 변화되는 것입니다. 자신의 마음 안에서 성령의 역사가 일어나야 환경을 변화시키는 것입니다. 마음에 절망이 있는데 환경이 소망으로 찾을 수 없습니다. 마음에 슬픔이 있는데 환경이 갑자기 기쁨으로 변화될 수 없습니다. 마음에 공포가 있는데 환경에 평화가 다가올 수 없는 것입니다. 마음에 성령으로 충만한 믿음이 있으면 성령의 역사로 공포가 사라지고 평안한 환경이 되는 것입니다. 마음에 평화가 있으면 환경이 평화롭게 되는 것입니다. 마음에 축복이 있으면 환경이 축복으로 변화되는 것입니다. 마음에 치료가 있고 건강이 있으면 환경에 치료와 건강이 다가오게 되는 것입니다. 무엇이든지 마음이 먼저 변화되어야 환경이 변화되는 것입니다. 마음은 생명의 말씀과 성령의 역사로 변화되는 것입니다. 마음에 믿음으로 굳세게 서야 운명과 환경이 변화될 수가 있는 것 입니다. 그렇기 때문에 마음을 지키는 것은 성령으로 충만한 믿음인 것입니다. 하나님은 마음을 하나님의 나라를 만드시기 위하여 마음 안에 성령으로 임재하신 것입니다. 마음을 변화시켜야 모든 것을 변화시킬 수가 있기 때문입니다.

또한 마음은 마음속에 꿈으로 다스려야 되는 것입니다. 85세 된 아브라함이 마음이 흔들리고 마음이 캄캄했습니다. 왜냐하면 얼마 안 있으면 죽을 것인데 나이가 85세요, 아내가 75세인데 아들이 없습니다. 재산이 많습니다. 금과 은도 많고 짐승 떼들도 많은데 이 많은 재산을 상속할 자가 없어서 자기의 종에게 상속하고 갈 수밖에 없습니다. 그러므로 마음이 답답했습니다. 기도하고 부르짖었습니다. 그런데 하룻밤에 아브라함을 천막에서 불러내어 하늘을 쳐다보고 하늘에 있는 별들을 헤아리라고 말했습니다. 그리고 말하기를 "네 자손이 저 별들처럼 많을 것이다." 라고 말한 것입니다. 거기에서 아브라함은 마음속에 꿈을 얻었습니다. 몸은 85세입니다. 아내는 75세입니다. 몸이 젊어진 것도 아닙니다. 아내가 젊어진 것도 아닌 것입니다. 그러나 마음이 절망과 흑암과 두려움에서 믿음으로 변화된 것입니다. 왜냐하면 꿈을 가질 수 있게 된 것입니다. 꿈이 마음을 다스린 것입니다. 눈에는 아무 증거 없습니다. 귀에는 들리는 소리 없습니다. 손에는 잡히는 것 없습니다. 몸은 여전히 85살의 늙은 몸입니다. 그러나 마음이 달라진 것입니다. 마음에 꿈을 얻게 된 것입니다. 그들은 하늘의 별과 같이 많은 자녀들을 거느린 사람이 된다는 꿈을 얻게 된 것입니다. 꿈이 마음을 변화시킨 것입니다.

십자가를 바라보면 변화될 수 있는 것입니다. 몸이 변화된 것이 아닙니다. 가정이 변화된 것도 아니고 환경이 변화된 것도 아니지만, 십자가를 바라보고 마음이 변화되면 몸도 변화되고 가정도 변화되고 환경도 변화될 수 있는 것입니다. 먼저 마음이 변화되어야 되는 것입니다. 마음이 무엇으로 변화되는 것입니까? 꿈을 바라볼 때 마음이 변화되는 것입니다. 어디에서 꿈을 얻을 수 있습니까? 십자가를 바라보면 꿈을 얻을 수가 있는 것입니다. 예수님은 십자가를 통하여 죄를 짓고 불의하고 추악하고 버림받아야 마땅한 나를 의롭다하고 용서해 주신 것입니다. 십자가를 통하여 용서받은 의인이 된 꿈을 얻을 수가 있는 것입니다. 소망을 얻을 수가 있는 것입니다. 예수님이 나를 대신해서 마귀와 세상과 싸워서 이기고 우리에게 거룩함과 성령 충만을 주셨으니 십자가를 통하여 거룩함과 성령 충만의 꿈을 얻을 수가 있었던 것입니다. 예수님이 나를 위해서 병들고 고통을 당하여 치료의 은혜를 베풀어 주셨으니 십자가를 통하여 치료의 꿈을 얻을 수가 있는 것입니다. 내가 가난하고 헐벗고 굶주리고 실패했을지라도 예수님이 십자가에서 나를 위하여 저주를 담당하시고 청산하셨기 때문에 십자가를 통하여 아브라함의 복과 형통이 임하는 것을 꿈꿀 수가 있는 것입니다. 내 마음속에 꿈을 받아 들일수가 있는 것입니다. 내가 비록 죽을지라도 십자가를 바라보고 영생을 꿈 꿀 수가 있는 것입니다.

십자가를 가슴에 끌어안고 십자가를 통하여 예수께서 나를 위해서 역사해 주신 그 은혜를 품으면 그 꿈이 이루어져 나오는 것입니다. 영혼이 잘됨같이 범사에 잘되며 강건하고 생명을 얻되 풍성하게 얻는 놀라운 병아리가 깨어 나오는 것입니다. 꿈을 품어야 마음을 지킬 수가 있는 것입니다. 마음은 꿈을 통해서 좌지우지 될 수가 있는 것입니다. 아브라함은 결국 85세에 꿈을 품었더니 100세에 그 꿈이 이루어져서 사랑하는 아들이삭을 선물로 받게 된 것입니다.

그 다음 마음은 입술의 고백을 통해서 지켜질 수가 있는 것입니다. 입술로 시인하므로 기적이 일어나는 것입니다. 로마서 10장 10절에 "사람이 마음으로 믿어 의에 이르고 입으로 시인하여 구원에 이르느니라" 예수 믿는 것도 마음에 그냥 믿어서 구원받는 것이 아닙니다. 입으로 고백해야 구원을 받게 되는 것입니다. 우리가 입술로 말한다는 것은 하나님의 역사를 풀어놓게 되는 것입니다.

잠언 16장 32절에 "자기의 마음을 다스리는 자는 성을 빼앗는 자보다 낫다"고 했는데 마음은 입술의 고백을 통해서 다스릴 수 있는 것입니다. 잠언서 4장 23절에 "모든 지킬 만한 것 중에 더욱 네 마음을 지키라 생명의 근원이 이에서 남이니라" 마음은 입술의 고백을 통해서 지킬 수가 있는 것입니다. 마음에 아무리 긍정적인 마음을 가지려고 해도 입술로 "나는 못한다. 나는 안 된다. 나는 할 수 없다. 나는 죽는다. 나는 병들었다"고 고백을 하면 그 마음은 사망의 세력으로 묶이게 되는 것입니다. 마음이 아무리 답답하고 고통스러울지라도 입술로 고백을 긍정적으로 합니다. 예수 그리스도의 십자가의 보혈로 말미암아 "나는 용서받은 사람이다. 나는 의로운 사람이다. 나는 성령이 같이 계신다. 나는 건강한 사람이다. 나는 복 받은 사람이다. 나는 영생복락을 얻은 사람이다. 나는 승리한다. 나는 영혼이 잘되고 범사에 잘되며 강건하며 생명을 얻되 넘치게 얻는 사람이다." 고백하면 그 마음이 기적을 가져오는 것입니다. 성경에 하나님을 믿으라. 누구든지 이 산들에 명하여 저 바다에 던지라 하고 그 말하는 것이 이룰 줄 마음에 믿고 의심하지 아니하면 그대로 되리라. 말씀으로 믿음을 꽉 잡아 놓으면 그대로 이루어진다고 말한 것입니다. 우리 입술의 말이 씨가 되는 것입니다. 그러므로 결코 마음에서 여러분 아무리 의로운 긍정적인 마음을 가졌다고 할지라도 입으로 부인하면 다 파괴되어 버리고 마는 것입니다. 입술의 열매를 가지고 마음을 지킬 수가 있는 것입니다.

　마음 성전을 거룩하게 가꾸려면 성령으로 기도하면서 영을 강하게 해야 합니다. 영을 강하게 하는 영적인 방법은 ① 말씀을 배우고, 묵상하고 ② 마음으로 기도하며, 말씀을 삶에 적용하고 ③ 전인격으로 체험하여 믿음을 갖게 하는 것이 영을 강하게 하는 단계이며 절차입니다. 이 세 가지가 어느 한쪽으로 일방적으로 치우치지 않고 균형을 유지해야 하며, 어느 한 가지라도 결여되었다면 그 것은 온전하지 못한 것입니다. 우리는 하나님이 완전한 것처럼 완전해야 합니다. 완전하다는 말의 헬라어는 '텔레이오스'인데 '전체로 가득 하다'라는 뜻을 지닙니다. 이 세 가지 구성 요소 중 어느 것도 빠짐없이 다 들어있는 상태를 말하는 것입니다. 우리의 영이 강해지는 것은 이 세 요소를 다 갖추고 있다는 것을 말합니다. 하나님은 우리가 이런 상태로 살아가기를 원하시는 것입니다.

영을 강화시키는 훈련은 첫째, 말씀을 묵상하는 훈련입니다. 성령의 임재가운데 마음으로 말씀의 묵상을 지속적으로 하면 영이 강화됩니다. 예를 든다면 하나님은 영이십니다. 하나님은 반석이십니다. 그렇지 않으면 시편1편을 묵상하는 것입니다. 둘째, 마음으로 기도하는 것입니다. 호흡을 들이쉬고 내쉬면서 하나님을 찾는 것입니다. 저는 마음으로 하나님! 사랑합니다. 하나님! 도와주세요. 하나님! 어떻게 해야 합니까? 하면서 하나님을 찾으며 집중하는 것입니다. 길을 걸어가면서도 쉬지 않고 하나님께 집중하는 것입니다. 셋째, 마음으로 찬양을 부르는 것입니다. 호흡을 들이쉬고 내쉬면서 마음으로 찬양을 하는 것입니다. 찬양은 자신이 제일 잘 부를 수 있는 찬양을 1절만 지속적으로 하는 것입니다. 이렇게 영을 강화시키는 훈련을 지속적으로 하면 자신의 혼과 육이 영의 지배를 받아 육체가 강건하여 집니다.

마음을 다스리는 자가 환경과 건강과 운명을 다스리는 것입니다. '아이고 내 팔자야. 나는 왜 이 모양이야. 나는 항상 모든 것이 좌절이 되고 절망이고 실패하고 패배한다.'고 말하면 안 됩니다. 마음을 올바르게 먹으면 마음이 운명을 다스리고 환경을 변화시킬 수가 있는 것입니다. 마음은 무엇으로 다스릴 수 있습니까? 사람의 마음은 하나님의 말씀으로 다스릴 수가 있는 것입니다. 말씀을 묵상하여 말씀이 들어와서 생각을 잡아줘야 되는 것입니다. 생각이 흔들리면 안 되는 것입니다. 생각이 바다 물결같이 흔들리면 안 되는 것입니다.

하나님 말씀이 마음을 점령합니다. 그러면 말씀은 변하지 않기 때문에 확실한 생각을 가질 수가 있는 것입니다. 마음은 꿈으로 다스릴 수가 있는 것입니다. 마음은 마음속에 꿈이 있을 때 그 마음을 점령하고 마음을 다스릴 수가 있는 것입니다. 마음은 믿음으로 다스리는 것입니다. 마음은 입술의 고백을 통해서 다스릴 수가 있는 것입니다. 마음으로 기도해야 합니다. 기도할 때 성령으로 충만해지기 때문에 마음을 지킬 수가 있습니다. 하나님의 성령은 우리 몸에 거하는 것이 아니라 마음에 거하고 계신 것입니다. 마음을 통해서 하나님은 역사하는 것입니다. 천국을 누리는 권능이 마음에 있는 것입니다. 그러므로 지킬만한 것보다 마음을 지켜야 되는 것입니다.

15장 성령님과 인격적인 관계를 열어라.

(요15:7)"너희가 내 안에 거하고 내 말이 너희 안에 거하
면 무엇이든지 원하는 대로 구하라 그리하면 이루리라."

하나님은 강력한 능력을 이끌어내어 하나님께 쓰임을 받을 분
들에게 성령님과 인격적인 관계를 갖으라고 말씀하십니다. 우
리가 강력한 능력을 이끌어내려면 성령님과 동행하는 삶을 살아
가야 합니다. 하나님은 우리가 푸른 초장 맑은 시냇물 가에 있
을 때에나, 사망의 음침한 골짜기를 지날 때에나 항상 함께 계십
니다. 우리가 세상에서 어렵고 힘들고, 병들어 고통스러운 환난
을 당하고 있다 할지라도 여전히 성령 하나님께서는 우리와 함
께 동행 하십니다. 다윗은 "내가 사망의 음침한 골짜기로 다닐지
라도 해를 두려워하지 않을 것은 주께서 나와 함께 하심이라."(시
23:4)고 노래했습니다.

삼위일체 하나님의 삼위이신 성령님의 생생한 얼굴이 우리의
코앞에 있는 것입니다. 또한 성령님은 내 안에 내주 하십니다.
이제 성령님은 나의 가장 절친한 친구요, 동반자가 되셨습니다.
우리는 이분 성령님과 함께 살아가는 방법을 계속해서 배우며
적용해나가며 복된 길로 인도 받으시기를 바랍니다. 도대체 어
떻게 하면 성령님과 함께 살아갈 수 있을까요? 성령님을 자신의
주인으로 인정하고 모셔야 합니다.

첫째, 성령님의 얼굴을 바라본다. 강력한 능력을 이끌어내려면 항상 성령님의 얼굴을 바라보아야 합니다. 바라보고 물어보고 주인으로 모셔야 인격적인 관계가 열리는 것입니다. 다윗은 "내가 항상 내 앞에 계신 주를 뵈웠음이여!"(행 2:25)라고 고백했습니다. 사랑하는 성령님이 항상 자신 안에 임재 하여 계시는 것을 상상하도록 하십시오. 매일 아침에 일어나면 제일 먼저 내 앞에 계신 성령님께 인사를 드려야 합니다.

"성령님, 안녕하세요? 안녕하세요. 성령님? 오늘은 성령님의 날입니다. 성령님과 함께 살기를 원합니다. 성령님! 사랑합니다! 사랑합니다. 성령님! 도와 주시옵서! 인도하여 주시옵소서. 성령님 오늘도 저에 주인이 되셔서 저를 인도하여 주시옵소서."

성령님은 인격이십니다. 이분에게도 나와 똑같은 지, 정, 의가 있고 눈, 코, 입, 귀와 팔, 다리의 기능을 갖고 있습니다. 그런데 이분의 모든 것은 우리 인간과는 달리 영원하고 무한한 모습입니다. 우리가 이 성령님이 항상 내 마음 안에 있다고 믿는 것이 일대일 인격적 교제에 있어 가장 중요한 부분입니다.

성령님과 우리는 매일같이 교통하면서 살아야 되는 것입니다. 고린도후서 13장 13절에서 "바울 선생은 축도하기를 주 예수 그리스도의 은혜와 하나님의 사랑과 성령의 교통하심이 너희 무리와 함께 있을지어다"라고 말한 것입니다. 천지를 지으신 하나님은 보좌 우편에 보좌에 앉아 계시고 예수님은 아버지 보좌 우편에 앉아 계셔서 아버지 하나님과 예수님이 천지를 다스리고 있습니다. 성령은 지금 오셔서 2000년 전부터 교회 안에 와서 거하시고 세상에서 역사하시며 예수를 믿는 사람들의 속에 와서 지금 역사하고 계신 것입니다. 그러므로 성령은 2000년 전부터 지금까지 그 계시는 본부가 바로 교회요, 예수 믿는 사람의 마음인 것입니다. 아버지는 보좌에 계시고 예수님은 보좌 우편에 계시고 성령은 우리 속에 계십니다.

그러므로 성령을 통해서 아버지도 예수님도 우리와 함께 거하시게 되는 것입니다. 이러므로 성령님은 인격자이신 것입니다. 성령은 우리들 도우시는 역할을 하고 있기 때문에 인격자인 성령님을 인격자로서 모셔야 됩니다. 인격자는 멸시하고 무시하면 상관하지 않고 관계가 끊어집니다. 사람이 이 세상에 살면서 인격적인 무시를 당하면 그건 절대로 살 희망이 없습니다. 무시당하는 아내가 집에서 온전한 아내의 역할을 하지 아니하며 무시당하는 남편이 남편으로서의 역할을 할 수 있습니까? 사회에서도 사람이 사람대접을 받지 못하고 무시당하면 분노하고 대적하는 것입니다. 오늘날, 하나님의 성령이 우리가운데 이처럼 와 계셔도 우리가 성령님을 무시해 버리면 성령님이 소멸 당하게 되는 것입니다. 2000년 동안 성령은 교회에 계시고 자신 안에 계심으로 성령님을 무시하면 안 됩니다. 항상 성령님을 인정하고 환영하고 모셔드리고 의지해야만 되는 것입니다.

아침에 일어날 때 성령님 오늘도 저와 같이 계시오니 성령님을 인정합니다. 환영합니다. 모셔드리고 성령께 의지합니다. 성령님을 인정해야 됩니다. 사람은 자기를 인정해 주는 사람을 위해서 목숨을 버린다는 말이 있는 것입니다. 인정을 받을 때 신바람이 납니다. 그러므로 성령님도 인격자이심으로 성령님을 우리가 인정하고 모셔드릴 때 하나님의 성령은 기쁘게 우리 가운데 역사하사 우리를 도우셔서 예수님의 은혜를 받고 하나님의 사랑을 입도록 이끌어 주는 것입니다.

그리고 성령님을 참으로 친하게 교제해야 되는 것입니다. 왜? 성령님은 우리와 24시간 같이 계시고 성령님은 우리를 돕기 위해서 늘 같이 계십니다. 우리를 인도하시죠? 우리를 깨우치시지요? 우리를 격려하시죠? 위로하시죠? 가르쳐주시지요? 변호해 주시지요? 꾸짖어 주시지요? 정하게 해주시지요? 회개하게 해 주시지요? 강력한 능력을 이끌어내 주시지요?

이러므로 성령은 24시간 우리와 같이 계십니다. 그래서 우리를 이끌어서 예수님 품안에 안기게 하시고 하나님 아버지를 섬기도록 성령은 끊임없이 도와주시는 어린아이의 선생과 같이 우리와 같이 계시므로 우리는 항상 성령님을 마음속에 인정하고 환영하고 모셔드리고 의지해야 됩니다.

그리고 성령님께 늘 감사해야 되는 것입니다. 그리고 모든 일에 하나님의 성령과 범사에 의논해야 됩니다. 성령은 우리를 돕는 하나님이시기 때문에 돕는 자랑 의논하지 누구와 의논하는 것입니까? 그러므로 강요셉 목사에게 와서 여러 가지 의논하는 것처럼, 일하실 때 성령이여! 이런 일을 해도 됩니까? 성령이요,

이일을 어떻게 해야 되겠습니까? '도와주소서' 예수님의 뜻에 맞고 아버지의 사랑을 받을 수 있는 그 길로 이끌어 달라고 성령께 늘 도움을 구해야 되는 것입니다. 성령이 가정교사와 같이 우리와 같이 계시니 늘 어려운 문제가 있으면 성령님의 도우심을 우리가 구해야 되는 것입니다. 그러나 성령님은 절대로 당신 자신을 나타내지 않습니다. 성령님은 내가 성령이다! 나를 경외하라! 그런 말 절대 안합니다. 성령은 온전히 거울과 같습니다. 거울을 들여다보면 내가 거울이다 나를 봐라! 이렇게 말하는 거울은 없습니다. 어떤 거울을 들여다보아도 거울은 언제나 들여다보는 그 사람의 얼굴을 비추이지 자기를 나타내지 않습니다. 성령은 결코 자기를 나타내지 않습니다. 성령은 언제나 아버지 하나님을 나타내고 예수님만 나타내는 것입니다. 사람들보고 내가 성령이니 내 말을 들어라! 이런 말하지 않습니다. 성령은 언제나 우리 아버지 하나님과 예수 그리스도의 이름으로 말씀하시고 당신 자신은 언제나 감추는 것입니다. 한 가정의 현명한 주부가 언제나 자녀들을 기를 때 아버지 중심으로 이것은 아버지의 뜻이다! 이것은 아버지 명령이다! 그러므로 이것을 잘해야 된다고 언제나 아버지를 나타내고 그래서 자녀들을 잘 도와서 가정을 원만하게 이끌어 나가는 현명한 주부와 같습니다. 현명하지 못한 주부는 아버지 대신에 내 말을 들어라! 네 아버지는 형편없는 사람이다! 내 뜻대로 살아라!

이래서 가정을 흩으러 버리는 사람들도 있는 것입니다. 성령은 언제나 아버지 하나님과 예수님에게 우리를 집중시키고 당신은 전적으로 감추어 버리고 마는 것입니다. 그러나 현명한 어머니를 우리가 존경하고 사랑하고 늘 같이 하는 것처럼 우리 성령님을 늘 우리는 인정하고 환영하고 모셔드리고 의지하고 성령께 감사하며 나갈 때 성령이 우리를 이끌어 주시는 것입니다.

그리고 성령은 예수를 믿자마자 곧장 우리 속에 와서 계십니다. 그때 성령은 바로 구원의 영으로서 와 계시는데 우물물과 같습니다. 우물물은 우리집안에 파놓고 우리가 마시는 것이지, 온 동네와 다 나눌 순 없지 않습니까? 그러므로 성령을 처음 받아 쓰는 우물물 같이 나 혼자서 성령과 동행하는 충분한 능력을 우리가 가지고 있습니다만, 성령이 충만함을 받으면, 성령세례 받으면 이 속에서 강물이 넘쳐 나오는 것입니다. 강물은 온 도시와 나누어 마실 수가 있는 것입니다. 그러므로 나 혼자 구원받았으나 성령세례 받으면 강물같이 넘쳐나는 성령의 능력으로 온 도시와, 온 촌락과, 다 나눌 수 있는 것입니다.

요한복음 7장 37절에 "명절 끝 날 곧 큰 날에 예수께서 서서 외쳐 가라사대 누구든지 목마르거든 내게로 와서 마시라 나를 믿는 자는 성경에 이름과 같이 그 배에서 생수의 강이 흘러나리라 하시니"고 말씀하신 것입니다. 우리들이 예수님을 믿자마자 하나님께서 주시는 영이 바로 성령인 것입니다. 그러므로 누구든지 믿는 자는 성령을 이미 받은 사람인 것입니다. 그러나 성령을 받고 난 다음에도 더 간절히 기도해서 나만 성령 모시고 있지 말고 이 성령의 은혜를 온 천하에 나누기 위해서 성령충만함 받기 위해서 우리 기도해야 되는 것입니다. 성령세례 받기 위해서 기도드리는 것입니다.

그리고 성령은 인격자이기 때문에 성령님과 끊임없이 교통을 해야 되는 것입니다. 성령님과 함께 친하게 지내고 감사하고 함께 손잡고 지내며 모든 일을 성령과 함께 의논하고 성령님의 도우심을 받아서 우리는 아버지 하나님의 사랑과 예수 그리스도의 은혜 속에 들어가게 되는 것입니다. 그러므로 이렇게 하기 위해서는 우리가 굉장히 애를 쓰고 힘을 쓰고 노력을 해야 되는 것입니다. 예수님께서 친히 말씀하기를 내가 너희를 고아와 같이 버려놓지 않고 너희에게 오리라고 말씀하셨는데 이제 오늘날 성령 없이는 모두 다 고아와 같이 되어 버리고 마는 것입니다. 보혜사 성령님과 동행하지 않으면 고아가 됩니다.

예수 처음 보혜사 없이 구원받을 수 없는 것처럼, 두 번째 오신 보혜사 성령 없이는 우리가 이 세상에서 성공적인 신앙생활을 할 수 없습니다. 그러나 성령으로 무장한 사람은 어떤 사람보다 위대한 능력을 힘입게 되는 것입니다. 그렇기 때문에 우리 영혼이 잘 됨같이 범사에 잘 되며 강건하고 생명을 얻되 넘치게 얻게 되며 머리가 되고 꼬리 되지 않고 위에 가고 아래 가지 아니하며 남에게 꿔줄지언정 꾸지 않게 되는 이유는 하나님의 성령께서 우리에게 지혜의 영이 되시고, 총명의 영이 되시고, 모략의 영이 되시고, 재능의 영이 되시고, 지식의 말씀의 영이 되시고,

하나님을 경외케 하는 영이 되시고, 하나님 아버지와 예수님을 계시하는 영이 되셔서, 우리에게 도저히 세상 사람으로 감당할 수 없는 영원한 하늘에서 원천적인 능력을 우리에게 공급해 주시기 때문입니다.

둘째, 성령님과 늘 대화를 나눈다. 기도는 쉽습니다. 친한 친구에게 부담 없이 말하듯 아버지나 애인에게 말하듯 지극히 평범한 언어로 마음을 터놓으면 되는 것입니다. "자녀들아! 시시로 저를 의지하고 그 앞에 마음을 토하라! 하나님은 우리의 피난처시로다."(시 62:8). 자신과 함께 계신 성령님께 모든 고민을 다 털어놓도록 하십시오. 기쁜 일이나 슬픈 일, 우울한 일이나 괴로운 일등 무엇이나 말씀드려야 합니다.

"성령님 사랑합니다. 성령님 도와주세요. 성령님 용서해 주세요. 성령님 감사합니다. 성령님 은혜 내려 주세요. 성령님 나를 치료하소서. 성령님 나를 축복해 주세요. 성령님 저에게 힘을 주세요. 성령님 저에게 담대한 힘을 주세요. 성령님이여 나를 도우소서. 성령이여 임하소서. 성령님! 나의 기도를 도우소서. 성령님 나에게 지혜로 오소서. 성령님 나를 사로잡아 주소서. 성령님 나와 함께하여 주소서. 성령님 나에게 할 말을 알려주소서. 성령님 나를 강하게 하소서. 성령님 나를 만져 주소서. 성령님 내가 왜 이럽니까? 성령님 왜 내가 이렇게 혈기를 냅니까? 성령님 왜 내가 이렇게 후회를 잘합니까?"

"사랑하는 성령님 이 일은 어떻게 생각하시나요?" "성령님! 이 사람이 하는 말을 들어보세요." "성령님 지금 내 마음이 너무 너무 아픕니다." "성령님 지금 제 마음이 너무나 슬픕니다." "성령님 내가 지금 누구 일 때문에 너무 마음이 상합니다." "성령님! 우리 어머니가 우리 아버지가 아파하십니다. 어떻게 할까요. 성령님 도와주세요. 성령님 길을 열어 주세요. 이렇게 대화하세요." "성령님! 지금 내가 시험을 보고 있는데 문제를 풀 수 있는 지혜를 주시고요, 하나하나 생각나게 해주세요."

그리고 미키마우스처럼 크게 귀를 열고 당신 곁에 계신 성령님께서 하시는 말씀에 귀를 기울이도록 하십시오. 성령님은 직접적으로 나를 감동시키기도 하시며 설교나 성경, 또는 주위의 친구나 환경을 통해 그 외에 여러 가지 방법으로 나를 감동시키시며 중요한 교훈들을 말씀하실 것입니다. 문제는 내가 들으려고 성령님에게 집중하는 것입니다. 그러면 들려주십니다. 성령님은 당신의 애인이며 가장 절친한 친구이심을 잊지 마십시오. 상호간에 대화를 통해서 우리는 성령님과 깊은 우정관계를 가질 수 있습니다.

차안이나, 사무실이나, 학교나, 가정이나, 공장이나, 어디서든지 항상 성령님과 일상적인 친밀한 대화를 통해 끈끈한 우정관계를 발전시켜 나가시기 바랍니다. 하루 종일 틈틈이 성령님과 대화를 나누려고 애를 쓰십시오. 어떤 형식이나 감동에 신경 쓰지 말고 그저 친한 친구에게 하듯 대화를 나누면 됩니다. 이것이 바울 선생이 말한 쉬지 않고 기도하는 비결이라 하겠습니다

(살전 5:17). "성령님 도우소서. 성령님 사랑합니다. 성령님 임하소서." 호흡에 맞추어서. 걸음걸이에 맞추어서. 계속하시기를 바랍니다.

성령님은 항상 내 곁에 계시며 나와의 우정에 목말라 하십니다. 성령님과 함께 산책을 하시면서 이것저것 물어보시기를 바랍니다. 그리고 성령님의 세미한 음성에 24시간 마음을 열고 대기해 있어야 합니다. 그러면 성령님께서 때로는 음성으로, 때로는 감동으로, 때로는 말씀으로, 때로는 환상으로, 때로는 꿈으로 우리에게 말씀하십니다. 이와 같이 우리는 언제나 성령님과 영적 민감함의 주파수를 천국에 맞추고, 다음과 같이 말씀드림으로써 성령님의 음성이나 감동을 받아야 합니다.

"사랑하는 성령님, 저에게 말씀해 주세요." 그러면 성령님은 나에게 적당한 때에 꼭 필요한 한 두 마디 말씀을 주시기도 하고, 전혀 생각지 않은 놀라운 아이디어나 생각, 또는 성경말씀을 떠올리기도 하십니다. 그것을 종이에 기록하고 반드시 순종하도록 노력하십시오. 그래서 요한복음 15장 4절에서 "내 안에 거하라 나도 너희 안에 거하리라 가지가 포도나무에 붙어 있지 아니하면 절로 과실을 맺을 수 없음 같이 너희도 내 안에 있지 아니하면 그러하리라." 하셨습니다. 그러므로 성령님께서 주시는 마음은 어떤 대가를 치르더라도 순종해야 합니다. 그래야 강력한 능력을 이끌어내 주십니다. 사랑하는 성령님과 동행하며 성령의 음성을 듣고 순종하시기를 축원합니다.

셋째, 성령님을 마음에 모시고 동행한다. 우리는 범사에 성령님을 인정하고 존중히 모시고 다녀야 합니다. 다윗은 언제나 성령님을 모시고 다녔습니다. "내가 여호와를 항상 내 앞에 모심이여!"(시 16:8). 다윗은 전쟁터에 나갈 때에나, 회의석상에서든 항상 성령님과 함께 자리했습니다. 이것은 아주 쉽습니다. 내가 어디 가든지 다음과 같이 한 마디만 하면 되는 것입니다.

성령님 지금 제가 어디를 갑니다. "성령님 함께 가시지요." "성령님 동행해 주세요. 성령님 앞길을 인도해 주세요. 성령님 거기 가서 할 말을 알려주세요." 성령님은 인격이시므로 이분을 무시해 버리고 자기 혼자서 잘난 것 같이 설치고 돌아다닌다면 성령님의 놀라운 임재와 역사를 결코 체험하지 못할 것입니다. 성령님은 만왕의 왕이십니다. 하늘 보좌를 버려두고 내려오신 존귀하신 성령이십니다. 그러므로 왕처럼 귀빈처럼 존중히 모시고 다녀야 합니다. 이분에 대한 최소한의 예의로서 "성령님 함께 가시지요."라고 말씀드려야 합니다.

자신이 성령님을 존중히 모시지 않더라도 이분은 영원토록 나와 함께 하시겠다고 약속하셨으므로 결코 떠나시지 않으십니다. "내가 너희에게 분부한 모든 것을 가르쳐 지키게 하라 볼찌어다 내가 세상 끝날 까지 너희와 항상 함께 있으리라 하시니라"(마 28:20). 하셨습니다. 항상 자신과 함께 계신 성령님을 잘 모시기 바랍니다.

자신이 진정으로 역동적인 창조와 부활의 권능이신 성령님의 도우심을 누리기를 원한다면 이분을 인격적으로 대우해 드려야 합니다. 성령님을 모시고 다니면서 모든 사물과 환경, 상황들을 성령님과 함께 부딪치며 헤쳐나가도록 하십시오. 이것이 바로 하나님의 시야에서 모든 것을 인도 받으면서 의논하면서 또 성령님을 생각하는 방법입니다. 어디를 가든지 자신의 우편에 계신 성령님께 습관적으로 이렇게 말씀드리도록 하십시오. "존귀하신 성령님, 함께 가시지요. 성령님 앞서 가십시오. 제가 뒤따르겠나이다." 특별한 느낌은 없어도 우리가 믿음으로 계속해서 범사에 이분을 인정하면서 "성령님 함께 가시지요."라고 말씀드리면 성령님이 임재하심은 매우 실제적이 됩니다.

넷째, 성령님을 인격적으로 대접한다. 성령님을 인격적으로 대접할 때 불세례를 체험하게 됩니다. 강력한 능력을 이끌어 낼 수가 있습니다. 사람은 사랑하는 자에게는 언제나 관심을 가지고 되고 어떻게 하면 그와 더불어서 함께 있을까? 어떻게 하면 그에게 사랑을 받을 수 있을까하고 관심을 갖게 됩니다. 관심이 없다는 것은 그에게 아무런 기대가 없다 것이며 그를 대접하지도 않고 그를 지각하지 못하고 있다는 것입니다. 왜냐하면 하나님을 섬기고 진심으로 예수를 사랑하는 마음은 그 마음속에서 역사 하시는 성령을 지각하게 되어 있기 때문 입니다. "그러므로 무엇이든지 남에게 대접을 받고자 하는 대로 너희도 남을 대접하라 이것이 율법이요 선지자니라"(마7:12). "나의 계명을 가지고 지키는 자라야 나를 사랑하는 자니 나를 사랑하는 자는 내 아버지께 사랑을 받을 것이요 나도 그를 사랑하여 그에게 나를 나타내리라"(요14:21).

필자가 성령의 불을 손에 받는 체험을 했습니다. 치유를 받으며 성령님 저에게 능력을 주시옵소서, 계속 성령님을 인정하고 찾으며 기도하다가 하루는 오른 손에서 불이 강하게 나오는 경험을 하였습니다. 이상하여 목사님들에게 이야기 했더니 손에 성령의 불을 받은 것이라고 하였습니다. 그래서 왜 불이 오른 손에만 오는가, 성령님 다른 곳에도 불이 오게 하여 주옵소서 그렇게 기도했더니, 이제 웬 손도 뜨거워지기 시작하였습니다. 그러고 난 다음에 다른 사람에게 기도할 때 성령의 임재가 강하여 안수하면 넘어지기도 하였습니다. 성령께서 제가 명령하는 대로 역사를 해주셨습니다. 병자들에게 안수를 해주면 질병이 치유가 되었습니다. 상처가 있는 성도들을 안수를 해주면 내적치유가 강하게 되었습니다. 기도 받는 사람의 마음에 평안이 전이 되었습니다. 이때부터 머리에 손을 얹고 "성령님 평안하게 해주세요." 그러면 상대방이 편안해지고 "성령님 강하게 역사하여 주옵소서." 하면 강하게 역사를 해주셨습니다. "성령님 어깨를 만져주세요." 그러면 어깨를 만져주시고, "성령님 목을 풀어주세요." 그러면 목을 돌려주시고, "성령님 허리를 만져주세요." 그러면 허리를 돌려주시고, "성령님 골반을 만져 주세요." 그러면 골반을 돌려 주셨습니다. 그리고 그 자리에서 치유를 해주셨습니다. 지금도 뼈와 신경계통의 질병으로 고통당하는 분들을 성령의 임재가운데 기도하면 그 자리에서 치유가 잘됩니다. 성령역사에 순종할 때 성령의 불세례를 체험하는 것입니다. 강력한 능력을 이끌어 내게 되는 것입니다. 성령님은 인격이기 때문입니다. "우리는 이 일에 증인이요 하나님이 자기를 순종하는 사람들에게 주신 성령도 그러하니라 하더라"(행5:32). 하나님의 뜻대로 살기로 결심하고 예수를 영접하고 살지만, 실제적인 생활 속에서 하나님의 뜻을 따르기보다는 내 뜻대로 하나님이 해주기를 바라는 믿음으로 살아가는 경우가 대부분입니다.

그리고 성령을 좇아 사는 법을 모르기 때문에 영적 지각이 둔해집니다. 실제적으로는 하나님께 순종하지 않고 자기 뜻대로 자기감정대로 자기 생각대로 살거나 육신적으로 살아가게 되어 성령이 소멸하게 됩니다. 성령의 역사는 하나님의 뜻대로 살고자 결심하고, 자신의 뜻과 계획과 생각을 포기하는 자에게 나타나고, 성령이 기름 부어지고 임하게 되므로 성령을 체험하게 됩니다. 그렇기 때문에 구원은 성령으로 시작하였지만 결과와 심판은 육체로 마치는 경우가 있게 됩니다(갈 3:3). "무릇 하나님의 영으로 인도함을 받는 그들은 곧 하나님의 아들이라"(롬8:14).

다섯째, 성령님께 도움을 구한다. 성령님은 나를 돕기 위해 보혜사로 와 계시는 것입니다. 성령님은 나의 동업자로써 나를 돕기를 원하십니다. 언제나 나와 함께 거하시면서 나의 연약함을 도우시는 보혜사인 것입니다. 예수님이 내 곁에 계시다는 생생한 사실을 말입니다. 오늘 예수님은 눈에 보이지 않는 성령으로 당신 곁에 나를 돕기 위해 보혜사로 오셨습니다.

그러므로 순간순간 당신 곁에 계신 보혜사 성령님께 도움을 구하는 말을 하십시오. "성령님, 저의 목회사역을 도와주세요." "존귀하신 성령님, 성경을 잘 깨달을 수 있도록 도와주세요." "사랑하는 성령님, 말씀을 잘 들을 수 있도록 제 귀를 열어 주세요." 우리가 절망적인 한계에 부딪쳤을 때는 이렇게 말씀드리면 됩니다. "성령님, 저를 인도해주세요." 이 성도는 어떻게 안수해야 질병이 치유가 됩니까? 항상 성령님과 대화하며 사시기를 바랍니다.

어려운 일을 당하면 혼자 고민하지 말고 성령님께 도움을 요청하세요. 머리가 아프고 복잡하면 성령님 내가 지금 머리가 복잡합니다. 도와주세요. 성령님 내가 지금 물질이 나를 유혹합니다. 저를 유혹에서 구해 주세요. 성령님 지금 내가 불순한 생각이 나를 사로잡고 있습니다. 나를 도와주세요. 성령님 내가 지금 누구를 향해 분노가 올라와 참을 수가 없습니다. 도와주세요. 성령님 지금 내가 누구를 미워하고 있습니다. 내 마음을 만져 주세요.

계속 마음이 가라앉고 성령님이 주시는 지혜의 말씀이 올라올 때까지 숨을 들이쉬면서 성령님 내 품으면서 간구를 계속하시기 바랍니다. 이와 같이 성령님과 날마다 동행하는 삶을 사시기를 바랍니다. 그러면 성령님의 깊은 임재 가운데 마음의 상처나 아픔을 아시고 치유하여 주시고 올바른 하나님이 원하시는 길로 인도하여 주십니다. 우리 모두 성령님을 나의 주인으로 모시고 사시기를 소원합니다.

성령님은 우리를 가르치면서 함께 하십니다. 아무리 함께 하셔도 지식이 없는 동행은 의미가 없습니다. 서로를 알고, 서로의 필요를 알고, 그 가르침이 따르는 것은 말할 수 없는 도움인 것입니다. 성령님은 결코 우리가 무지 속에 있기를 원하시지 않는 분이십니다. 성령님은 가르쳐 주시면서 우리와 함께 하시는 것입니다. 성령님은 지혜와 지식 그리고 모략의 신이신 것입니다. 성령님이 가르쳐 주시는 대로 나아가는 사람은 초자연적인 위대한 삶을 살아가게 됩니다. 이런 사람을 기뻐하시기에 하나님은 세상 끝날 까지 영원히 함께 하시는 것입니다. 성령의 가르침으로 강력한 능력을 이끌어 내어 예수님의 군사가 되기 바랍니다.

성령님과 함께 하는 사람은 불가능이 없습니다. 우리가 성령님과 함께 거하면 무엇이든지 이루지는 것입니다. 성령님을 부르는 자에게 성령님이 함께 하십니다. 성령님을 찾아야 성령님은 임재 하여 주시는 것입니다. 그리고 성령님이 부르실 때 아멘 하고 순종하여 나아오는 자와 하나님은 함께 하여 주시는 것입니다. 성령님을 부르십시오. 그리고 그분과 의논하십시오. 이제 모든 염려를 성령님에게 맡기시기 바랍니다. 성령님이 함께 하셔서 우리를 도와주시는 것을 확신하시기 바랍니다. 임마누엘의 하나님은 우에게 오셔서 우리를 축복하여 주시는 것입니다. 성령님의 임재를 확인하며 동행하는 즐거움을 항상 누리시는 우리가 되시기를 주의 이름으로 소원합니다.

4부 성령님의 인도와 훈련으로 강하게 하라.

16장 방언기도로 권능을 강하게 하라.

(고전14:22-23)"그러므로 방언은 믿는 자들을 위하지 아니하고 믿지 아니하는 자들을 위하는 표적이나 예언은 믿지 아니하는 자들을 위하지 않고 믿는 자들을 위함이니라. 그러므로 온 교회가 함께 모여 다 방언으로 말하면 알지 못하는 자들이나 믿지 아니하는 자들이 들어와서 너희를 미쳤다 하지 아니하겠느냐"

방언기도는 강력한 능력을 이끌어내는 적접적인 수단이 되기도 합니다. 그러나 방언기도의 취약점도 있다는 것을 알고 방언기도를 해야 합니다. 예를 든다면 이렇습니다. 저는 방언기도하면 성령 세례 받았고 구원을 받았다고 자만하고 믿음 생활을 했습니다. 방언으로 기도하는 것을 즐겨했습니다. 방언기도를 못하는 성도들을 무시했습니다. 철야기도에 참석하여 기도 시간이 되면 온몸을 흔들면서 나름의 방언기도를 참으로 많이 했습니다. 따다다… 뚜드드… 따다다… 따발총을 쏘면서 온몸을 흔들어 대며 땀을 뻘뻘 흘리면서 목에서 나오는 소리로 방언기도를 했습니다. 이렇게 23년을 거의 빠짐없이 철야기도에 참석하여 기도했습니다. 하루라도 기도를 쉬면 마음이 답답하여 기도를 쉬지를 못했습니다. 어느덧 세월이 흘러 나이가 60살이 넘었습니다. 저에게 생각하지 못한 일들이 생기기 시작을 했습니다.

저의 몸에 문제가 생긴 것입니다. 이유 없이 불안하고 두려운 것입니다. 거기다가 온몸에 근육통이 생겨서 아프지 않은 곳이 없을 정도로 통증이 심했습니다. 정형외과에 가서 물리치료를 받아도 그 때 뿐이고 좀처럼 회복이 되지 않았습니다. 이렇게 고생하고 있으니까, 같은 교회에 다니는 젊은 집사님이 책을 한 권 주면서 읽어보라는 것입니다. 책 이름이 "하나님의 복을 전이 받는 법"입니다. 책을 읽어보면서 제가 깨달은 것은 잘못된 영의 전이가 되어 고생하는 지도 모르겠다는 생각이 저를 주장하였습니다. 그래서 나의 불안과 두려움, 근육통증을 치유 받기 위하여 강 목사님에게 상담을 받아야 된다는 생각이 저를 주장했습니다. 그래서 충만한 교회에 찾아가서 목사님 상담을 받게 되었습니다. 강 목사님이 하시는 말씀이 방언은사를 받았을 때 성령으로 심령의 상처를 완전하게 치유 받았어야 하는데 치유 받지 못하여 상처가 쌓여서 생기는 현상이라는 것입니다.

그러시면서 오후에 집회시간에 집중 안수를 받아보면 왜 지금 근육통증으로 고생하고 있는 가 체험적으로 깨달을 수가 있다는 것입니다. 오후 기도시간에 제가 평소에 하는 대로 온몸을 흔들면서 목에서 나오는 방언기도를 사정없이 강하게 했습니다. 목사님의 안수를 받으니 속에서 울음이 나오더니 강한 진동을 하는 것입니다. 몸을 사정없이 흔드니까, 목사님이 그렇게 기도하면 성령의 역사가 심령 깊은 곳에서 일어나지 않으니 목사님이 하라는 대로 호흡을 깊게 들이쉬고 내쉬면서 배에서 나오는 소리로 호흡을 들이쉬고 내쉬면서 주여! 주여! 를 하라고 하셨습니다.

그래서 목사님이 하라는 대로 순종했더니 내 속에서 이상한 소리가 나오면서 기침이 나오고 가래가 나오는 것입니다. 사지가 뒤틀리면서 괴성이 나오는 것입니다. 기침으로 가래가 어찌나 많이 나오는지 화장지 한통을 다 허비했습니다. 기도 시간이 끝나고 나니 힘이 쑥 빠져서 몸을 가누기가 힘이 들었습니다. 목사님 하시는 말씀이 지금까지 방언기도를 열심히 했는데 심령이 치유되지 않는 나름의 방언기도를 해서 예수 믿기 전에 무의식과 잠재의식에 있던 상처와 영적인 세력이 하나도 떠나가지 않았다는 것입니다.

한마디로 철야하며 해대는 방어기도를 했지만, 습관적인 방언기도가 되어 성령의 역사가 일어나지 않았다는 것입니다. 그래서 젊은 시절에는 그런대로 지냈지만 나이가 들어서 체력이 약해지니 예수 믿기 전에 숨어있던 상처와 영적인 존재가 머리를 들고 나와서 온 몸이 아팠다는 것입니다. 저의 질병은 병원에서 약을 먹고 치유한다고 고쳐지는 것이 아니고, 성령의 깊은 임재를 받으면서 깊은 차원의 치유를 하면 고쳐진다는 것입니다. 워낙 오래되어 단기간에 되기는 어렵고 지속적으로 다니면서 말씀을 듣고 안수를 받으면서 성령의 깊은 역사를 일으키면 완치가 가능하다는 것입니다.

집에 돌아가시면 몸살기운이 있을 수가 있으니 놀라지 말라는 것입니다. 정 참기 힘들면 진통제를 사서 먹으라고 했습니다. 집에 돌아오니 몸이 춥고 으스스하면서 몸살기운이 나타났습니다. 몸살 약을 먹으니 참을 만 했습니다. 그래서 순종하는 마음으로 6개월을 다녔습니다. 결과적으로 불안하고 두려움이 사라지고 그렇게 아프던 근육통이 없어졌습니다. 토요일날 집중치유도 받았습니다. 말로 표현하기 힘들정도로 상처가 떠나갔습니다. 방언기도가 깊어졌습니다. 이제 방언기도만 해도 심령에서 상처가 기침으로 떠나가면서 몸이 가벼워지고 있습니다. 저의 영적인 무지를 깨닫게 하시고 질병을 치유하고 영적으로 깊어지게 하신 하나님께 영광을 돌립니다.

영성이 깊어지면 방언기도는 계속적으로 바뀝니다. 일반적인 방언은 단조롭고 한 가지 톤으로 오랫동안 계속하지만 은사로서의 방언은 각종 방언을 수시로 말하게 됩니다. 방언에는 여러 가지 종류가 있고 은사에 따라서 직임에 따라서 다르다고 설명했습니다. 이와 같은 다양한 방언은 일반적인 성도들이 다 할 수 없는 것입니다. 이것을 바울이 지적해서 "모두가 방언으로 말하는 사람이겠습니까?"라고 질문한 것입니다. 기본적인 믿음을 가지고 신앙생활을 하듯이 모든 성도들은 방언을 함으로써 주님과의 친밀함을 누리는 영의 기도를 할 수 있게 됩니다. 성령의 탄식하는 기도를 할 수 있게 됩니다.

방언은 우리가 기도하는 것이 아니라, 성령이 우리의 영을 통하여 기도하는 것입니다. 방언으로 기도할 수 있어야 이 기도를 이해할 수 있습니다. 풍성한 영의 작용을 느끼고 받아들여 응답할 수 있게 되는 것입니다. 그럼에도 불구하고 우리는 방언을 단순히 은사로만 생각하고 하지 못하면 그만이라고 생각해 온 것입니다. 우리의 믿음은 그냥 얻어진 것입니까? 아닙니다. 하나님의 섭리하심과 구원의 계획이 있었지만 그것을 우리가 받아들여 고백했을 때 얻어지는 것입니다.

방언을 말하기 위해서 우리가 해야 할 부분이 있습니다. 그것은 성령 충만을 구해야 하며, 그 가운데에서 방언으로 말하기를 사모하고 입을 열어 기도해야 할 것입니다. 하나님의 은혜는 서로 위하여 기도하고 기름부음이 임하도록 서로 간구해줄 때 더욱 잘 이루어집니다. 그러므로 방언으로 기도하기를 사모하면서 성령으로 장악이 되기 위하여 서로 기도해주어야 합니다. 물론 방언을 말하지 않고 깊은 기도로 들어가는 길이 있습니다. 다른 방법으로 주님과 친밀함을 누리고 각종 계시를 받을 수 있다면 그 방법도 좋습니다. 그러나 방언은 깊은 기도로 들어가는데 가장 쉬운 길을 제공해줍니다. 우리의 영이 직접적으로 기도하는 가장 손쉬운 방법이며, 효과적이기 때문에 이 방법으로 기도하면 다른 방법 보다 더 간단하고 쉽게 영의 세계로 들어갈 수 있는 것입니다. 방언으로 기도하려면 먼저 이렇게 하시기를 바랍니다. 코로 호흡을 배꼽아래 10센티까지 들이쉬고 내쉬면서 방언기도를 하시기를 바랍니다. 이렇게 깊은 속에서 방언기도가 올라와야 성령으로 방언기도를 할 수가 있습니다.

방언을 비롯해서 모든 은사들은 은사로서만 주어지는 것이 아님을 알아야 합니다. 성령의 은사는 그 일에 더욱 깊은 의미를 깨닫고 주님의 집중적인 가르침을 받을 수 있는 자리로 이끌어 갑니다. 성령의 은사를 통해서 전문 분야의 사역자로 주를 섬기게 되는 직임을 얻게 된다는 점에서 일반적으로 주어진 하나님의 자녀로서의 의무와 권세와는 다른 것입니다. 누구나 구제할 수 있고, 누구나 가르칠 수 있으며, 누구나 상담할 수 있습니다.

그러나 이런 부분에 성령의 은사가 없으면 그 사람은 그 일을 취미 정도로 합니다. 성령의 은사는 취미를 벗어나 전문가가 되는 길을 여는 수단이 되며, 은사가 없으면 아무도 그 일을 제대로 감당할 수 없습니다. 그렇기 때문에 사명이 있으면 반드시 사명을 감당할 은사가 주어지는 것입니다. 왜냐하면 주님으로부터 계속적으로 능력을 공급 받을 수 없기 때문입니다. 구제의 은사가 있을 때 그 사람에게는 많은 물질이 부어지게 되며, 그 일로 수많은 사람들을 도와줄 수 있습니다. 일시적으로 자신이 가진 것 일부를 드려 가난한 사람을 도울 수 있지만, 그 일이 본업이 되다시피 계속할 수는 없습니다. 전도의 일은 누구나 다 해야 하는 일이지만 전도의 은사가 없으면 일시적으로 끝나고 맙니다.

방언은 누구나 할 수 있고 해야 하는 영의 기도수단입니다. 그러므로 방언의 은사가 없다고 해서 포기하지 마십시오. 그리고 방언을 말한다고 해서 다 방언의 은사를 받은 것이 아닙니다. 방언의 은사를 받으면, 각종 방언을 말하게 됩니다. 그런즉 성도는 방언 말하기를 힘써야 합니다. 기도할 때 방언으로 기도하는 시간을 많이 가지십시오.

바울은 누구보다도 방언으로 기도하기를 더 많이 했다고 말합니다. 그는 방언에 대해서 유익이 무엇인지를 누구보다도 더 잘 알고 있다는 의미입니다. 방언을 많이 함으로써 무엇이 유익한 것인지를 알게 됩니다. 영이 강건해져야 하나님의 음성을 분명하게 들을 수 있습니다. 방언은 우리 영의 기도입니다. 그리고 대부분 방언을 말하는 사람들의 방언은 은사로서의 방언이 아니라, 영의기도 수단으로서의 방언이라는 점도 알아두어야 합니다.

성령의 은사로서의 방언은 방언기도를 통해서 다양한 은사가 나타나게 됩니다. 영으로 방언기도하며 강력한 능력을 이끌어낼 수가 있습니다. 성령의 은사 사역에 따라 다양한 방언을 말할 수 있다는 점이 독특합니다. 각종 방언이라고 기록한 성경말씀에서 보듯이 은사로서의 방언은 다양한 방언을 말할 수 있습니다. 치유를 위한 방언과 축귀를 위한 방언이 다릅니다. 성령이 임재해서 말씀하시는 방언도 다릅니다. 자신이 평소에 하던 방언과 전혀 다른 음색과 억양과 사용되는 단어가 다릅니다. 방언의 은사를 받은 사람은 한 가지 방언을 말하지 않고 때에 따라서, 성령 사역의 목적에 따라서, 방언이 바뀝니다. 은사 사역의 주체가 바뀔 때마다 방언이 수시로 다르게 나옵니다. 통역을 위한 방언, 즉 예언적 방언의 경우 통역이 되며, 방언의 은사는 자신을 위한 것도 되지만, 교회를 섬기기 위한 것도 되기 때문에 방언기도를 통하여 치유, 축사, 예언, 지식의 말씀, 지혜의 말씀, 영분별 등과 같은 은사들을 더욱 강력하게 나타나게 하는 역할을 합니다.

각종 은사를 제대로 활용하기 위해서 성령의 이끌림을 받는 영의 기도는 물론이거니와 그 은사가 지니는 독특한 성향을 드러내기 위해서 방언은 필수적인 것입니다. 다른 은사를 행할 때 우리의 의지와 지식으로 하는 것이 아니라, 주님이 주신 능력으로 하는 것이기 때문에, 그 능력을 가져온 영과의 대화를 위해서 각각 다른 방언을 하게 되는 것입니다. 이런 사실은 방언 통역을 통해서 알 수 있는 것입니다. 방언이 통역될 때 우리는 천사와 대화가 가능하다는 사실을 알게 되며, 주의 영과 대화할 수 있는 것입니다. 이런 경우에 우리는 방언의 은사로서 가능하며, 단순히 우리 영의 기도인 개인적인 방언은 우리를 세우기 위한 것이며, 우리 영이 하나님에게 기도하는 단순한 개인적인 기도입니다.

성령의 은사로서의 방언은 흔하지 않기 때문에 우리가 하는 일반적인 방언기도는 우리 영이 하는 기도라고 보면 될 것입니다. 이 방언은 단조로운 것이 일차적인 특징입니다. 간혹 통역이 되지만 대부분은 통역을 필요로 하지 않습니다. 단순히 자신의 영을 강건하게 하기 위한 영의 함양(edification)이 주된 목적입니다.

대부분의 성도들이 하고 있는 방언은 이런 목적으로 주어진 것이며, 방언이 자신에게 임하기 위해서는 무엇보다 사모하는 마음이 있어야 하고, 하고자 하는 열정이 있어야 합니다. 은사로서 주어지는 방언은 자신의 의지와는 전혀 상관이 없이 달란트, 사명, 기질에 따라 하나님의 주권적역사로 나타납니다. 개인적인 영을 강건하게 하기 위한 방언은 구하고 사모하는 마음이 있어야 합니다. 강력한 능력을 이끌어내려면 영을 강화시켜야 합니다. 마음으로 방언기도를 많이 해야 합니다.

우리의 유익을 위한 요소들은 대부분이 우리가 열심히 구해야 하는 법칙의 적용을 받습니다. 믿음도 강해지기 위해서는 구해야 합니다. 성경은 우리에게 믿음을 더해 주시기를 간구해야 함을 분명히 하고 있습니다(눅 17:5, 고전 12:31). 이렇듯이 구해야 하지만 억지로 흉내 내듯이 일부로 만들어서 해서는 안 됩니다. 인위적으로 방언을 흉내 내어 하는 것은 바람직하지 못합니다.

그러면 성령의 은사적인 방언기도는 어떻게 나타나는 것인가 입니다. 저는 예배나 집회를 인도하기 전에 방언으로 기도를 많이 합니다. 성령으로 충만하기 위해서입니다. 여기까지 방언은 기도의 방언입니다. 기도의 방언으로 성령이 충만해지면 이제 은사의 방언으로 이끌어 가십니다. 방언으로 기도하여 성령이 충만한 가운데 강단에 서서 말씀을 전하면 성령이 감동을 주십니다. 원고를 준비하여 말씀을 전해도 그때그때 성령께서 필요한 지식의 말씀과 지혜의 말씀을 주셔서 전하게 하십니다. 이것이 성령으로 충만하여 성령께서 저를 사로잡고 은사를 나타내면서 이끌어 가시는 것입니다.

그리고 말씀을 전하고 나면 일으켜 세워서 찬양을 하라! 그냥 기도하게 하라! 이렇게 감동을 하십니다. 그러면 저는 성령께서 감동하신대로 순종합니다. 저는 청중들에게 전심으로 기도를 하게 한 후에 강단 아래로 내려가서 일일이 안수를 하면서 치유와 은사 사역을 합니다. 이때 저는 방언으로 기도를 합니다. 그러면 성령께서 저에게 은사의 방언으로 역사하십니다. 방언기도하며 안수할 때 저에게 성령께서 감동을 하십니다. "이 사람은 마음이 갑갑하여 영이 잠자고 있다. 영이 깨어나게 하라!" 그러면 제가 순종합니다. 다른 사람을 안수하면 "이 사람은 서러움의 상처가 있다. 서러움의 상처가 치유되게 하라!" 그러면 제가 조치를 합니다. "이 사람은 귀신이 역사한다. 축귀를 하라!" 그러면 축귀를 합니다. "이 사람은 자아가 너무 강하게 시간이 오래 걸리겠다! 이 사람은 아직 성령이 장악을 못했다! 이 사람은 앞으로 데리고 나가서 기도하라!" 이렇게 방언기도하면서 안수를 하면 성령께서 알려주십니다.

심방의 예를 든다면 심방을 가면서부터 마음의 방언으로 기도를 합니다. 그러면 대략적인 가정의 상태를 알게 하십니다. 가정에 도착하면 성령께서 감동을 하시기 시작을 합니다. "이 가정을 영적으로 많이 눌려있는 가정이다! 이 가정은 부부간에 문제가 있다! 이 가정은 자녀문제로 고통을 당한다! 이 가정은 물질문제를 어렵게 하는 영이 역사한다! 이 가정은 질병이 많이 있다!" 이렇게 감동을 합니다. 저는 성령께서 감동하신대로 영적인 조치를 취합니다.

상담을 할 때도 마찬가지입니다. 마음으로 방언을 하면서 성령과 교통하는 것입니다. 성령님 문제가 무엇입니까? 그러면 지식의 말씀에 은사로 역사하여 문제를 알게 합니다. 성령님 문제의 원인은 무엇입니까? 그러면 원인을 알게 하십니다. 어떻게 조치를 합니까? 생각하지도 못한 지혜를 주십니다. 그래서 문제를 해결하게 하십니다. 이것이 은사적인 방언입니다.

저는 성도님들에게 세상의 삶을 살아갈 때도 방언으로 기도하며 지혜를 구하라고 합니다. 이것은 습관이 되어야 합니다. 자기가 하는 사업의 지혜를 성령님에게 물어서 지혜를 구하는 것입니다. 사람을 고용할 때도 방언으로 기도하며 성령님에게 물어봅니다. 성실한 사람인가? 영적으로 어떤 사람인가? 사업의 대소사가 있을 때마다 방언으로 기도하며 성령님에게 물어봅니다. 그러면 누구든지 은사적인 방언기도가 열리게 된다고 저는 확신합니다. 방언은 하나님이 은혜로 부어주시는 것이지만, 그렇다고 그것이 전부 성령의 은사로 보아서는 안 되며, 개별적인 방언은 우리 영을 강하게 할 목적으로 주시는 것이며, 영의 대화를 수월하게 하기 위해서 주시는 것이므로 열심히 방언으로 기도해야 합니다. 방언은 다른 영적 요소들처럼 사용할수록 풍성해지며, 더욱 깊어집니다. 우리 가운데 방언으로 기도하지 못하는 사람이 더 많습니다. 구하고 찾아야 하는 것임에도 불구하고 은사라는 생각으로 적극적으로 구하지 않는 경우가 많습니다. 구한다고 해도 끈질기게 구하지 못합니다. 기도 응답은 어떤 것은 쉽게 얻어지지만 어떤 것은 오랫동안 끈질기게 간구해야만 얻을 수 있습니다.

그런데 이렇게 끈질긴 기도를 통해서 얻는 것이 더 많습니다.

하나님이 우리를 사랑하시고 우리에게 필요한 것임에도 불구하고 쉽게 허락하시지 않는 것은 도대체 무슨 까닭일까요. 주께 헌신하고자 하는 순수한 열정으로 구하는데도 쉽게 허락하지 않습니다. 우리 마음 같아서는 어서 주고 싶지 않겠습니까? 그러나 그렇지 않습니다. 병 고침을 받기 위해서 얼마나 간절히 기도합니까? 주의 나라의 확장을 위해서 교회 부흥을 얼마나 간절하게 소망하며 기도합니까?

그런데도 불구하고 응답되지 않아 우리의 마음이 녹아내리지 않습니까? 하나님이 원하시는 일을 위해서 간구함에도 불구하고 쉽게 응답되지 않는 까닭은 하나님의 신비이며, 이것이 하나님 됨의 특성입니다. 사람들 마음 같아서는 모두 주고 싶고, 다 들어주고 싶지 않겠습니까? 그러나 하나님은 그렇지 않다는 사실을 우리는 이해해야 합니다. 하나님은 성도가 영적인 수준이 될 때까지 인내하시며 기다립니다. 그것이 하나님의 생각과 우리의 생각이 다른 까닭입니다. 그리고 방언을 받은 사람은 자신의 영을 강하게 하기 위해서 방언으로 많이 기도해야 합니다.

방언은 중보기도의 수단입니다. 성령께서 우리를 대신해서 간구하는 것이며, 이를 통해서 우리와 하나님 사이에 있는 보이지 않는 장애물들이 제거되는 것입니다. 이 보이지 않은 효과는 우리의 영 안에서 나타납니다. 우리의 영이 하나님으로부터 더 많은 말씀을 받을 수 있으며, 그렇게 되면 우리는 주님의 인도하심을 더욱 풍성하게 받을 수 있습니다.

우리 영이 강해지면 그곳(영)으로부터 나오는 신호가 강력해집니다. 이는 방언으로 기도할 때 마음이 뜨거워지며, 헌신하고자 하는 믿음이 우러나오며, 평안한 마음이 되어 시련을 이길 수 있게 됩니다. 근심과 두려움이 사라지고 주님의 평안으로 가득 채워집니다. 이런 영의 함양의 은혜는 묵상과 깊은 영의기도로도 얻어지는 것이며, 방언기도는 쉽게 얻을 수 있는 편리함이 있습니다. 개인적인 방언기도는 통역을 할 수 있으면 더욱 은혜롭습니다. 모든 방언이 다 통역을 해야 하는 것이 아니지만, 자신이 하는 기도 가운데 부분적으로 통역이 이루어지는 경우가 있습니다. 처음에는 지식의 말씀처럼 자신의 내면에서 어떤 생각들이 떠오르며 방언과 동시에 그 생각이 구체적으로 이야기를 만들어갑니다.

방언을 말하면서 마음은 어떤 내용을 가진 이야기로 채워지기 시작하는 것입니다. 이 이야기는 자신이 알고 있는 내용이 아니며, 머리에서 오는 것이 아니라, 영으로부터 흘러나오는 것임을 알게 됩니다. 방언이 단조롭고 더듬거리는 수준이 아니라, 사용되는 단어는 풍부하지 않아서 반복되지만, 그 흐름은 매끄럽고 유창하여야 합니다. 자주 끊기고 거친 발음이 나온다면 이는 아직 성숙하지 못한 것이며, 더 많이 방언으로 기도해야 합니다. 자신이 방언으로 기도하면서 생각이 육체적이라면, 이것은 내 지성과 감성이 영으로 향하지 못하고 분리되어 있기 때문입니다.

영 안에서 기도하며, 그 영을 집중해서 살피는 노력을 해야 합니다. 방언으로 기도하며 방언에 생각을 집중시키고, 그 언어를 살펴야 합니다. 성령이 충만해지면 우리는 방언에 몰입하게 되며, 영에 모든 것이 집중됩니다. 이런 상태가 되어야 방언의 효과가 나타나기 시작하는 것입니다. 방언기도에 몰두하면 우리의 지성과 감성은 영으로부터 오는 신호에 민감해지며, 그 신호를 이성적으로 깨닫게 됩니다. 이것을 통해서 우리는 하나님과의 대화가 이루어지게 되는 것입니다.

방언기도는 많은 훈련이 필요합니다. 먼저는 성령의 충만을 유지할 수 있어야 하고, 영의 작용에 따라서 방언의 흐름이 다르게 나타나는 변화를 가져올 수 있어야 합니다. 방언기도를 함으로써 우리 영이 활발해지며, 영이 운동력을 얻어 우리 기도를 주체적으로 이끌 수 있게 됩니다. 그러면 우리는 육성으로 기도하는 시간이 줄어들기 때문에 하나님께 아뢰어야 할 것을 다 하지 못하지 않을까 하는 걱정을 하게 되지만 그럴 필요가 없습니다.

우리의 겉 사람의 기도보다도 주님은 우리 속사람의 기도를 더 귀하게 여깁니다. 바울은 개인기도에 누구보다도 더 많이 방언으로 기도한 사람입니다. 영으로 기도하는 것이 우리 기도의 본질이 되어야 합니다. 기도는 영의 호흡이며, 이런 차원에서 방언기도는 많이 해야 합니다. 속사람이 강건해져야 주님으로부터 인도함을 받기가 쉬워집니다. 성령의 은사들이 밝게 개발이 되는 것입니다. 그래야 하나님에게 쓰임을 받을 수 있는 것입니다. 우리가 방언으로 기도를 많이 하여 영적인 상태가 되어야 하나님의 뜻을 더 확실하게 확신할 수 있게 되는 것입니다. 방언기도에 대하여는 "방언기도의 오묘한 신비"를 읽어보시기 바랍니다.

17장 성령의 지배를 받아야 강해진다.

(고전 2:10-13)"오직 하나님이 성령으로 이것을 우리에게 보이셨으니 성령은 모든 것 곧 하나님의 깊은 것까지도 통달하시느니라. 사람의 일을 사람의 속에 있는 영외에 누가 알리요 이와 같이 하나님의 일도 하나님의 영외에는 아무도 알지 못하느니라. 우리가 세상의 영을 받지 아니하고 오직 하나님으로부터 온 영을 받았으니 이는 우리로 하여금 하나님께서 우리에게 은혜로 주신 것들을 알게 하려 하심이라. 우리가 이것을 말하거니와 사람의 지혜가 가르친 말로 아니하고 오직 성령께서 가르치신 것으로 하니 영적인 일은 영적인 것으로 분별하느니라."

하나님은 강력한 능력을 이끌어내어 하나님께 쓰임을 받을 분들이 전인격이 성령의 지배를 받는 사람이 되기를 원하십니다. 하나님은 모든 성도들이 성령의 지배를 받기를 소원하십니다. 왜 예수를 믿으면서 여전하게 불통의 세월을 사는가? 자신의 전인격이 성령의 지배를 받지 못하기 때문입니다. 한마디로 세상 것이 섞여있기 때문입니다. 세상 것이 섞여서 방해함으로 강력한 능력을 이끌어내지 못하는 것입니다. 이것은 아주 심각하게 받아드려야 합니다. 그래야 성령의 역사에 관심을 가져서 성령의 지배를 받는 성도가 될 수 있기 때문입니다. 전인격이 성령의 지배를 받지 않고는 강력한 능력을 이끌어내어 권능 있는 삶을 살수가 없기 때문입니다. 우리 예수 믿는 사람들의, 삶의 특징이 있다면, 그것이 무엇이라고 생각하십니까? 입으로만 예수를 믿는다고 시인하는 그런 보통의 신앙의 삶이 아니라, 예수를 믿고 난 다음에 변화된 삶을 살아가는 성도들의 특징을 말하는 것입니다. 이러한 성도들의 삶의 특징이 무엇이겠습니까? 그것은, "영-혼-육 전인격이 성령의 지배를 받는 삶"이라, 그렇게 말 할 수 있습니다.

그러면, 성령의 지배를 받는 삶이란, 또 무엇을 말하는 것입니까? 전인격이 성령께 사로잡혀 사는 것을 말하는 것입니다. 성령을 주인으로 모시고 세상을 살아가는 것입니다. 매사를 성령님과 의논하고 성령의 뜻을 따라 사는 것을 성령의 지배를 받는 삶이라고 말할 수 있습니다. 성령의 인도함을 받아, 성령의 능력에 의해서 살아가는 삶을 말하는 것인 줄로 믿습니다. 성령님이 나를 지배하고 다스리는 삶, 이전에 우리의 삶이, 육체의 본능이 지배하는 삶이었고, 죄가 지배하는 삶이었다면, 이제 예수를 믿고, 변화를 받고 난 다음에 나타나는 삶은, 성령에 의해서 지배를 받는 삶이 되어야 합니다.

에베소서 5장 14절 말씀을 보게 되면, "그러므로 이르시기를, 잠자는 자여 깨어서 죽은 자들 가운데서 일어나라. 그리스도께서 네게 비취시리라 하셨느니라."말씀하고 있습니다. 지금 우리의 신분은 어떤 신분입니까? 이제 예수 안에서, 새로운 생명을 소유하고 태어난, 하나님의 자녀들입니다. 그러므로 이제는, 과거의 세상 적이고, 육신적인 삶의 방식은 벗어버리고, 하나님의 백성으로서 살아가야 하는 삶의 방식을 따라야 한다는 것입니다. 그 하나님의 방식을 따르는 삶, 이것이 바로 성령의 지배를 받는 삶이라는 것입니다.

그러나 오늘 우리 성도들의 삶은 어떻습니까? 아직도 우리는 많은 부분이 주님의 방식을 따르지를 못하고 있습니다. 아직도 내 자아가, 내 속에 살아 쉼 쉬고 있고, 아직도 내 뜻이 내 인생의 대부분을 결정하고 있습니다. 어둠의 권세에 속해 있는 죽음의 자리에서 이제는 벗어나, 나의 삶을 주장하시고, 온전히 이끌어 주시기를 원하시는, 빛 되신 예수 그리스도를 향해, 걸어가야 하는데도 불구하고, 우리는 여전히 그 빛을 외면하고, 고개를 어둠의 세상을 향해, 돌리고 있다는 것입니다.

우리의 삶에 빛이 크게 비취면, 어두움은 작아지게 되고, 결국에는 그 어둠이 흔적 없이 물러가게 됩니다. 그러나 반대로, 우리의 삶에 어두움이 크면 어떻습니까? 빛이 작게 느껴지게 됩니다. 그리고 이 상태로 계속 있게 되면, 나중에는 그 어두움이, 빛을 완전히 삼켜 버리게 된다는 것입니다.

그래서 예수를 믿어도, 예전과 비교해 별로 변화된 것이 없는 여전히 세상 흑암 속에서 헤매며, 오히려 더 무능력한 가운데, 오히려 더 고통스런 가운데, 삶을 살아가게 된다는 것입니다. 왜냐하면 성령의 역사가 일어나지 않으니 마귀와 귀신들이 자꾸 장악하기 때문입니다. 그래서 오만가지 문제가 발생하는 것입니다. 빨리 알아차리고 성령의 지배를 받아야 합니다.

가슴에 손을 얹고 생각해 보세요. 주님이 우리에게 요구하시는 삶의 모습이, 과연 이러한 것이겠습니까? 주님이 우리에게 요구하시는 삶은, 결코 이러한 모습의 삶은 아닐 것입니다. 주님은 우리에게, 변화된 삶을 요구하십니다. 그것도 어정쩡한 변화가 아니라, 확실히 변화된 삶을 요구하십니다. "아니 저 사람 예수 믿고 나더니, 완전히 달라졌네!" 이런 평가와 칭찬을 듣는 그러한 삶을 원하신다는 것입니다. 그런데 이렇게 변화되기 위해서는 반드시 성령의 역사가 있어야 가능한 것입니다. 성령의 지배를 받아야 변화되는 것입니다. 예수를 믿으면서도 변화되지 않는 것은 성령의 역사 없이 이론으로 지식으로 전통으로 믿음 생활을 하기 때문입니다.

그래서 이런 찬송이 있지요? "내 죄 사함 받고서 예수를 안 뒤, 나의 모든 것 다 변했네. 지금 나의 가는 길 천국 길이요, 주의 피로 내 죄 씻었네." 할렐루야! 예수를 믿고 나서, 자신의 모든 것이 변화되어 지는 것, 바로 이러한 놀라운 삶의 변화의 역사를, 하나님은 우리 모두에게 기대하고 계신다는 것입니다.

우리의 신앙의 출발은, 하나님의 권능을 믿는 믿음에서 출발하는 것입니다. "하나님은 나의 모든 것을 아시는 가운데, 나의 모든 것을 주의 권능으로 채워주시며, 온전케 하시는 하나님이시다." 이것은 모두 성령으로 되는 것입니다. 우리가 이것을 믿어야, 하나님을 평생에 주인으로 모시며 따를 수 있는 것입니다. "내가 사망의 음침한 골짜기로 다닐지라도 해를 두려워하지 않을 것은, 주께서 나와 함께 하심이라." 다윗은 담대하게 신앙의 고백을 했습니다. 그리고는 선언하지요. "나의 평생에 선하심과 인자하심이 정녕 나를 따르리니 내가 여호와의 집에 영원히 거하리로다." 할렐루야!

세상 사람들이 우리를 향해, 너는 못한다고 말할지라도, 우리 예수 믿는 성도들은 예수 안에서 할 수 있다고, 얼마든지 가능하다고 말하며, 믿음으로 밀고 나가 행해야 기적을 체험하는 것입니다. 삶에 자신감과 담대함이 있어야 한다는 것입니다. 왜입니까? 하나님의 권능이 오늘도 나와 함께 하시기 때문에…. 성령의 역사가 오늘도 나의 삶에 나타나기 때문에…. "너 가는 길을 누가 비웃거든, 확실한 증거를 보여 주어라. 성령이 친히 감화하여 주사, 저들도 참 길을 얻으리" 지금 우리 모두가, 성령의 다스림 속에서, 성령의 인도함 속에서, 이런 확실히 변화된 인생을 살아갈 수 있기를, 주님의 이름으로 축원 드립니다.

그러면, 오늘 우리가 어떻게 하면 이런 성령의 지배함을 받는 능력 있는 삶을 살아갈 수 있겠는가? 여기에 대한 고민이 있어야 진정한 성도일 것입니다. 그래야 바른 길을 찾아서 성령의 인도를 받으며 성령의 지배를 받는 성도가 될 수 있기 때문입니다. 그런데 이에 대한 해답이 바로 에베소서 5장 18절에 나타나 있다는 것입니다. "술 취하지 말라. 이는 방탕한 것이니, 오직 성령의 충만을 받으라."했습니다. 우리가 성령의 지배를 받는 삶을 살아가는 방법, 뭐 다른 게 있겠습니까? 내 속에 성령의 크기를, 내 자아보다 더 크게 만들면 되는 것입니다. 성령이 자신을 지배하게 하면 됩니다. 성령님을 주인으로 모시고 살면 되는 것입니다. 성령이 내 속에 끊임없이 임하게 만들어서, 그 성령이 나의 삶을 온전히 주장할 수 있도록, 자신의 신앙을 가꾸어 나가면 되는 것입니다. 그렇잖아요? 그 외에 무슨 방법이 있겠습니까? 성령의 지배를 받으며 살아가는 것 알고 보면 너무나 쉽습니다. 습관이 되지 않기 때문에 어려운 것입니다.

그러면, 우리가 생각해 볼 것은 무엇입니까? 이 성령이 언제 어느 때에, 우리에게 임하고 장악하게 되는가? 하는 것입니다. 직장에서 일할 때 성령이 임합니까? 가정에서 설거지 하고, 청소할 때 성령이 임합니까? 학교에서 공부할 때 성령이 임합니까? 언제 우리에게 성령이 임하게 되어 집니까? 성전에서, 성령이 역사하는 교회에서 우리가 말씀 듣고, 기도하고, 찬송할 때, 성령이 임하고 장악이 되는 것입니다. 그래서 성도들에게 유형 교회는 아주 중요합니다. 성령은 반드시 성령의 역사가 일어나는 장소에서 체험할 수가 있기 때문입니다. 성령의 역사가 강하게 일어나는 교회에서 성령으로 장악이 되어 삶의 현장에서 기도할 때 성령의 지배를 받을 수 있습니다.

성경을 보세요. 초대 교회의 성도들이 언제 성령을 체험하고 받았습니까? 각 가정마다 모여 예배하고 말씀 들을 때, 또 마가의 다락방 같은 곳에 모여, 그들이 기도하고, 찬송할 때, 하늘로부터 급하고 강한 바람 같은 성령이, 홀연히 그들 가운데 임하게 되어졌다는 것입니다. 그렇다고 가정에서만 성경보고, 기도하라는 얘기는 아닙니다. 그때는 그 가정이 곧 교회였습니다. 초대교회는 곧 가정 교회였습니다. 하나님은 언제나 교회 가운데, 좌정하여 계시는 줄 믿습니다. 교회는 유형교회와 무형교회를 모두 망라하는 것입니다. 그래서 지금도, 언제나 성령의 역사가 일어나는 교회에 모여 성경보고, 말씀 듣고, 기도하고, 찬양할 때, 성령이 임하게 된다는 것입니다. 그런데 홀연히 라는 말이 무슨 말입니까? 갑자기라는 말이지요. 오로지 하나님만을 생각하며 몰입 집중하여 기도할 때 홀연히 성령이 장악하시는 것입니다.

성령이 임하시는 것은 전적으로 성령님의 뜻이지만 분명한 것은 적당히 말씀보고, 적당히 기도하고, 적당히 찬송할 때 임하는 것이 아니라, 마음 중심으로 예배하고, 말씀을 깊이 묵상하고, 전심으로 기도하고, 뜨겁게 찬송할 때, 성령은 우리 가운데 분명 임하게 된다는 사실입니다. 그러므로 내 삶 속에 말씀 보는 시간을 늘리고, 기도하는 시간을 늘리고, 찬송하는 시간을 늘리면, 그 때에 우리도 성령이 충만하게 될 가능성이 더 많아진다는 것입니다.

에베소서 5장 15절-16절 말씀에, "그런즉 너희가 어떻게 행할 것을 자세히 주의하여 지혜 없는 자같이 말고, 오직 지혜 있는 자같이 하여 세월을 아끼라. 때가 악하니라."했습니다. 무슨 뜻입니까? 세상에 취하여, 하나님의 주신 시간들을 자기 임의로 사용하여, 허송세월을 보내지 말고, 우리의 시간들을 영적인 부분들에 할애해서, 말씀과 기도와 찬양의 시간들을 통하여, 하나님의 뜻을 온전히 분변한 가운데, 그 뜻대로 살아가는 신앙의 모습이, 필요하다는 것입니다. 항상 하나님을 생각하고 집중하는 자세가 중요합니다. 그래서 결과적으로 우리의 삶이, 성령이 원하시는 대로, 성령이 이끄시는 대로, 성령의 지배함을 받아, 살아가게 된다는 것입니다.

우리가 이렇게 성령의 지배를 받게 되면, 우리의 삶에 어떤 역사가 나타나겠습니까? 먼저 우리는 하늘의 신령한 지혜와 강력한 능력을 이끌어낼 수가 있습니다. 그리고 세상에 능력을 행사하게 됩니다. 그래서 세상을 살아가도 힘 있게, 당당하게 살아가게 된다는 것입니다. 사단의 권세가 지배하는 이 세상에서, 사단의 올무에 걸려 허우적거리는 인생을 살아가는 것이 아니라, 하나님의 자녀답게 하나님의 권능을 힘입어, 사단의 권세를 깨뜨리며, 주의 이름으로 날마다 승리하며 살아가는 삶, 이런 역사들이 우리의 삶에 나타나게 된다는 것입니다.

더 나아가 마음에 천국을 이루어 항상 하나님과 교통하면서 살아갈 수가 있는 것입니다. 성도는 무엇보다도 하나님과 관계를 열어 친밀하게 지내야 합니다. 하나님과 친밀하게 지내려고 성령의 지배를 받는 것입니다. 성령의 지배를 받게 되니 마귀와 귀신이 감히 넘보지 못하는 성도가 되는 것입니다. 그래서 무시로 하나님을 찾는 것입니다. 항상 성령으로 충만하여 성령의 지배를 받는 삶을 살기위해서 하나님을 찾는 것입니다. 많은 성도들이 성령이 충만 하면은 교회에 나가서 기도할 때 손을 흔들고 벌벌 떨면서 기도하면 성령으로 충만한 줄로 착각합니다.

그러나 성령으로 충만하다는 것은 항상 하나님을 생각하면서 하나님을 찾는 상태가 성령으로 충만한 상태인 것입니다. 이렇게 될 때 전인격이 성령의 지배를 받게 되는 것입니다. 성도들은 성령의 권능으로 살아가야 합니다. 성도들에게서 성령의 능력이 빠진 인간의 힘이나, 경험으로는 하나님을 기쁘시게 하지 못합니다. 성령의 도우심이 빠진 인간의 재주나 재능으로 세상을 이길 수가 없습니다. 성령의 지배를 받지 않는 성도는 잎만 무성한 무화과나무로 자라게 만들 뿐이라는 겁니다. 열매가 없이 잎만 무성한 무화과나무, 그 나무는 인간의 눈으로 볼 때는 멋있게 자란 나무이고, 가지도 무성하고, 잎도 너무나도 푸른 나무이지만, 결국 어떻게 되었습니까? 주님의 저주로 인해 말라 죽고 말았다는 것입니다. 이러한 사실을 우리는 유념해야 할 줄로 압니다. 전인격이 성령의 지배를 받아야 합니다. 그러면, 성령의 지배를 받는 사람들에게 나타나는 삶의 변화는 무엇일까요?

첫째, 생산적인 인생을 살아가게 된다는 것입니다. 하나님을 떠나 세상에 속한 인생은 어떤 인생입니까? 낭비하는 인생입니다. 돌아온 탕자가 아버지를 떠나 살 때에 보았던, 그 허랑 방탕한 인생의 모습으로 살아갑니다. 허비하고 낭비하여, 모든 것들을 다 날려버리는, 그런 인생을 살아가게 된다는 것입니다.

그러나 하나님께 속해 있으면서, 성령의 인도하심을 따라 사는 사람들의 삶은 어떻습니까? 있는 것을 허랑방탕하게 다 없이 만드는 인생이 아니라, 없는 것도 있게 만드는, 그야말로 무에서 유를 창조하는, 생산적인 인생을 살아가게 된다는 것입니다. 하나님은 창조의 하나님이시기 때문입니다. 성령의 지배를 받으니 하나님께서 창조하도록 지혜를 주시기 때문입니다. 믿지 않는 자가 볼 때에 이해가 되지 않는 것입니다. 왜요, 하는 것마다 형통하게 되기 때문입니다.

그래서 성령 충만한 사람들을 세상 사람들이 볼 때에 이해가 되질 않습니다. 어떻게 저런 인생을 살아갈 수 있을까? 상식이 통하지 않습니다. 통계가 통하지 않습니다. 저렇게 살다간 실패하는데, 걱정합니다. 그런데 오히려 더 성공합니다. 저렇게 하다간 망하는데, 오히려 더 흥합니다. 성도들을 향해 우습게 여기며 접근했는데, 나중에는 오히려 큰 코를 다칩니다. 어떻게 저렇게 될 수 있을까? 세상 사람들은 도무지 이해를 하지, 못한다는 것입니다.

그러나 우리는 어떻습니까? 안다는 것이지요. 무엇을 압니까? 그 능력이, 성령으로 말미암은 것인 줄 안다는 것입니다. 생각해 보세요. 성령이 나를 주장하고 다스리시는데, 그 인생이 어찌 실패함이 있을 수 있겠습니까? 그 인생에 어찌 망함이 있을 수 있겠습니까? 성경이 진짜 살아계신 하나님의 말씀이고, 하나님이 진짜 살아계셔서 우리 가운데 함께 계신 임마누엘의 하나님이시라면, 결코 인생에 실패함이나, 망함이 나타날 수가 없는 것입니다.

성령의 인도하심을 받아 살아가는 그 인생에 어찌 약함이 있을 수 있겠습니까? 하나님의 능력으로 강하게 되고, 하나님의 도우심으로 범사가 형통케 되어지는, 그런 귀한 역사들이, 실제적으로 우리 삶에 나타나게 된다는 것입니다. 그런데 우리의 문제는 무엇입니까? 이런 강함을 소유하기 위해, 성령의 충만을 받기 위해 노력하는 것이 아니라, 자꾸만 엉뚱한 것에 관심을 가지며, 세월을 낭비하고 있다는 겁니다. 우리를 향하신 하나님의 뜻이 무엇인지를 제대로 분별하지를 못한 채, 계속해서 세상적으로 나아가 낭비하는, 그런 어리석은 인생을 살아가고 있다는 것입니다.

오늘 인생을 성공적으로 살고 싶습니까? 그러면 성령의 지배를 받기 위하여 성령으로 기도하시길 바랍니다. 사업이 잘 되기를 소원하십니까? 그렇다면, 성령의 지배를 받기 위하여 성령으로 기도하시길 바랍니다. 영육이 건강하기를 소원하십니까? 그렇다면 성령의 지배를 받기 위하여 성령으로 기도하시길 바랍니다. 자녀들이 공부를 잘 하시기를 소원하십니까? 그렇다면, 그들이 성령의 지배를 받기 위하여 성령으로 기도하시길 바랍니다. 그러면 공부를 잘하게 될 것입니다. 성령께서 지혜를 주시고 집중하게 하시니 공부를 잘하게 되는 것입니다.

성령의 지배를 받으면 인생에 실패함이 없이, 계획한 모든 것을 이루며, 또한 얻으며 살아가게 된다는 것입니다. 지극히 생산적인 인생을 살아가게 된다는 것입니다. "너희는 먼저 그의 나라와 그의 의를 구하라. 그리하면 이 모든 것을 너희에게 더하시리라." 오늘 우리는 이 약속의 말씀을 믿으면서, 성령의 충만을 받아, 성령의 지배를 받는 삶을 살아갈 수 있기를, 주님의 이름으로 축원 드립니다.

두 번째, 집중력 있는 인생을 살아가게 된다는 것입니다. 무슨 일을 해도 포기하지를 않습니다. 쉽게 절망하지 않습니다. 끝까지 될 때까지 밀어붙이는 끈기 있고, 집중력이 있는 인생을 살아가게 된다는 것입니다. 그래서 기도를 해도, 남들과 다릅니다. 언제까지 기도합니까? 응답될 때까지 기도 한다는 것입니다. 하나님은 신실하신 하나님이시다. 신실이 뭡니까? 믿을 신자, 열매 실자가 아닙니까? 말 그대로 우리가 믿는 대로 열매를 맺게 해 주시는 하나님이시라는 겁니다. 그것을 의심 없이 믿는다는 것이지요. 그래서 시간이 문제지, 응답은 반드시 된다는 믿음을 가지고 기도하게 된다는 것입니다. 하나님이 귀찮아서라도 응답해 주실 줄 믿습니다. 불의한 재판관의 마음을 움직여, 자신의 억울한 사정을 풀게 한 것은 한 여인의 끈질긴 기도 때문이었습니다. 집중력 있는 기도 때문이었다는 겁니다.

오늘 우리 충만한 교회의 특징이, 무엇이어야 하겠습니까? 이런 집중력이, 특징이 되어야 할 줄로 믿습니다. 수백명, 수천명 모이는 큰 교회만 하나님의 일을 합니까? 아닙니다. 그와는 비교가 안 되게 작은 교회라 할지라도, 우리 교회와 같이 이백 명도 안 되는 중소교회라 할지라도, 이런 집중력만 있다면, 얼마든지 큰 교회 못지않은, 아니 그 보다 더 큰 하나님의 일들을 감당해 나갈 수 있는 줄로 믿습니다. 비단 하나님의 일만 그렇겠습니까? 성도들이 하는 모든 일에도 그럴 줄 압니다. 성령이 충만하여, 성령에 지배함을 받는 삶을 살아가면, 이런 집중력을 발휘해 삶 가운데서도, 어떤 시련이나, 어떤 어려운 환경도, 능히 극복하며 성공할 수 있게 되는 것입니다.

그래서 성령 충만한 분들의 얼굴을 보면, 늘 웃음이 가득합니다. 활기가 있습니다. 오늘 죽도록 일했는데, 내일이면 금방 회복됩니다. 하나님으로부터 공급받는 힘으로 일을 하기 때문에, 성령 충만한 사람들은 일하고도 지지치 않습니다. 이것이 성령의 지배함을 받는 사람들의 특징이라는 것입니다.

오늘 인생을 살아감에 있어, 직장 생활을 함에 있어, 또는 교회에서 맡은 사역을 감당함에 있어, 자꾸만 힘이 들고, 자꾸만 내가 피곤하게 느껴지는 때가 있습니까? 인생에, 사역에 나타나는 열매는 없고, 자신의 힘만 고갈되는 그런 경험을 하신 적이 있습니까? 그래서 모든 것 그냥 포기하고 싶은 그런 생각이 드십니까? 혹 이런 가운데 지내는 분들은 없으십니까? 곰곰이 생각해 보시기 바랍니다. 일이 많아 힘든 것이 아닙니다. 환경이 어려워 힘든 것이 아닙니다. 무엇 때문입니까? 내가 성령에 충만하지 못하기 때문에 힘이 든 것입니다. 내가 성령의 지배를 받지 않고, 내 힘과 내 뜻으로 살아가려고, 그 일을 감당하려고 했기 때문에 힘이 든 것입니다. 자신의 힘으로 하나님의 일을 하려고 하기 때문에 힘이 드는 것입니다. 우리가 바르게 알아야 할 것은 성도가 하는 모든 일은 하나님의 일입니다. 그렇기 때문에 성도는 성령이 지배하여 성령의 힘으로 인생을 살아가고, 직장 생활을 해야 됩니다. 사람의 힘으로 하나님의 일을 하려니 얼마나 힘이 들겠습니까? 상상에 맡깁니다.

19세기의 사역자, D.L 무디가 이런 말을 했습니다. "사역자들을 망가뜨리는 것은 과도한 사역이 아니라 성령 없이 일하는 것이다" 참 멋진 얘기 아닙니까? 우리가 과도한 사역을 해서 무너지는 게 아니라는 겁니다. 성령 없이 일하기 때문에 무너지는 것입니다. 기계가 망가지는 게 기계를 많이 돌려서 망가지는 것입니까? 아닙니다. 윤활유 없이 돌리기 때문에 망가지는 것입니다. 오늘 우리가 하나님 앞에 성령의 충만을 위해 기도해야 하는 이유가 여기 있는 것입니다.

하나님 앞에서 기도하는 가운데 성령의 은혜를 받고, 성령의 능력으로 사명을 감당하는 하나님의 거룩한 자녀들이 다 되시기를 바랍니다. 우리는 사명을 꼭 교회에서 사역하는 것으로 한정하면 안 됩니다. 성도들이 하는 모든 일은 하나님께서 주신 사명입니다. 직장 생활도 사명입니다. 사업을 하는 것도 사명입니다. 예수를 믿고 성령으로 거듭난 성도가 하는 모든 일은 사명입니다. 사명을 거창하게 생각하지 마시기를 바랍니다. 다 같이 한번 따라합시다. "주여! 성령 없이는, 아무 일도 하지 않게 하옵소서." "주여! 성령에 사로잡힌 인생이 되게 하옵소서." 성령의 지배함을 받아, 남은 평생의 시간도, 이런 생산적인 인생, 집중력 있는 인생으로, 지치지 않는 인생을 살아가시는 성도님들 다 되시기를 주님의 이름으로 간절히 축원 드립니다.

충만한 교회는 매주 다른 과목을 가지고 매주 화-수-목 (11:00-16:30)집회를 인도합니다. 무료집회입니다. 단 교재를 구입해야 입장이 가능합니다. 매주 다른 과목으로 집회를 합니다. 그래서 많은 분들이 교수 과목에 대하여 질문을 많이 합니다. 즉, 성령의 불세례 받는 집회는 언제 합니까? 내적치유는 언제 합니까? 신유집회는 언제 합니까? 귀신축사는 언제 합니까? 기도 훈련은 언제 합니까? 성령은사 집회는 언제 합니까? 재정축복집회는 언제 합니까? 등등 질문을 하십니다. 충만한 교회 집회는 어느 집회에 오시더라도 기본적인 영성치유인 "성령의 불세례, 내적치유, 귀신축사, 신유, 성령의 은사 전이, 깊은 영의기도"를 체험하고 치유 받을 수 있습니다.

매주 같은 과목으로 집회를 하면 영성을 깊게 개발할 수가 없습니다. 매주 다른 여러 가지 과목을 학습하면서 과목마다 다르게 역사하는 성령으로 상처와 질병과 귀신들이 떠나갑니다. 과목마다 성령께서 역사하는 방향이 다르기 때문입니다. 병원이나 세상 방법으로 해결하지 못하는 무슨 문제든지 해결 받겠다는 믿음을 가지고 오시면 15가지 질병과 문제도 모두 치유 받습니다.

18장 광야의 훈련을 달게 받아야 한다.

(출2:22)"그녀가 그에게 아들을 낳으니 모세가 그의 이름을 게르솜이라 불렀으니, 이는 그가 말하기를 '내가 타국 땅에서 타국인이 되었도다.' 하였음이라."

하나님은 강력한 능력을 이끌어내어 하나님께 쓰임을 받을 분들을 광야훈련을 통하여 단련하십니다. 광야훈련을 이해하려면 모세와 다윗을 생각하면 쉽게 이해가 됩니다. 모세는 지나온 40년간에 왕자의 삶에서 철저하리만큼 지난 과거를 벗겨내는, 나그네로의 40년을 광야에서 훈련을 받습니다. 애굽을 통치할 세상 지도자 모세는 광야에서 죽어 버렸습니다. 그냥 덧없는 세월을 보내며 양들을 치는 80세의 노인 모세가 있을 뿐입니다. 그러나 하나님의 부르심에는 겸손히 창조주의 음성을 듣고, 따를 수 있는 이스라엘의 목자가 필요했지, 세상 지식과 지도력으로 자만감에 충만한 사람은 무의미 했습니다. 노인 모세는 어리석은 양들을 40년 동안 돌보면서, 인내와 겸손을 배웠을 것입니다. 양들은 목자의 이끌어 줌이 없으면, 적으로부터 자신을 보호할 수도 없고, 스스로 목초지를 찾아갈 수도 없습니다. 이런 광야의 훈련을 통해 모세는 앞으로 감당해야 할 하나님의 구원의 역사를 위해 준비를 하고 있었던 것입니다.

우리가 겪는 인생의 고통도 당시는 쉬운 것이 없을 정도로 벅참을 느끼지만, 하나님은 당신의 영원한 구원과 영광을 이루시기 위해 우리를 준비시키시고 있는 것입니다. 하나님을 겸손히 온전히 신뢰한다는 것은 말처럼 쉽지가 않습니다. 세상에 속하고, 육에 속한 옛사람이 완전히 죽지 않으면 하나님의 충성된 종이 될 수가 없습니다. 그렇기에 하나님은 힘든 훈련 속으로 몰아넣으시는 것입니다. 십자가의 죽음을 지나지 않은 사람은 하나님의 구원의 도구가 될 수 없습니다. 따라서 하나님은 당신의 도구로 택하고 부르신 자들을 십자가로 이끌어 가십니다. 그 죽음과 부활의 과정을 통하며, 사람은 자신의 본질을 깨닫고 하나님께 순종할 수 있기 때문입니다. "우리를 십자가로 이끄시고 육에 속한 옛사람은 죽고, 영에 속한 새 사람은 살아나게 하시는 하나님 아버지, 감사를 드립니다. 우리를 당신의 영원한 구원의 성취를 위해 훈련시키시고 사용하여 주옵소서!"

첫째. 모세의 광야 훈련. 모세가 40세가 되었을 때, 모세는 스스로 생각했을 것입니다. '그 동안 갈고 닦은 내 실력과 경륜으로 이 백성을 충분히 구할 수 있을 것이다.' 모세는 이스라엘 사람을 압제하는 애굽 사람을 쳐 죽였고, 그 결과 민족의 구원은 고사하고 오히려 광야로 도망가는 도망자의 신세가 되고 말았습니다. 자신의 힘으로 동족을 구원하는 것은 불가능한 것이었습니다. 우리는 자신의 힘으로 살아갈 수가 없는 나약한 존재입니다. 모세가 힘이 있고, 권력이 있었어도 자기 힘으로는 아무것도 할 수 없었습니다. 하나님은 스스로 하나님 없이 아무것도 할 수 없다는 것을 체험하게 하십니다.

모세는 40년 동안 광야에서 도대체 무엇을 경험하고 배웠습니까? 어제의 영광을 다 내려놓게 됩니다. "네 하나님 여호와께서 이 사십년 동안에 너로 광야의 길을 걷게 하신 것을 기억하라. 이는 너를 낮추시며 너를 시험하사 네 마음이 어떠한지 그 명령을 지키는지 알려 하심이라"(신 8:2). 광야는 인간이 현실적으로 누릴 모든 가능성이 사라진 곳, 단절된 곳입니다. 자신의 힘으로 아무것도 할 수 없다는 것을 깨닫는 곳입니다. 자신을 죽이는 기간입니다. 광야는 내 안에 있는 욕심으로 가득 찬 손을 비우게 하십니다. 어제의 분노-억압-열등감에서 탈출을 시도하게는 하지만, 내일의 약속의 땅은 아직 현실로 오지 않은 현실입니다. 모세로 하여금 자신의 정확한 모습을 확인하게 하십니다. 자신을 감싸고 있는 거짓 치장들이 벗겨지면서, 자신의 정체성이 드러납니다. 그러나 이는 자신을 파멸시키려는 것이 아니라, 오히려 단련하여 순금같이 나오게 하심입니다. 그래야 하나님이 쓰실만한 인물이 되기 때문입니다. 찌꺼기 같은 불순물은 사라지고, 순금으로 순전하게 나올 수 있게 하기 위함입니다. "나의 가는 길을 오직 그가 아시나니 그가 나를 단련하신 후에는 내가 순금 같이 나오리라"(욥 23:10).

광야에서 모세가 배운 것은 무엇일까요? 이름 없음도 감내할 수 있는 자기 포기를 배웁니다. 세상이 내 이름을 전혀 몰라도 괜찮을 만큼 낮아져 있기 때문입니다. 홀로 있음을 견딜 수 있는 강인함을 배웁니다. 외로움을 넘어 침묵을 지키며 홀로 있는 것을 즐길 수 있어야 합니다. 하나님과 직접적으로 교통하는 방법을 배웁니다. 자기의 때가 오기까지 기다리는 법을 배웁니다. 어쩌면 그러한 기회조차도 (자신의 소원이 이루어지는) 영원히 없을 수도 있다는 것을 인정해야합니다. 섬김을 받는 것이 아니라, 섬기는 법을 배웁니다. 왕이 아니라, 목동입니다. 양을 치는 목자의 심정을 지니기 때문입니다. 양을 긍휼히 여기는 예수님(목자)의 마음을 배웁니다.

광야는 하나님께서 말씀하시며, 그분의 영으로 채움을 받는 장소입니다. "여호와께서 그를 황무지에서, 짐승의 부르짖는 광야에서 만나시고 호위하시며 보호하시며 자기 눈동자 같이 지키셨도다."(신 2:10). 하나님은 광야에서 모세를 낮추셨습니다. 겸손하게 하셨습니다. 광야라는 고난의 학교에서 자기 욕심을 버리고, 하나님에게만 집중합니다. 그분에게 기도하게 하시고, 감사하는 법을 배웁니다. 때가 이르니 하나님께서 부르십니다.

둘째, 다윗의 광야 훈련. 다윗은 하나님의 마음을 듣고 그대로 선포하는 영감이 깊은 영적 거장입니다. 다윗은 바로 광야에서 이 위험과 죽음을 수시로 대면하면서도 동시에 하나님의 신비와 생명의 소중함을 함께 깨달은 사람입니다. 다윗의 광야가 제공하는 영적인 의미를 아는 것은 우리 신앙을 깊은 영성의 차원으로 업그레이드 시킵니다. 이새의 여덟 번째 아들로 태어난 다윗은 목동이었습니다. 벌판에서 양을 치고 있던 어느 날 아버지가 찾는다는 말에 영문도 모르고 끌려옵니다. 와서 본즉 제사장인 사무엘과 예루살렘 성읍 장로들이 모두 모여 있습니다. 아버지와 일곱 형들도 다 함께 있어 자신을 바라보는 눈길은 평상시와는 전혀 다른 공기를 느끼게 합니다.

얼떨떨한 채로 그 자리에 들어서니 제사장인 사무엘이 모든 사람들 보는 앞에서 그에게 머리에 기름을 붓습니다. 사울을 왕으로 세우셨던 하나님께서 왕위를 이제 다윗에게 옮기시는 순간입니다. "사무엘이 기름 뿔 병을 가져다가 그의 형제 중에서 그에게 부었더니 이 날 이후로 다윗이 여호와의 영에게 크게 감동되니라"(삼상16:13). 성경이 다윗의 심정이 어떠했는지는 말하고 있지 않기 때문에 우리는 상상력을 발휘해 볼 필요가 있습니다. 이스라엘에서는 제사장과 선지자 그리고 왕에게만 기름부음의 의식을 행합니다. 그러므로 자신이 기름부음을 받는 것이 무엇을 의미하는지는 다윗도 알고 있습니다. 게다가 하나님의 영에 크게 감동되었다는 것으로 봐서는 자신에게 일어난 커다란 변화를 체험하고 지금까지는 평범한 목동에 불과했으나 앞날에 대한 전혀 다른 꿈을 가졌을 것이 틀림없습니다. 기름 부음을 받은 이후에도 여전히 목동의 일을 하고 있던 그에게 굉장한 사건이 생깁니다. 하나님의 영에 크게 감동된 자로서의 승리라고 할 수 있는 것으로 바로 블레셋의 장수 골리앗을 무너뜨린 일입니다.

골리앗을 쓰러뜨린 일을 계기로 사울의 아들 요나단과 친구도 되고 사울의 사위까지 되어 지위도, 명예도 한 몸에 받게 된 그는 아무것도 두려울 것이 없었습니다. 모든 것이 다 잘되어가고 있었습니다. 그런데 호사다마, 사울의 시기심으로 인해 그야말로 갑자기 최고의 자리에서 최악의 자리로 떨어져버렸습니다.

결국 생명의 위협을 느껴 광야로 쫓겨나는 신세가 되고 맙니다. 사무엘상 19장에서 시작된 다윗의 도피는 결국 사울이 죽은 후에야 끝이 나게 되는데 이때까지 그가 광야에서 머무른 기간이 10년이나 됩니다. 그야말로 기가 막힌 도피생활을 하게 됩니다. 사울을 피해 광야로 쫓겨 가서 이리저리 돌아다니다 한번은 사울의 손에 죽을 것이 두려운 나머지 자신이 죽였던 골리앗의 나라인 블레셋으로 들어간 적도 있습니다. 블레셋이라면 이스라엘의 적국입니다. 블레셋의 아기스왕 앞에 섰을 때 아기스의 부하들이 경계하자 위험을 느껴 살아남기 위해 미친척하고서는 그곳을 빠져나왔습니다(삼상 21장).

게다가 떠돌이 생활을 하다 보니 함께 한 식솔들이 생겨났습니다. 삼상 22장을 보면 환난 당한 모든 자, 빚진 자, 마음이 원통한 자들이 다 다윗에게로 모이게 되어 400명가량이었다고 기록되어 있습니다. 갈 곳 없는 사회의 부적격자들의 우두머리가 되어 함께 도망 다니는 것은 또 얼마나 힘든 일입니까? 도대체 이거 뭐지? 싶은 생각이 왜 없었겠습니까? 자신이 기름부음 받았던 날을 떠올리는 것도 지쳤습니다. 과연 나에게 좋은 날이 올 것인가 하는 의심이 들지 않을 수 없습니다.

차라리 그냥 목동으로 살았더라면 이 고생은 안 해도 되지 싶습니다. 그렇게 목숨을 부지하기 위해 도망 다니기를 5년째 되던 때입니다. 다윗은 드디어 삼상 24장에 나오는 엔게디 광야로 숨어들게 됩니다. 엔게디는 지구상에서 가장 험하고 황량한 지역으로 일컬어지는 곳입니다. 쫓겨 다니는 다윗으로서는 엔게디의 지형만큼 숨기 좋은 곳은 없습니다. 그런데 다윗이 엔게디 근처에 있다는 것을 안 사울이 쫓아왔습니다.

원수는 외나무다리에서 만난다고 이들의 만남은 참으로 기가 막힙니다. 사울이 갑자기 화장실이 가고 싶었습니다. 볼일을 보기 위해 동굴로 들어가게 되는데 그 동굴이 마침 다윗 일행이 쉬고 있던 바로 그 동굴이었습니다. 동굴 안으로 들어간 사울은 그 안에 있는 사람들을 알아보지 못합니다.

한 낮의 태양 빛 가운데 있다 동굴로 들어온 자들은 어둠에 익숙지 않기 때문에 동굴 안쪽 어두운 구석에 있는 사람을 알아보지 못합니다. 영화가 시작된 극장에 들어가면 캄캄해서 앞뒤 분간이 어려워 허둥대는데 앉아 있는 사람들은 그 모습을 훤히 보는 것과 같은 것이지요. 등을 돌리고 앉은 사울은 자신의 볼일을 보고 있습니다. 사울이 다윗을 쫓아온 것인데 모양새는 마치 하나님께서 사울을 다윗에게 완전히 양도된 상황으로 만들어주신 것 같이 느껴집니다.

부하도 없이 그리로 들어온 사울은 꼼짝없이 당할 운명에 놓였습니다. 지금 이 상황은 우연이라 하기에는 너무 절묘한 타이밍입니다. 사울임을 알아 본 다윗의 부하들은 그를 죽일 절호의 기회라고 여겨 다윗을 조릅니다. 사실 누가 봐도 이것은 하나님께서 허락하신 기회라고 여기는 것이 당연합니다. 그러나 다윗은 다만 사울의 옷자락을 조금 벨뿐입니다. 고대 근동에서는 사람의 옷자락을 자르는 것은 그 사람의 명예를 박탈하기 위한 상징적인 법률행동으로 여겼습니다. 그래서 옷자락을 벤 것만으로도 사울의 명예를 박탈한 것 같은 마음에 편치 않았습니다. 얼마 후 하길라 산이란 곳에서 이와 비슷한 일은 한 번 더 되풀이 되었습니다(삼상 26장).

이미 자신을 죽이려고 여러 번 시도했었고 지금도 죽이기 위해 쫓아온 자가 바로 자기 눈앞에 있습니다. 이쯤 되면 그가 사울을 죽여도 잘못은 아닙니다. 게다가 자신은 이미 차기 왕으로 기름 부음 받았습니다. 그런데도 다윗은 사울을 죽이지 않았을 뿐 아니라 옷을 조금 벤 것만 가지고도 불편해 했습니다. 왜 그랬을까?

사무엘상 24장 6절에 보면 "자기 사람들에게 이르되 내가 손을 들어 여호와의 기름 부음을 받은 내 주를 치는 것은 여호와께서 금하시는 것이니 그는 여호와의 기름부음을 받은 자가 됨이니라." 다윗이 사울을 죽이지 않은 가장 큰 이유는 생명의 주권이 하나님께 있다는 자신의 신앙고백에 있습니다. 사울을 사울로 보는 것이 아니라, 하나님의 사람으로 보는 안목이 그로 하여금 사울에게 손대지 않게 하였습니다. 원수 갚는 것이 하나님께 있다는 것을 안 것입니다.

광야는 다윗에게 생명의 고귀함을 가르쳐 주는 학교였습니다. 광야의 훈련을 받은 다윗의 눈에는 사울이 적이 아니라, 하나님의 기름 부으심 받은 자로 보였습니다. 사람들이 만들어 낸 소음과 소란에서 멀리 떨어져 아무것도 없는 광야에서 홀로 침묵가운데 살던 다윗은 사울에게서 다른 누구도 보지 못했던 하나님의 영광을 볼 수 있었습니다. 비록 자신을 죽이러 쫓아다니는 사울일지라도 그를 세우신 하나님의 영광을 먼저 볼 수 있는 영적인 눈이 열렸던 것입니다. 이 말은 하나님과의 관계를 맺으며 살아간 광야 생활을 통해 다윗 안에는 신성함을 알아 볼 줄 아는 감각이 크게 자라났다는 것을 의미합니다.

세상에서는 버려진 땅을 광야라고 하지만, 하나님의 자녀들에게는 광야가 하나님의 임재, 말씀을 인식하는 장소라고 합니다. 다윗의 광야에서는 바로 이 버려진 땅과 같은 존재인 사울이 하나님의 기름 부음을 입은 영광스러운 존재로 여김을 당할 수 있다는 엄청난 교훈이 들어 있음을 알게 됩니다.

다윗의 생애를 엿볼 수 있는 성경의 기록은 사무엘상하서로 알고 있습니다. 그러나 다윗의 외적 생애를 기록한 것이 사무엘서라면 그의 내면을 기록한 것은 시편이라 할 수 있습니다. 대부분의 시편 저자가 다윗이라는 것을 아는 사람들도 그 시편 가운데 많은 부분이 다윗의 광야 생활 10년 동안에 기록된 것이라는 것은 잘 모릅니다. "내 마음이 내 속에서 심히 아파하며 사망의 위험이 내게 이르렀도다. 두려움과 떨림이 내게 이르고 공포가 나를 덮었도다. 내게 비둘기같이 날개가 있다면 날아가서 편히 쉬리로다"(시54:4-6). 광야 10년의 도피로 인해 마음이 상한 다윗의 글입니다.

이 외에도 사울을 피하며 쓴 글은 많지만 그 가운데 시편 57편은 사무엘상 24장의 내용입니다. "그들이 내 걸음을 막으려고 그물을 준비하였으니 내 영혼이 억울하도다. 그들이 내 앞에 웅덩이를 팠으나 자기들이 그 중에 빠졌도다. 하나님이여 내 마음이 확정되고 확정되었사오니 내가 노래하고 내가 찬송하리이다." 자신을 죽이려고 쫓아왔으나 지금 자신이 친 웅덩이에 빠진 사울에 대한 노래입니다. 그러나 그의 마음은 하나님을 향하고 있어 사울에 대한 복수 따위는 전혀 안중에 없습니다.

그가 광야에서 쓴 시편을 보면 다윗이 어떻게 광야생활 속에서 하나님과 관계를 맺으며 살았는지 알 수 있습니다. 척박한 광야에 있는 모든 것들은 가치 없이 버려진 것들이지만 그 속에서 그는 하나님의 아름다움을 찾아내었습니다. 소망 없는 400명의 비렁뱅이들 속에서도 그들과 함께 하시는 하나님의 임재를 읽어낼 수 있어 그들을 품을 수 있었습니다. 왕이 쭈그리고 앉아 대변을 보는 참으로 흉한 꼴을 보여주었으나 그 속에서조차 그는 하나님의 택하심을 입은 한 왕을 보았고 그에게 경의를 표했습니다.

광야가 그에게 허락한 영성입니다. 광야는 누구나 피하고 싶어 하는 고난의 장소입니다. 예기치 않은 어려움과 환난을 겪어야 하는 곳이며, 육체적으로 정신적으로 황폐함과 삭막함을 피할 수 없는 곳이기 때문입니다. 육신의 정욕, 안목의 정욕, 이생의 자랑 등을 생각할 수 없는 곳입니다. 모든 것을 눈에 보이는 대로 귀에 들리는 대로 하려는 세상에서는 절대로 배울 수 없는 귀한 선물입니다. 자신이 원해서 스스로 광야에 들어간 것이 아니라 쫓겨 간 그곳에서 다윗은 대단히 의미 있는 세월을 보냈습니다.

생명을 보존하기 위해 도망간 곳이 광야였습니다. 그러나 자신의 생명만큼 다른 사람의 생명도 소중함을 그곳에서 머무르면서 배우게 되었습니다. 어쩌면 다윗이 광야에서 보낸 세월은 그의 인생에서 가장 좋은 시간에 속하는 시간일지도 모릅니다. 그에게 삶과 인간 그리고 하나님에 대한 지평을 새롭게 열어주었을 것이니 말입니다. 다윗의 광야는 전혀 기대하지 못했던 장소와 사물들 안에서 하나님을 알아보는 법을 배우게 합니다. 광야를 통해서만이 버려진 것들처럼 여겨진 것에서도 하나님의 거룩을 볼 수 있는 영적 통찰력이 생깁니다.

다윗은 10년 동안 광야에서 도대체 무엇을 경험하고 배웠습니까? 자신의 힘으로 아무것도 할 수 없다는 것을 깨닫는 곳입니다. 홀로 있음을 견딜 수 있는 강인함을 배웁니다. 외로움을 넘어 침묵을 지키며 홀로 있는 것을 즐길 수 있어야 합니다. 하나님과 직접적으로 교통하는 방법을 배웁니다. 광야는 하나님께서 말씀하시며, 그분의 영으로 채움을 받는 장소입니다. 광야라는 고난의 학교에서 자기를 죽이고, 하나님에게만 집중합니다. 그분에게 기도하게 하시고, 감사하는 법을 배웁니다. 때가 이르니 하나님께서 다윗을 유다의 왕으로 기름을 부으십니다.

셋째, 필자의 광야 훈련. 목회자가 광야의 훈련으로 치러야 할 대가 중에서 가장 먼저 치러야 할 것은 꿈이 좌절되는 경험입니다. 자신을 믿지 못하게 하는 것입니다. 아예 자신을 죽이는 것입니다. 필자는 교회만 개척하면 하루에 삼천 명씩 구름 떼와 같이 사람들이 모여들 것이라고 확신했습니다. 그런데 교회를 개척하고 한 주일, 두 주일 지나면서 낙담과 좌절이 찾아오기 시작했습니다. 방문객들이 끊기고 몇 명 안 되는 교인들 앞에 섰을 때 침체의 그림자가 나를 엄습했습니다. 개척한 지 4개월 만에 불안 장애가 찾아왔습니다. 손이 부들부들 떨리는 것입니다. 사모에게 이야기를 하지 못했습니다. 약국에 가서 청심환을 많이 사서 먹었습니다. 무슨 이유인지를 알지를 못했습니다. 나중에 발견한 사실이지만 그것은 영적 침체와 함께 두려움, 염려와 근심이었습니다. 불안이 가슴에 차고, 좌절감에 사로 잡혔습니다.

무력감이 찾아 왔습니다. 삶의 의욕을 상실했습니다. 좋아하던 책도 보기 싫고, 교회 개척도 의미를 못 느꼈습니다. 믿음이 상실되고, 누구든 나를 괴롭히는 사람으로 보였습니다. 피해의식이 나를 괴롭혔습니다. 비전을 잃기 시작했습니다. 포기하고 싶었습니다. 죽고 싶었습니다. 그런데 문제는 돌이킬 수 없는 환경이었습니다. 피하려야 피할 수 없는 현실이 나를 더욱 괴롭혔습니다. 힘들어하는 모습을 지켜보고 있는 가족들에게 더욱 심한 죄책감을 느꼈습니다.

지금 생각하면 광야 훈련인 영적 침체를 통과하면서 개척교회 지도자로서 치른 또 하나의 대가는 열등의식이었습니다. 개척할 때보다 개척하고 나서 더 많은 열등의식을 가졌습니다. 개척교회를 시작하고, 담임지도자가 되었을 때 가장 큰 문제는 비교할 대상이 없다는 것이었습니다. 스스로 탁월함을 추구하지 않으면 아무도 이야기하는 사람이 없었습니다. 개척한 지 1-2년 동안은 조금 부족해도 개척교회라는 이름 때문에 별로 비난을 받지 않았지만, 3년이 지나면서는 교회가 생각보다 성장하지 않으면서 실력에 대한 평가를 받는 것을 느꼈습니다. 또한 새롭게 일어나면서 급성장하는 교회의 지도자들과 나를 비교하면서 별 생각 없이 이야기하는 교인들의 말을 듣고 있으면 심한 열등의식으로 고통을 받아야 했습니다.

제가 개척교회 지도자가 된 이후에는 재정에 대한 부담, 교회에서 일어나는 모든 문제에 대한 책임을 감당해야 했습니다. 순간순간 내려야 할 결정들이 많았습니다. 설교하는 것을 배웠고, 목양하는 것을 배웠지만 영적인 리더십에 대하여 공부를 별로 해본 적이 없었던 내가 사람들을 인도한다는 것은 대단히 힘든 과업 중 하나였습니다. 개척교회 지도자가 받는 압박 중에서 하나는 돈입니다. 돈을 우습게 알고 시작한 개척, 돈이 인생의 전부가 아니라면서, 돈으로 목회하는 것이 아니라고 생각하면서 시작한 개척 현장에서 정말 현실적으로 부딪치는 것은 재정문제였습니다.

그러한 중에도 개척교회 지도자의 과제는 하나님만 의지하는 것입니다. 개척교회 지도자에게 어려운 문제는 밖에 있기보다는 자신의 의식구조 안에 있는 것을 보게 되었습니다. 그것은 핍절의식입니다. 가난 의식입니다. 하나님은 부요하시고 풍부하십니다. 그런데 개척 현장에서 부딪치는 것은 가난입니다. 한 달을 살아가는 것이 정말로 막연합니다.

하나님이 개척교회 목회자에게 부과하시는 훈련은 사람을 의지하지 못하게 하는 것입니다. 특별히 제 자신이 아주 신뢰했던 사람들이 도와주지 않는 것입니다. 교회를 개척할 때 평소에 제가 사랑하고 신뢰했던 사람들의 목록을 적어놓고 기도를 드렸습니다. 그런데, 제가 생각할 때 가장 믿음직스러웠던 몇 가정은 교회를 시작할 때 오지 않았습니다. 아니 친척들도 아예 발을 뚝 끊었습니다. 또한 필자가 특정한 사람을 의지하게 되면 그 사람이 어떤 이유든지 교회에서 떠나는 것을 경험했습니다. 심방을 많이 한 가정일수록 교회를 일찍 떠나는 것도 경험했습니다. 너무 많은 부담을 느끼거나, 직분을 둔다거나, 어떤 일을 맡기겠다는 약속을 하고 지키지 못하지 때문이라고 생각합니다.

개척과 함께 치른 대가는 컸습니다. 몸도 많이 상했고, 마음도 약해지는 경험을 했습니다. 불안장애와 우울증을 경험했습니다. 예언가나 상담자를 찾아가기도 했습니다. 정신 신경성질병을 극복하기 위하여 처방약을 먹어보기도 했습니다. 이런 고통의 과정에서 하나님은 신실하셨고, 선하셨습니다. 함께하시면서 저를 위로 하셨습니다. 하나님은 고통의 대가를 지불하는 과정에서 저를 영적으로 변화시키셨고, 성장시키셨습니다. 또 해결책을 찾는 지혜를 주셨습니다. 그것이 바로 성령으로 치유하는 치유목회입니다. 먼저 제가 내적치유를 받으니 평안해져서 좋았습니다. 사모가 안정을 찾으니 좋았습니다. 제가 교회를 개척하기 전에 모든 문제들을 알았다면 모두 준비를 하고 개척을 시작했을 것입니다. 광야훈련은 강력한 능력을 이끌어내어 하나님께 쓰임을 받을 지도자라면 누구나 통과해야 한다고 생각을 합니다. 그래서 여기에 적는 것입니다. 결국 하나님께서 알려주신 대로 순종하여 서울에 올라와 목회를 하고 있습니다. 강력한 능력을 이끌어내어 쓰임을 받고자 하시는 분들은 이런 광야의 훈련이 기다라고 있다는 것도 아셔야 나중에 실망하지 않습니다.

19장 약한자가 되어야 능력이 강해진다.

(고후 12:8~10)"이것이 내게서 떠나가게 하기 위하여 내가 세 번 주께 간구하였더니, 나에게 이르시기를 내 은혜가 네게 족하도다. 이는 내 능력이 약한 데서 온전하여짐이라 하신지라. 그러므로 도리어 크게 기뻐함으로 나의 여러 약한 것들에 대하여 자랑하리니 이는 그리스도의 능력이 내게 머물게 하려 함이라. 그러므로 내가 그리스도를 위하여 약한 것들과 능욕과 궁핍과 박해와 곤고를 기뻐하노니 이는 내가 약한 그 때에 강함이라"

하나님은 강력한 능력을 이끌어내어 하나님께서 사용하실 사람들에게 여러 가지 체험을 하게 하십니다. 체험을 통하여 자신이 얼마나 나약한 사람인가를 스스로 깨닫게 하십니다. 자신의 힘과 지혜와 능력을 가지고 세상을 살아가다가 자신의 힘으로는 세상을 이기기에 역부족하다는 것을 스스로 알게 하십니다. 하나님 없이는 한 시간도 세상을 살아갈 수가 없다는 것을 깨달아 알게 하십니다. 세상에서 어려운 난제를 만나 어찌할 바를 모르다가 하나님이 계신다는 생각이 들어 하나님께 기도할 때 지혜를 주시고 해결하게 하십니다. 그래서 하나님만 자신의 편이면 무엇이든지 할 수 있다는 믿음을 갖게 하십니다. 하나님이 자신과 함께 하시면 무엇이든지 할 수 있다는 담대함을 갖게 하십니다. 자신

스스로 하나님 한 분이면 된다는 믿음에 이르게 하십니다.

크리스천은 자신이 약하다고 생각할 때 바로 강해집니다. 왜냐하면 자신이 약하기 때문에 하나님 없이 살지 못한다는 것을 알고 기도하기 때문입니다. 그래서 성도는 자신이 약하다고 생각할 때 강해지는 것입니다. 하나님은 자신이 약한자라는 것을 아는 성도를 사용하십니다. 하나님만을 의지하기 때문입니다. 하나님께 기도하여 하나님께서 말씀하시는 대로 순종하기 때문입니다. 바울은 고린도후서 12장 9-10절에서 "나에게 이르시기를 내 은혜가 네게 족하도다. 이는 내 능력이 약한 데서 온전하여짐이라 하신지라 그러므로 도리어 크게 기뻐함으로 나의 여러 약한 것들에 대하여 자랑하리니 이는 그리스도의 능력이 내게 머물게 하려 함이라. 그러므로 내가 그리스도를 위하여 약한 것들과 능욕과 궁핍과 박해와 곤고를 기뻐하노니 이는 내가 약한 그 때에 강함이라" 약하니까, 기도하고, 기도하니까, 하나님의 뜻을 알고, 하나님의 능력이 자신에게 머물러서 강력한 능력을 이끌어낼 수 있었다고 말합니다.

성도는 대부분 자신이 약하기 때문에, 강한 것이 아닌 약한 자를 사용하신다는 말씀을 좋아합니다. 하지만, 이것을 조금만 더 생각해 보면, 당연한 것이라고 생각할 수 있습니다. 약하기 때문에 하나님이 필요하여 의지하기 때문입니다. 자신의 능력으로는 세상을 이길 수가 없다는 것을 깨달았기 때문입니다. 왜 그렇습니까? 세상을 이길 수 있는 능력은 자신에게 있는 것이 아니라

"하나님께 있기 때문"입니다. 하나님께 의뢰하면 할수록 세상을 이기는 힘은 강해지는 것입니다. 고린도후서 4장 7절의 말씀을 보면, "우리가 이 보배를 질그릇에 가졌으니 이는 심히 큰 능력은 하나님께 있고 우리에게 있지 아니함을 알게 하려 함이라"고 하였습니다. 능력이 우리에게 없고, 하나님께 있다는 사실은 하나님께서 쓰임 받는 사람은 언제나 "내 힘으로 일하지 않고 하나님의 힘으로 일한다"는 말입니다. 하나님께서 사람을 쓰실 때에는 스스로 능력이 있다고 자처하는 사람을 쓰시지 않습니다.

제가 언제인가 집회할 때 이런 질문을 한 적이 있습니다. 첫째, 하나님은 하나님을 위하여 열심히 일하는 성도를 사용하십니다. 둘째, 하나님은 하나님께서 원하시는 일을 하는 성도를 사용하십니다. 두 가지 중에 어떤 것이 맞는 말이냐고 질문을 했습니다. 그러자 참석하신 분들이 모두 하나같이 두 번째가 하나님의 뜻이라고 대답을 했습니다. 정확한 대답입니다. 하나님은 하나님을 위해서 열심히 일하는 성도를 사용하시지 않습니다.

하나님께서 원하시는 일을 하는 성도를 사용하십니다. 왜냐하면 하나님을 위하여 열심히 일하는 성도는 자신이 나름대로 강한 자라고 믿고 있기 때문에 하나님께서 사용하실 수가 없습니다. 자신이 강하다고 생각하고 믿기 때문에 하나님을 의지하지 않고 자신의 힘으로 열심히 하려고 하기 때문입니다. 열심히 하는 성도는 하나님의 의중은 상관이 없고 자기 자아를 따라가기 때문에 항상 하나님과 상반될 수 있어서 하나님께서 사용하실 수가 없습니다. 반면에 하나님께서 원하시는 일을 하는 성도는 자신의 힘으로 하나님의 일을 할 수가 없다는 것을 알기 때문에 하나님께 기도합니다. 하나님께 기도하여 하나님의 뜻을 알고 하나님께서 원하시는 일을 하려고 합니다. 하나님의 의중을 알아야 되니 항상 하나님께 집중하고 기도합니다. 하나님께 집중하고 기도하니 하나님과 친밀한 관계가 됩니다. 하나님과 친밀해지니 하나님의 권능이 함께하는 것입니다. 바울이 말하는 대로 "나의 여러 약한 것들에 대하여 자랑하리니 이는 그리스도의 능력이 내게 머물게 하려 함이라."가 이루어지는 것입니다. 약하기 때문에 하나님께 기도하여 그리스도의 능력이 머물게 되는 것입니다.

하나님은 하나님의 뜻을 알고 하나님의 뜻에 따라 순종하는 성도를 축복하십니다. 하나님은 분명하게 사도행전 17장 24-25절에서 "우주와 그 가운데 있는 만물을 지으신 하나님께서는 천지의 주재시니 손으로 지은 전에 계시지 아니하시고, 또 무엇이 부족한 것처럼, 사람의 손으로 섬김을 받으시는 것이 아니니, 이는 만민에게 생명과 호흡과 만물을 친히 주시는 이심이라" 하나님은 사람의 손으로 지은 전에 계시지 않습니다. 하나님은 사람의 손으로 섬김을 받지 않는 분입니다. 하나님은 사람의 손으로 하나님을 위하여 열심히 하는 것을 원하시지 않습니다. 하나님은 예수님을 믿는 자들에게 생명과 호흡과 만물을 친히 주신 하나님이십니다. 하나님은 부족한 것이 없습니다. 이제 답이 나왔습니다. 하나님을 위해서 무엇을 열심히 하려고 하지 말라는 것입니다. 하나님께서 원하시는 일을 하라는 것입니다. 즉, 하나님의 조력자(보조자)가 되라는 것입니다. 하나님을 위해서 일하는 주관자가 되려고 하지 말라는 것입니다.

왜 그렇습니까? 능력은 하나님으로 충분하기 때문입니다. 그러면, 하나님께서 원하시는 것은 무엇입니까? 하나님께서 원하시는 뜻에 따라, 주신 것들을 활용하여 이 땅을 하나님의 나라를 만드는 성도를 사용하시고, 그런 성도를 찾고 계신 것입니다. 하나님이 주신 것들을 삶에서 누리면서 하나님의 의중에 따라 이 땅을 하나님의 나라를 만드는 성도가 되기를 원하시는 것입니다. 그렇기 때문에 성도가 자신의 힘으로 하나님을 위하여 무엇을 하는 성도를 하나님께서 기뻐하시지 않는 것입니다. 자신이 힘이 있어 하나님께 의뢰하지 않고, 자기 마음대로 열심히 하는 성도는 하나님의 나라의 군사가 될 수가 없습니다. 먼저 자신이 열심히 하려는 생각에서 부터 자격에 미달되는 것입니다.

하나님께서 주신 것들을 이용하여 이 땅에 하나님의 나라를 만들어가는 그런 사람을 찾다보면, 오히려 힘 있고, 능력 있는 사람보다, 약하고 지혜 없는 사람이 하나님께서 주신 것을 이용하여 이 땅에 하나님의 나라를 건설하는 일에 더 집중하고, 더 관심이 있어 하고, 더 하나님을 붙든다는 말입니다. 그런 측면에서, 하나님은 힘없고, 지혜 없는 사람을 사용하신다는 말입니다. 아무 의미 없이, 그냥 지혜 없고, 힘이 없는 사람을 사용하신다는 것이 아님을 깨달아야 합니다.

하나님의 능력은 무한대로 표현 할 수 있습니다. 하나님은 천지만물을 친히 지으시고 섭리하시는 초자연적인 분이기 때문입니다. 그런데, 어떤 사람에게 능력이 10이 있는 사람이 있고, 또 어떤 사람에게는 힘이 10,000이 있는 경우가 있습니다. 하지만, 하나님과 하나가 될 때에는 자신이 가지고 있는 힘은 필요가 없습니다. 하나님의 힘이 무한대이기 때문입니다. 그래서 자신의 힘이 10,000 정도로 강해도 무한대인 하나님을 주인으로 인정하고, 의뢰할 때에는 무한대인 하나님의 힘만 나타나기 때문입니다. 그래서 내가 지혜가 없고, 무능하고 약해도, 하나님께서 자신에게 무한대의 힘이 됨으로 그 힘을 의지하고 나아갈 때에 내 힘은 하나님 안에서 무한대가 되는 것입니다. 그러므로 하나님께서 사용하고자 하는 사람의 능력은 의미가 없는 것입니다. 내가 얼마나 능력을 행할 수 있느냐를 말할 때, 하나님의 능력을 가진 사람에게는 능력의 한계가 없으므로 아무런 가치가 없는 것입니다. 아무리 약해도 하나님을 주인으로 모시고 의뢰하면 자신에게서 무한대의 하나님의 능력이 나나나는 것입니다.

그러면, 하나님이 누구를 사용하십니까? 하나님의 능력을 제대로 전달하는 사람을 사용하십니다. 자기의 나약함을 알고 하나님의 힘을 의지하여 순종하는 성도입니다. 바로 그런 사람이 약한 자들입니다. 하나님은 육신이 건강하고 체력이 강한 사람을 원하시지 않습니다. 왜냐하면 건강에 너무 과신하여 하나님을 의지하지 않기 때문입니다. 오히려 가끔 잔병을 앓고 건강에 자신하지 못하여 항상 건강을 위하여 하나님께 기도하는 사람을 사용하십니다. 예수를 믿으면서 태평성대를 누리는 사람도 좋아하시지 않습니다. 이것 역시 하나님께 기도하지 않고 자기 마음대로 하여 하나님의 역사를 역행할 소지가 있기 때문입니다. 가끔 생활에 어려움을 당하여 하나님께 기도하여 기적적으로 어려움을 해결한 체험이 있는 성도를 사용하십니다.

고린도전서 1장 26절의 말씀을 보면, "형제들아 너희를 부르심을 보라 육체를 따라 지혜로운 자가 많지 아니하며 능한 자가 많지 아니하며 문벌 좋은 자가 많지 아니하도다"라고 하였습니다. 왜 그렇습니까? 지혜롭지 못하고, 능력이 약하고, 문벌이 좋지 못한 약한 자들이 하나님의 능력을 올바로 전하기 때문에, 육체를 따라 지혜로운 자의 능력이 가려지는 것입니다. 그래서 성도가 이런 상황에서 물어봐야 할 것은 내가 얼마나 지식이 있고, 능력이 있고, 학력이 있느냐가 아니라, 하나님께 얼마나 좋은 조력자가 될 것이냐에 더 관심을 가져야 합니다. 이것이 능력의 관건입니다.

그러므로 하나님의 일을 하는 사람은 자기 속에 있는 힘을 가지고 활용하는 것이 아니라, 하나님의 힘으로 일하는 법을 아는 자가 가장 강력한 사람입니다. 그렇게 기도하고 담대하게 행동하는 자가 강력한 사람입니다. 그래서 하나님은 스스로 약한 자라는 것을 알고 인정하고 하나님의 의뢰하는 성도를 사용하시는 것입니다. 그러면, 하나님의 능력으로 온전히 쓰임받기 위해서는 무엇이 필요합니까? 첫째, 하나님께 영과 진리로 예배드리는 존재, 둘째, 하나님의 말씀에 순종하고, 이는 손해가 나더라도 순종하는 것입니다. 셋째, 하나님의 나라를 위해서 자기 자신을 죽일 줄 아는 존재, 바로 하찮은 일이라도 하나님께서 원하시는 일을 하는 존재, 하나님은 이런 사람을 들어 쓰십니다. 바로 이런 사람이 강력한 능력을 이끌어내어 쓰임받을 사람입니다.

성경인물 중에 그런 인물을 꼽으라면 다윗입니다. 우리는 다윗의 인생의 단면을 통해서 약한 자를 쓰시는 하나님을 볼 수 있습니다. 그는 한 없이 약한 자였습니다. 형제 중에 가장 약한 자를 하나님이 부르셨습니다. 그의 부모도 그의 형제들도 그를 업신여겼습니다. 그렇게 약한 상태에서 하나님으로부터 기름부음을 받았습니다. 앞으로 왕으로 세우시겠다는 약속을 하신 것입니다. 그러나 우리는 그가 하나님으로부터 기름부음을 받은 후 그에게 끊임없는 고난이 따라 다녔다는 것을 잘 압니다. 그래도 그는 하나님께서 그의 평생을 선하심과 인자하심으로 인도 하셨다고 고백을 하고 있습니다. 그는 오직 여호와만 바라보고 의지하고 살았던 우리의 선진들 중의 하나입니다.

그는 시편에서 하나님께서 그의 평생을 선하심과 인자하심으로 자신을 인도 하셨다고 고백합니다. 자신을 믿고 의지하는 사람은 오히려 인간된 연약함으로 인하여 결국 쓰러지고 맙니다. 자기 마음대로 하는 사람은 그 마음대로 하는 것으로 인하여 결국 패배합니다. 아무리 완벽한 사람도 자기 자신만의 능력으로 이 세상을 살아갈 수는 없기 때문입니다. 하지만 하나님을 의지하고 하나님의 인도를 받는 사람은 결코 낙심하지 않습니다. 어떤 순간에도 하나님의 보이지 않는 손이 일하고 계심을 알기 때문입니다. 우리의 약점은 결코 약점으로 남지 않습니다. 그 약점으로 인하여 하나님을 바라볼 때 하나님은 우리를 긍휼히 보시고 막힌 길이라도 열어 주시며 인도하시고 도우십니다.

하나님은 어린아이와 같이 약한자를 사용하십니다. 모세를 생각해보면 이해가 갈 것입니다. 바로 궁에서 자라서 힘이 있으니까(어른이니까), 자신이 직접 이스라엘 백성들을 돕겠다고 나섰다가 살인하고 광야로 도망을 갔습니다. 광야에서 40년간 이드로 장인 밑에서 데릴사위노릇을 하다가 하나님은 만났습니다. 하나님께서 자신을 통하여 이스라엘을 구원하시겠다고 할 때 "모세가 여호와께 아뢰되 오~ 주여! 나는 본래 말을 잘 하지 못하는 자니이다. 주께서 주의 종에게 명령하신 후에도 역시 그러하니 나는 입이 뻣뻣하고 혀가 둔한 자니이다."(출 4:10). 이렇게 대답을 합니다. 다시 "모세가 이르되 오~ 주여! 보낼 만한 자를 보내소서,"(출 4:13). 라고 말합니다. 하나님께서 결국 "그(아론)가 너를 대신하여 백성에게 말할 것이니 그는 네 입을 대신할 것이요 너는 그에게 하나님 같이 되리라"(출 4:16). 하시면서 어린 아이 같은 모세를 사용하십니다.

성도가 하나님 나라에서 쓰임 받기 위해서는 오직 하나님을 우선시하고, 하나님이 하시는 일에 대해서 온전히 조력하는 것에 관심을 가져야 합니다. 우리의 능력은 하나님이십니다. 성도의 주체가 누구십니까? 하나님입니다. 그래서 하나님의 일이 잘 되도록 내가 해야 할 일은 무엇입니까? 바로 조력의 역할입니다. 하나님께서 잘 하시도록 하나님이 원하는 일을 하는 것입니다. 바로 이 사람이 하나님 나라에서 가장 강력한 일꾼이 될 수 있습니다. 하나님 일의 조력자라로서의 역할을 잘 감당하는 주의 거룩한 일꾼들, 자녀들이 되기를 간절히 원합니다.

하나님은 하나님의 자녀들이 자신의 나약함을 알게 하기 위하여 체험하게 하십니다. 하나님은 성도들이 살아계신 하나님을 체험하게 하십니다. 하나님은 살아계십니다. 살아계시기 때문에 강력한 능력을 이끌어내어 사용할 사람들을 체험하게 하면서 군사를 만드십니다. 필자가 지난 시절을 뒤돌아보면 하나님은 공부만 시키지 않으십니다. 즉, 머리로 알게만 하시지 않는다는 것입니다. 그런데 한국의 여러 교회들이 성도들을 공부시키는데 주안을 두는 곳이 많다는 것입니다. 살아계신 하나님과 영적인 세계의 체험보다 공부가 많기 때문에 성도들이 영적인 힘이 부족하여 예수를 믿으면서도 알지 못하는 고통을 당하면서 살아가고 있습니다. 하나님이 성도에게 부여한 영적 권위를 사용하지 못한다는 것입니다. 모든 것을 이론으로 알면 다되는 줄 착각하여 살아계신 하나님도 이론으로 아는 것으로 만족한다는 것입니다. 참으로 문제가 아닐 수가 없습니다.

물론 성경말씀을 많이 알아야 합니다. 알고 믿어야 하기 때문입니다. 그러나 아는 만큼 실제적인 하나님의 역사를 체험해야 합니다. 하나님은 돌아가신 하나님이 아니시고 살아계신 하나님이시기 때문입니다. 하나님을 알고, 몸과 마음으로 느끼고 체험해야 진정 하나님이 함께하는 성도가 되는 것입니다.

필자는 항상 이렇게 강조합니다. 아는 것으로 끝내지 말고 몸으로 느끼고 체험하며 움직이라는 것입니다. 즉, 아는 것과 실제가 균형이 잡혀야 한다는 말입니다. 한쪽으로 치우치면 문제가 발생합니다. 절름발이 신앙인이 되는 것입니다. 영이신 하나님과 교통할 수 있는 영적인 성도를 만들기 위하여 체험하며 훈련하게 하십니다. 하나님은 먼저 성령으로 세례를 받게 하십니다. 그리고 하나님은 영적인 눈을 열게 하십니다. 영적인 눈을 열어 영적인 세계가 있다는 것을 깨달아 알게 하십니다.

영적인 세계를 눈으로 보고 몸으로 부딪치며, 마귀와 귀신이 일으키는 환란과 풍파를 당하게 하면서 자신의 나약함을 깨닫고 하나님을 의지하게 하십니다. 하나님은 극한 상황에 도달하게 하시어 인간이 자신의 한계를 알게 하십니다. 자신의 힘과 재능으로 극한 상황을 극복하기에 버겁다는 것을 알고 자동으로 하나님을 찾게 하십니다. 하나님을 찾으니 성령으로 응답을 하십니다. 성령의 감동을 받아 권능을 사용하여 난관을 통과하여 하나님이 살아계시며 함께 한다는 것을 깨달아 알고 믿게 하십니다.

이는 애굽을 떠나 광야로 나온 이스라엘 사람들을 친히 인도하시면서 체험하게 하신 것을 보면 증명이 됩니다. 출애굽기 14장

13절에서 14절에 보면 이스라엘 백성들이 430년 종살이하던 애굽에서 모세의 지도를 통해 홍해수에 이르렀습니다. 건너갈 수 있는 교량도 없고 배도 없습니다. 그들이 그 곳에서 모여 있는데 바로가 대 군대를 거느리고 도로 그들을 포로로 잡기 위해서 습격해 왔습니다. 샌드위치가 된 그들은 좌절과 절망 속에서 하나님께 부르짖고 모세에게 원망하며 말하기를 모세야 애굽에 매장지가 없어서 우리를 이곳에 불러가다 죽게 하는가 애굽에 있을 때에 우리가 말하기 않았는가? 그냥 내버려두라 그냥 우리가 종살이하면서 살겠다 하지 않았는가?… 어찌하여 우리를 이곳에 데려와서 죽이는가? 원망하고 탄식했습니다. 이렇게 살아계신 하나님을 체험하지 않고 하나님과 관계가 열리지 않은 사람은 극한 상황에 처하면 아무것도 스스로 할 수가 없습니다. 사람은 약합니다. 사람의 힘만으로는 아무것도 할 수가 없습니다. 사람이 스스로 할 수 있는 것은 자신의 목숨을 끊은 것밖에 없습니다.

그럴 때에 모세가 하나님의 계시를 받아서 이렇게 말했습니다. "모세가 백성에게 이르되 너희는 두려워 말고 가만히 서서 여호와께서 오늘날 너희를 위하여 행하시는 구원을 보라! 너희가 오늘 본 애굽 사람을 또 다시는 영원히 보지 못하리라. 여호와께서 너희를 위하여 싸우시리니 너희는 가만히 있을지니라" 모세는 하나님이 함께하시면 어떠한 난관도 극복할 수 있다는 것을 알고 있었습니다. 모세는 광야에서 40년간 하나님의 훈련을 받았습니다. 훈련하면서 하나님의 살아 역사하심을 체험했습니다.

반드시 하나님은 홍해를 건너가게 하신다는 것을 알고 믿고 있었습니다. 그래서 하나님에게 기도하니 하나님이 모세의 입을 통하여 "여호와께서 너희를 위하여 싸우시리니 너희는 가만히 있을지니라"하고 담대하게 선포하게 하신 것입니다. 여기에서 모세에게 나타난 하나님은 우리를 위해서 싸우시는 하나님이신 것입니다. 하나님이 친히 이스라엘 백성을 인도하고 계시다는 것을 말로 듣고 눈으로 보고 깨닫게 하신 것입니다.

이스라엘 백성들에게 살아계신 하나님이라는 것을 믿게 하시기 위해서 입니다. 하나님은 성도들의 믿음을 키우기 위하여 이렇게 어려운 난관에 봉착하게 하십니다. 거기서 낙심하지 않고, 좌절하지 않고 기도하면 성령으로 비밀을 알려주십니다. 알려주신 비밀대로 행동하면 난관을 극복하게 됩니다. 살아계신 하나님의 역사를 눈으로 보고 믿게 하십니다. 하나님은 이렇게 공부만 시키지 않고 체험하면서 훈련하십니다.

하나님은 거룩 거룩하시고 존귀해서 그냥 보좌에 앉아 계신 것이 아니라, 주의 백성들을 위해서 친히 팔을 걷고 나오셔서 원수와 대적해서 싸우시는 하나님으로 나타나신 것입니다. 하나님께서는 모세를 통해서 홍해수를 가르시고 육지같이 이스라엘 백성들을 건너가게 하시고, 그 뒤를 따라오는 애굽의 바로와 그 군대들을 물로 덮어서 다 수장 시켜버리고 만 것입니다. 친히 싸우시는 하나님이신 것입니다. 여기에 하나님께서 주의 백성을 위해서 친히 소매를 걷고 싸우시는 하나님으로 계시되어 있는 것입니다. 살아계신 하나님을 믿고 찾는 성도에게만 친히 나타나시어 역사하시는 하나님이십니다. 그래서 우리는 자신이 직접 하나님과 관계를 열어야 합니다. 무엇보다도 하나님과 관계를 여는 것이 중요합니다. 많은 성도들이 예수를 믿고 교회에 들어오면 자신의 영육의 문제를 해결하려고 합니다. 즉, 많은 수의 성도가 예수를 믿는 것이 자신의 문제를 해결하기 위하여 믿는 다는 것입니다. 그래서 문제를 해결하기 위하여 철야도 하고, 작정기도도 합니다. 열심히 봉사도 합니다. 거액의 헌금도 합니다. 그러다가 문제가 해결이 안 되면 하나님을 원망하기 시작을 합니다. 원망하다가 교회를 떠나는 사람도 있습니다.

이것은 하나님에 대하여 잘 몰랐기 때문입니다. 자신이 하나님에 대하여 무지한 결과입니다. 하나님은 이렇게 하십니다. 먼저 예수를 믿고 교회에 들어오면 예배를 드리고, 찬양하며 기도하다가 성령으로 세례를 받게 하십니다. 성령으로 세례를 받게 되면 성령이 심령을 장악하면서 내면의 상처를 치유하게 하십니다. 상처를 치유하면서 자아가 부수어집니다. 상처치유와 자아가 부수어지면서 혈통에 역사하던 귀신들이 떠나갑니다. 심령이 성령의 전으로 바뀝니다. 그러면서 영이시고 살아계신 하나님과 관계가 열립니다. 하나님과 관계가 열리니 하나님께서 말씀하시는 대로 순종할 때 성령님의 권능으로 문제가 해결되기 시작을 합니다.

절대로 개개인의 문제를 해결하는 것은 하나님의 뜻입니다.

모든 성도들이 아브라함의 복을 받는 것이 하나님의 뜻입니다. 그런데 하나님과 관계가 열린 성도에게 만 해당이 됩니다. 하나님과 관계가 열리니 성령이 역사하여 문제가 해결되게 하시기 때문입니다. 그러므로 모든 성도들은 자신의 문제의 해결에 앞서서 하나님과 관계를 여는 것이 중요한 것입니다. 영적인 성도가 되어 영의 눈을 열어 하나님과 관계를 열어야 합니다.

모세는 하나님과 관계가 열린 사람입니다. 우리 모두 모세와 같이 영이시고 살아계시는 하나님과 관계를 열어 하나님이 주시고자 하는 축복을 받아 누리시기를 바랍니다. 살아서 역사하시는 하나님과 교통하며 살아가게 하기 위하여 하나님은 성도들을 체험하게 하시는 것입니다. 성도 자신이 얼마나 나약한 존재인가 깨닫게 하십니다. 자신의 나약함을 알아야 하나님을 의지하기 때문입니다. 자신의 나약함을 알고 하나님의 말씀에 순종하면 하나님께서 친히 역사하신다는 것을 눈으로 보고 믿게 하십니다.

하나님은 장엄하고 거룩하셔서 그냥 보좌에 앉아 계신 하나님이 아니라, 주의 자녀들을 위해서 싸우시는 하나님이시라는 것을 우리가 알아야 하는 것입니다. 우리 성도들에게 하나님은 살아서 역사하고 계시다는 것을 믿게 하기 위한 것입니다. 그리하여 아무리 어렵고 힘든 난관이나 고통이 찾아와도 하나님께 기도하면 해결이 된다는 것을 알고 믿게 하시기 위하여 체험하며 훈련을 시키시는 것입니다. 영적인 눈을 열고 영이신 하나님의 역사를 눈으로 보면서 체험하여 믿음을 키우시기를 바랍니다.

20장 하나님의 말씀에 순종하는 자가 되라.

> (삼상 15:22)"사무엘이 이르되 여호와께서 번제와 다른 제사를 그의 목소리를 청종하는 것을 좋아하심 같이 좋아하시겠나이까? 순종이 제사보다 낫고 듣는 것이 숫양의 기름보다 나으니"

강력한 능력을 이끌어내어 하나님께 쓰임을 받으려면 무엇보다도 하나님의 말씀에 순종하는 법부터 몸에 배이게 해야 합니다. 능력자는 하나님의 음성(말씀)을 듣고 행하는 사람이기 때문입니다. 그래서 하나님은 일꾼으로 불러서 순종훈련을 시키시는 것입니다. 아브라함은 25년, 야곱은 20년, 요셉은 13년, 모세는 40년, 다윗도 13년 동안 순종훈련을 시키신 것입니다. 하나님의 말씀에 순종하느냐 하지 않느냐는 큰 차이가 있기 때문입니다. 강력한 능력자가 되시려면 하나님의 말씀에 절대적으로 순종하는 습관을 먼저 길러야 합니다. 그리고 사람의 말에 귀기우리지 않을 뿐만 하니라, 사람의 말에 움직이지 않는 것도 숙달해야 합니다.

하나님은 사람의 말을 듣고 하나님의 말씀을 거역하는 것을 절대적으로 싫어하십니다. 창세기 3장 17절에 "아담에게 이르시되 네가 네 아내의 말을 듣고 내가 네게 먹지 말라 한 나무의 열매를 먹었은즉 땅은 너로 말미암아 저주를 받고 너는 네 평생에 수고하여야 그 소산을 먹으리라" 말씀하셨습니다. 성경 안에서 순종과 불순종만큼 우리에게 강한 교훈을 주는 교훈은 없다고 봅니다. 순종은 우리를 살리는 것이고, 불순종은 우리의 영혼까지 죽이는 것이기 때문입니다. 그래서 강력한 능력자에게 무엇보다도 중요한 것이 하나님께 순종하는 것입니다. 순종은 모든 복의 근원이고 불순종은 모든 저주와 재앙의 시발점입니다. 순종은 생명의 시작이고 불순종은 죽음의 시작입니다. 안타깝게도 아담은 하나님께 순종하기를 거절하고 불순종함으로 세상에 죄와 저주, 죽음을 몰고 왔습니다. 그러나 후(後)아담 되시는 예수 그리스도는 십자가에 순종하시기까지 못 박히심으로 새로운 날을 열어놓으셨습니다.

순종이란 무엇입니까? 순종의 의미는 '순할 順'에 '따를 從'으로 명하신 대로 행하고 따르는 것입니다. 성경에는 이 순종에 대하여 여러 형태로 그 뜻을 설명하고 있는데 예를 들어 "지킨다, 따른다, 순응합니다, 복종합니다, 순종합니다, 시킨 대로 행합니다, 굴복합니다." 등을 나타납니다.

첫째, 순종은 명한 대로 행하는 것이다. 순종이란 나에게 명한 대로 행하는 것을 말합니다. 그 말은 내가 아무리 하기 싫은 일이라도 시킨 대로 하는 것을 말합니다. 또한 명한 것을 내가 이해하지 못하더라도 시킨 대로 하는 것을 말합니다. 거기에는 아무런 대꾸나 이유가 필요 없습니다. 오직 순종만이 있을 뿐입니다. 마치 병사가 자기 상관이 내리는 명령에는 무조건 복종할 뿐인 것과 같은 것입니다. 진정한 순종이란 순종하는 자의 의지나 주관을 다 버리고 명령을 내린 자의 의지대로 그대로 따르는 것입니다.

마태복음 8장 5-13절에 나오는 말씀입니다. "예수께서 가버나움에 가셨을 때였다. 6) 한 백부장이 와서 자기 하인이 중풍으로 집에 누워 몹시 괴로워하고 있으니 낫게 해달라고 애원하였다. 예수께서는 7) "그래, 내가 가서 고쳐 주마" 하고 대답하셨다. 8) 그러자 백부장이 말하였다. "하나님, 저는 하나님을 제집에 모실 자격이 없습니다. 하나님이 다만 이 자리에서 '나으라' 하고 말씀만 해도 제 하인은 나을 것입니다. 9) 저도 지휘관 밑에 있고 제 밑에도 부하들이 있어 제가 이 사람더러 '가라' 하면 가고, 저 사람더러 '오라' 하면 옵니다. 또 제 하인더러 '이것을 하라' 하면 합니다. 저는 하나님이 '병이 나으라' 하고 말씀만 하시면 그 병이 나을 줄 압니다." 10) 그 백부장의 말에 감탄하신 예수께서는 군중을 향해 이렇게 말씀하셨다. "이스라엘 온 땅에서 나는 이만한 믿음을 가진 사람을 본 일이 없다. 11) 이 백부장과 같은 많은 이방 사람들이 세계 여러 곳에서부터 와서 아브라함과 이삭과 야곱과 함께 하늘나라에 들어가 앉을 것이다. 12) 그러나 많은 이스라엘 사람들은 자기들을 위해 하늘나라가 마련되어 있는데도 어두운 곳으로 쫓겨나 땅을 치며 통곡을 할 것이다." 13) 그리고 나서 백부장에게 말씀하셨다. "집으로 가라. 네가 믿는 대로 될 것이다." 바로 그 시간에 그 하인의 병이 나았습니다.

당시에 로마 군대의 백부장은 상당한 권세를 가졌습니다. 그런데 젊은 예수님 앞에 와서 머리를 조아리며 간곡하게 부탁한다는 것은 쉽지 않습니다. 로마의 황제를 신으로 고백하는 장교 입장에서는 용기가 필요한 행동입니다. 그리고 자기의 사랑하는 식구도 아닙니다. 자기가 거느리고 있는 하인은 노예와 같은 존재로 주인의 재산에 불과합니다. 더구나 고치기가 힘든 중풍병이라면 희망도 없습니다. 버리든지, 죽일지라도 아무런 문제가 되지 않습니다. 그런데 백부장은 예수님 앞에 친히 나와 머리를 조아립니다.

그뿐이 아닙니다. 가서 고쳐주시겠다는 예수님의 말씀 앞에 백부장은 겸손하게 말합니다. "주님! 내 집에 들어오시는 것을 나는 감당할 수 없습니다." 얼마나 겸손한 모습입니까? 100명의 군사를 통솔하는 백부장입니다. 얼마든지 권력의 힘을 가지고 예수님을 강제로 끌고 갈 수도 있습니다. 하인의 병을 고치라고 명령할 수도 있습니다. 그런데 가서 고쳐주시겠다는 데도 손사레를 칩니다. 감히 저희 집에 오심을 감당할 수 없다는 것입니다. 정말 겸손과 온유한 사람입니다. 이방인인 로마 백부장인데 불구하고 그의 마음 자세는 지금까지 많은 사람들에게 깊은 감동을 주고 있습니다. 예수님도 백부장의 믿음에 감동하셨습니다. 마태복음 8장 10절에 '놀랍게 여겨(개정개역, 새번역)', '기이히 여겨(개역), 감탄하시며(현대어, 공동번역)'라고 하였습니다. 따르는 무리에게 이스라엘 중 아무에게서도 이만한 믿음을 만나보지 못하였노라고 하셨습니다. 그러니까 쉽게 말하면 예수님께서 졸도할 만큼 깜짝 놀라셨다는 말입니다. 이것은 매우 중요한 의미가 있습니다. "예수님께서 졸도할 만큼 깜짝 놀라셨다"는 내용을 성경에서 찾아보기 어렵기 때문입니다. 물론 성경에는 사람들이 깜짝 놀랐다고 언급된 곳은 많습니다.

구한말의 독립 운동가이자 교육자, 정치가였던 고당 조만식(1883~1950) 선생님은 1921년 평양 산정현교회의 장로가 되었습니다. 그 교회에서 제일 어른 장로로 시무하고 있던 1936년에 주기철 목사(1897~1944)를 담임목사로 청빙했습니다. 주기철 목사님은 고당 조만식 장로님이 교편을 잡고 있을 때 가르치고 아끼던 제자 중 한 사람이었습니다. 당시 민족지도자였던 조만식 장로님은 늘 바쁜 몸이었고, 방문객도 많아 항상 시간에 쫓기는 생활을 했습니다. 본의 아니게 예배 시간에 지각하는 경우도 잦았습니다. 어느 날, 그 날도 조만식 장로님이 예배 시간에 몇 분 늦어 헐레벌떡 예배당에 들어서는데 조만식 장로님 제자였던 주기철 목사님이 "조 장로님은 예배에 늦었으니 자리에 앉지 마십시오. 예배가 끝날 때까지 그 자리에 서 계십시오." 했습니다. 보통사람 같았으면 그냥 앞으로 나아가 의자에 앉았을 것입니다. 아니면 밖으로 나가 버렸을 것입니다. 그러나 장로님은 그 자리에 꼼짝 않고 선 채로 예배를 드렸습니다. 예배 중이던 교인들은 수석장로와 담임목사간의 알력으로 교회가 소란스러워질까봐 걱정을 태산과 같이 합니다. 설교를 마치고 주 목사님이 말했습니다. "서 계시는 조 장로님, 기도해 주십시오." 그러자 고당 선생님이 이렇게 기도했답니다. "하나님! 저의 죄를 용서해 주옵소서. 거룩한 주일에 하나님 만나는 것보다 사람 만나는 것을 더 중요시한 죄를 용서하옵소서." 그 기도에 산정현 교회 교우들은 모두 감동을 받아 울음바다가 되었다고 합니다. 그 일 이후 교인들은 조만식 장로님을 더욱 존경하게 되었다고 합니다.

요한복음 2:1-11절에 있는 가나 혼인 잔치 집에서 물이 변하여 포도주가 된 큰 기적의 현장에서 순종의 결과가 어떠한 것이며, 또 순종은 어떻게 해야 하는 것인가를 보여줍니다. 기적의 현장에는 반드시 순종의 배경이 있었습니다. 그중에서 가나 혼인 잔치집의 기적은, 사람들이 보잘 것 없는 것으로 여기는 하인들의 적극적인 순종이 큰 기적을 불러 왔음을 알 수 있습니다. 이것은 예수께서 공생사역의 제일 첫 번째로 행하신 기적입니다.

가나는 갈릴리 지방에 있는 작은 마을입니다. 이곳에 혼인 잔치가 열렸습니다. 예수의 모친 마리아와 예수와 그의 제자들이 이 잔치에 초청을 받았습니다. 이로 보건대 아마 이 잔칫집은 예수님의 친척집일 것입니다. 그런데 손님이 예상외로 많이 와서 그들을 대접하기 위해 준비한 포도주는 이미 동이 났습니다. 손님은 계속 모여들고 접대할 포도주는 다 떨어지고 참으로 난감하게 되었습니다. 당시 잔칫집에 포도주가 떨어졌다는 것은 참으로 큰 문제로 그렇다고 오는 손님들을 아무 것도 대접하지 않은 채 그냥 돌려보낼 수도 없고, 손님들에게 포도주가 떨어져서 적당히 대접할 수 없다고 할 수도 없는 입장입니다. 서로 얼굴만 쳐다보고 걱정만 하고 있을 뿐이었습니다. 잔칫집 주인은 참으로 걱정이 태산 같았습니다. 그러나 예수님의 모친 마리아는 문제가 생기자 예수님이 생각났습니다. 예수님이라면 능히 이 문제를 해결할 수 있다고 확실히 믿었습니다. 비록 예수님이 자신의 몸에서 태어난 아들이지만 마리아는 그가 어떻게 이 세상에 오셨는지를 잘 알고 있었습니다. 예수는 지금의 남편인 요셉이나 어떤 다른 사람과의 관계에서 태어난 아들이 아님을 확실히 알고 있었고 이 사실에 대하여 추호도 의심하지 않았습니다. 그리고 예수는 하나님의 아들이시며, 이스라엘이 기다리는 메시야요, 그리스도임을 그녀는 알고 있었습니다.

그리하여 마리아는 이 당면한 문제를 예수님께로 가져왔고 마리아는 장황하게 설명하지 않았거나 또 그럴 필요성도 느끼지 못한 채 한 마디로 부탁했습니다. "저희에게 포도주가 없다"(요 2:3) 그런데 예수님의 대답은 냉담했습니다. "지금은 하는 수 없습니다. 아직 내 때가 오지 않았습니다."(요 2:4). 그럴지라도 마리아의 믿음은 조금도 흔들림이 없었습니다. 예수께서 곧 이 문제를 해결하리라 믿었고, 하인들에게는 예수의 명령을 받기 위하여 단단히 당부하였습니다. "무엇이든지 그분이 시키는 대로 하게."(요 2:5) 참으로 믿음에서 우러난 말이었습니다.

큰 기적의 현장 어디서나 반드시 이러한 큰 믿음의 행위와 절대적인 순종의 모습이 나타나는 것을 봅니다. 잔칫집 하인들은 예수께서 지시하는 대로 항아리 하나에 약 80~120L 드는 돌 항아리 여섯 개에 물을 가득히 채웠습니다. 이 돌 항아리는 잔칫집 손님들이 들어 올 때 발 씻을 물을 담아 두는 통입니다. 아침에 그 항아리에는 물이 가득하였는데, 손님들이 예상외로 많이 와서 그물은 이미 다 없어졌습니다. 그곳에 다시 물을 채우자면 동네 밖에 있는 우물에 가서 물을 길어와야만 하는 수고를 하여야 합니다. 참으로 힘든 작업입니다. 그것도 쉬어야 할 시간인데 말입니다. 그러나 그들은 아무런 불평도 없이 그대로 순종하여 그 많은 돌 항아리에 물을 가득 채웠고, 시키시는 대로 물을 떠서 연회장에 갖다 주었습니다. 연희장이 그 물그릇을 받았을 때 이미 물은 붉은 포도주로 변해 있었습니다. 참으로 놀라운 일입니다. 연회장은 그 포도주를 마시고서는 놀란 표정으로 "이거 아주 훌륭합니다! 최고의 맛입니다. 누구나 처음에는 최고급 포도주를 내놓다가 손님들이 실컷 마시고 취한 뒤에는 값싼 것을 내놓는 법인데 당신은 마지막을 위해서 최고급품을 준비해 두었군요!"(요 2:10)라고 하였습니다.

성경은 무엇이라고 말합니까? 연회장은 물이 포도주 된 것을 맛보았지만 이것이 어디서 온 것인지 알지 못하였다고 했습니다. 그러나 물을 떠온 하인들은 이것이 어디서 나온 것임을 다 알고 있었습니다. 신앙의 기적도 체험한 자만이 압니다. 모든 영적 체험은 순종하여 믿음의 현장을 지켜 본 자만이 아는 비밀입니다. 사도 바울은 '믿음의 비밀(믿음의 숨은 원천)'이라고 하였습니다(딤전 3:9). 진실로 하나님께서 하시는 일은 모두가 사람의 상상, 지식, 과학의 범주를 넘어선 기적들로 하나님의 전능성을 입증합니다. 우리는 이 사건은 통하여 믿음과 순종이 가져다주는 효과가 얼마나 큰 것인가를 알 수 있습니다. 지금도 하나님은 순종하는 자들 가운데서 역사하시며, 사탄은 불순종하는 자들 가운데서 역사합니다(엡 2:2).

둘째, 온전한 순종은 믿음과 사랑과 충성에서 비롯된다.

첫째로, 순종에는 믿음이 가장 필요합니다. 상대방을 믿지 못하고서 어찌 참 마음으로 순종할 수 있겠습니까? 우리는 성경을 통해 많은 사람들이 하나님을 믿고 또 그의 말씀을 믿고 말씀하신 대로 순종하여 큰 기적과 축복을 받은 것을 알 수 있습니다.

요한복음 9장에 나오는 나면서부터 소경된 자도 그러했습니다. 그는 이 세상에 태어날 때 이미 소경이었으니 자기를 낳으신 어머니의 얼굴은 물론 저 밝은 태양이나 이 아름다운 자연을 아직 한 번도 본 적이 없는 불쌍한 청년이었습니다. 그에게 온 세상은 다만 캄캄한 어둠뿐이었는데 어느 날 예수님을 만나게 되면서 그의 삶이 변하게 되었습니다. 청년은 자신의 감긴 눈에 예수님이 침으로 이긴 진흙을 발라 주시면서 실로암 못에 가서 씻으라고 하셨기에 아무런 의심을 품지 않고 앞을 못 보는 상태로 더듬으면서 실로암 못으로 가서 시키신 대로 씻었더니 눈이 떠져 밝음을 누릴 수 있게 되었습니다. 이것은 놀라운 믿음과 순종의 결과입니다. 이 청년은 예수님에 대해서 아는 것이라고는 아무 것도 없었지만 하나님과 그의 말씀의 능력을 믿고서 시키신 대로 순종함으로 놀라운 기적을 체험하게 되었던 것입니다.

이와 같이 지금 이 세상에 사는 모든 사람은 이 소경과 같이 날 때부터 죄인으로 태어났기 때문에 영안(靈眼)이 어두워져서 자기를 창조한 하나님을 알지 못하지만(시 51:5, 58:3), 예수님을 만나면 우리의 영안이 밝아져서 하나님을 볼 수 있고 알 수도 있게 될 것입니다. 분명한 사실은 믿음이란 언제나 단순하다는 것입니다. 믿음은 하나님의 말씀을 조금도 의심하지 않고 그대로 이루어 주실 것으로 믿는 것입니다.

믿음은 어디서 나오는 것일까요? 사도 바울은 믿음은 그리스도에 대한 복음에 귀를 기울이는 데서부터 시작되는 것이라고 하였습니다(롬 10:17). 즉 우리가 하나님의 약속의 말씀을 사모하여 그대로 받아들이고, 또 그 말씀을 나 개인에게 주신 말씀으로 믿고, 그렇게 이루어질 것으로 확신하고 의지하며 기대하는 것입니다. 믿음이 없는 순종은 있을 수 없습니다. 만일 그리스도인들에게 믿음이 없다면 온갖 의심과 염려, 불안과 초조와 두려움으로 가득 차게 될 것이고, 하루하루를 너무도 힘겹게 살아 갈 것입니다. 그리스도인은 믿음으로 사는 사람들로 자기의 장래를 전적으로 하나님께 맡기고 날마다 하나님께 기도하며 하나님의 인도를 따라 살아가는 사람들입니다. 우리는 내일 일을 알지 못합니다. 하루 동안에도 무슨 일이 일어날 지 전혀 알 수 없지만(잠

27:1), 신실하신 하나님은 우리의 나아갈 바를 다 알고 계시므로 그 하나님만 의지하고 살아가니 참으로 든든하고 안전합니다. 진실로 우리에게 하나님을 의심하지 않는 믿음과 온전한 순종이 있어야 하나님의 기적과 인도하심과 축복을 누릴 것입니다.

둘째로, 순종에는 사랑이 수반되어야 합니다. 순종에는 믿음과 사랑도 함께 동행합니다. 우리는 그를 사랑하기에 믿고, 그를 믿기에 그의 말씀에 순종합니다. 사랑이 없이는 진정한 순종이 이루어질 수 없습니다. 사람들이 하나님의 말씀을 진심으로 순종하지 않는 이유가 무엇일까요? 이는 하나님을 사랑함이 없기 때문입니다. 믿음이 있는 사람은 하나님께 순종합니다. 하나님께 순종하는 사람은 하나님을 진심으로 사랑합니다. 성경은 "내 말을 지키는 사람은 나를 사랑하는 사람이다. 나를 사랑하는 사람은 아버지께서도 그를 사랑하신다. 그리고 나도 그를 사랑하여 내 자신을 그에게 나타내 보일 것이다."(요 14:21)고 하였습니다. 그러면 하나님의 계명이 무엇일까요? 크게 생각하면 하나님께서 우리에게 명하신 모든 말씀이 다 하나님의 계명이 될 수 있습니다. 그러나 말씀 그대로 생각하면 '서로 사랑하라'는 것입니다. 요한복음 13장 34-35절에 "그러므로 이제 내가 너희에게 새 계명을 준다. 내가 너희를 사랑한 것같이 서로 사랑하라. 너희가 서로 사랑하면 세상 사람들이 그것으로 너희가 네 제자인 것을 알게 될 것이다."

율법의 대 강령이 무엇입니까? 경천애인(敬天愛人) 즉 위로는 하나님을 사랑하고 아래로는 사람을 사랑하라는 것입니다. 예수님은 계명을 "하나님을 사랑하되 마음과 뜻과 목숨과 힘을 다해서 사랑하라. 그리고 내 이웃을 내 몸과 같이 사랑해야 하라."고 가르치셨습니다. 그러면 내 이웃이 누구일까요? 크게 보면 내 이웃집에 사는 사람이 내 이웃이 될 수도 있고, 날마다 만나는 사람, 가까이 있는 사람도 내 이웃이 될 수가 있습니다. 그러나 가장 가까운 내 이웃은 하나님을 함께 믿고 하나님을 함께 사랑하고 섬기는 그리스도인들이겠지요. 특히 하나님의 뜻을 추구하며 예수님의 뒤를 따르고자 하는 제자들이겠지요. 그리고 예수님이 말씀하신 대로 강도만나 죽어가는 사람이겠지요. 마태복음 5장 44절에서 "그러나 나는 이렇게 말한다. 원수를 사랑하라! 너를 박해하는 자들을 위해 기도하라!" 하십니다.

여하튼 우리는 서로 사랑하여야 합니다. 예수님이 부탁하신 말씀을 필히 잊지 말아야 합니다. 진실로 우리가 하나님을 사랑하고 그의 말씀을 잘 순종할 때에 하나님이 우리를 사랑하시고 예수님도 우리 가운데 나타나시는 것입니다. 하나님께서 지금도 믿는다는 많은 기독교인들에게 역사하지 않으시고, 나타나지 않으시는 이유가 무엇입니까? 이는 하나님을 사랑하지 않았기 때문입니다. 옛날이나 지금이나 하나님을 진심으로 사랑하는 자는 곧 그의 말씀에 적극적으로 순종하는 사람들에게 나타나십니다. 매일의 삶 속에서 역사하십니다. 아니 귀찮을 정도로 따라 다니시면서 간섭도 하시고 때로는 야단도 하십니다.

셋째로, 충성은 순종에서 비롯됩니다. 성령의 열매의 일곱째는 '충성'입니다. 성령의 사람은 방언을 잘하고, 신유의 은사가 있고, 기적과 능력을 베푸는 사람만이 아니라, 하나님을 믿는 믿음으로 살아가는 것, 자체가 충성의 열매를 맺어가고 있는 사람입니다. 믿음의 사람은 충성하며, 충성의 사람은 믿음직합니다. 나를 불러주시고 사용하시는 분에게 절대 순종합니다.

성경을 통하여 하나님의 사람들이 자기의 목숨까지 내놓고 하나님의 말씀을 지킨 것을 볼 수 있습니다. 이들은 하나님의 충성스러운 종들입니다. 그 중에서도 다니엘과 그의 세 친구의 하나님을 향한 충성을 볼 수 있는데, 그들은 하나님을 사랑하기에 이 세상 그 어떠한 고난과 위협 속에서도 결코 굴하지 않고 믿음을 지켜서 하나님을 향한 그들의 충성을 입증하였습니다. 그들은 왕의 명령보다 하나님의 말씀을 더 중히 여겼습니다. 그들은 하나님의 말씀을 지키기 위해 자기들의 목숨을 돌보지 아니하였습니다. 비록 기름 가마솥이나 사자 굴속에 들어갈지라도 하나님의 말씀에 위배되는 일을 하지 않았습니다. 하나님을 사랑하고 하나님의 뜻을 소중히 여겨 믿음으로 신앙을 지켜 나갔습니다.

우리가 하나님의 말씀을 듣고 순종하는 것이 그 누구의 말이나 권고나 지시를 따르는 것보다 더 중요합니다. 사람의 말을 듣지 않음으로 어떠한 불리한 일이 닥치더라도 뜨거운 충성심에서 나오는 순종에는 하나님의 특별한 보호와 인도가 있을 줄로 확신합니다. 베드로는 복음을 계속 전하다가 교도소에 갇히기도

하였지만 하나님께서는 특별한 방법으로 그를 그 교도소에서 구출하여 내시기도 하였습니다.

한 마디 더 붙입니다. 순종은 하나님이 하라는 대로 하는 것이고 충성은 순종하면서 마음, 목숨, 힘, 뜻, 자기의 인격을 드린 것입니다. 순종과 충성은 다릅니다. 순종은 하나님께서 하라는 대로 하는 것이고, 충성은 자기에게 있는 것을 모든 것을 바쳐서 순종하는 것입니다. 다 같이 시키시는 대로 그 일은 원만히 했다 할지라도 자기에게 있는 마음과 목숨과 힘과 뜻, 자기에게 있는 것을 바친 것은 다릅니다. 순종은 이 세상 품꾼이라면 다 순종할 수 있습니다. 품꾼이라면 시키는 대로 순종하지만, 순종하면서도 마음과 목숨과 힘과 뜻을 다하고 나아가 자기의 인격을 다하는 충성과는 다릅니다. 욕을 하면서도 순종은 얼마든지 할 수 있습니다. 욕을 하면서도 순종할 수 있고 또 자기의 인격은 하나도 드리지 않으면서도 순종할 수 있고 순종은 꼭 같지만 충성이라 하는 것은 인격까지 다 드린 것으로 순종의 극치(極致)입니다.

셋째, 순종은 그리스도인의 최고의 법. 순종은 그리스도인이 지켜야 할 법 중에서도 최고의 법이라고 생각됩니다. 순종 없는 신앙은 실천 없는 신앙이요, 실천 없는 신앙은 위선적인 죽은 신앙입니다. 야고보는 "행함이 없는 믿음은 그 자체가 죽은 것이라, 믿음이 그의 행함과 함께 일하고 행함으로 믿음이 온전케 되었느니라"(약 2:17, 22)고 하였습니다.

그리고 그는 아브라함의 예를 들었습니다. 아브라함은 말로

만 '하나님을 사랑합니다.'라고 고백하는 신앙이 아니라, 하나님의 말씀대로 실천하는 믿음의 소유자였습니다. 그는 하나님께서 자기에게 요구하신 대로 자기의 독자 이삭을 제물로 드렸습니다. 그리하여 하나님은 아브라함이 진정으로 하나님을 사랑한다고 입증하시고 그에게 엄청난 복을 허락하셨습니다.

하나님의 말씀을 듣고 행하는 자를 가리켜서 "반석 위에 자기의 집을 지은 지혜로운 사람"이라고 하셨습니다. 그러나 하나님의 말씀을 듣고도 행하지(순종) 않는 자는 마치 자기의 집을 "모래 위에 세운 사람"과 같다고 하셨습니다. 비가 오고 태풍이 불어오면 모래 위에 세운 집은 무너지게 될 것입니다. 예수님께서 말씀하신 산상수훈대로 산다면 그 사람은 틀림없이 반석 위에 집을 지은 사람과 같을 것입니다. 하나님은 즐겨 순종하는 자를 들어 쓰시므로 우리는 우리 자신을 잘 살펴보아야 합니다. 하나님의 말씀을 아는 대로 반드시 순종하는 생활을 해야 합니다. 목회자가 힘써서 해야 할 일들 중에는 본인역시도 순종하는 삶을 살면서 성도들이 하나님의 말씀에 순종하여 살도록 권면하는 일입니다.

하나님은 숭종하고 충성하는 사람들을 선택하여 훈련하시어 강력한 능력을 이끌어내게하여 하나님의 일꾼으로 사용하십니다. 강력한 능력을 이끌어내어 하나님께 쓰임을 받으려면 순종하세요. 더 나아가 충성하세요. 그러면 자신에게서 강력한 능력을 이끌어낼 수가 있을 것입니다. 기본이 되어야 합니다.

5부 이끌어낸 강력한 능력을 사용하라.

21장 말씀 (설교)으로 강력한 능력을 사용하라.

(행4:31)"빌기를 다하매 모인 곳이 진동하더니 무리가
다 성령이 충만하여 담대히 하나님의 말씀을 전하니라"

하나님은 설교말씀으로 하나님의 권위를 나타내기를 소원하십니다. 강력한 능력을 이끌어내려면 말씀(설교=말)에 권위가 있어야 합니다. 말씀(설교=말)과 성령의 역사로 교인들을 하나님께로 인도하기 때문입니다. 강력한 능력을 나타내려면 설교를 할 때 설교자로서의 권위가 있어야 합니다. 그 권위의 근거는 설교자의 외형적인 풍채에서 오는 것일까요? 아니면 세상에서 많은 공부를 했다는데서 오는 것일까요? 외형적으로 조건이 완벽하게 잘 갖추어져야 권위가 세워지는가요? 그런 것이 설교자의 권위일 수 없습니다. 이런 것으로 설교자의 권위로 삼으려고 목회를 한다면 백번 망하게 됩니다. 그런 권위 앞에 복종하는 성도는 아마 한명도 없다는 것을 경험하게 될 것입니다. 강단에서 설교하는 목사는 성령으로 세례를 받고, 성령으로 충만한 영의 상태에서 말씀을 전할 때 진정한 설교의 권위가 나타나는 것입니다.

목회자의 권위는 설교의 권위에서 찾을 수 있을 것입니다. 설교에서 강력한 능력을 이끌어낼 수가 있습니다. 그런 설교의 권

위의 근거는 말씀과 성령의 역사입니다. 이 같은 권위의 근거는 설교의 정당성을 보장해 줍니다. 성령으로 충만한 상태에서 영으로 말씀을 전하면서 순간순간 성령께서 감동하시는 레마를 받아 전할 때 설교자의 권위가 드러나는 것입니다.

첫째, 설교의 권위는 사람이 아니라, 하나님의 말씀에 기초한다. 설교가 권세를 갖는 까닭은 설교자 개인 혹은 그 자신의 이름에 기초한 것이 아닙니다. 설교의 권위는 설교자의 인간적 재능에 기초하지 않습니다. 설교의 권위는 오로지 설교자가 전달하고 증거 하는 생명의 말씀에 연관됩니다. 사도 바울은 이것을 반복하여 증거 합니다. "…너희가 우리에게 들은 바 하나님의 말씀을 받을 때에 사람의 말로 받지 아니하고 하나님의 말씀으로 받음이니 진실로 그러하도다. 이 말씀이 또한 너희 믿는 자 가운데서 역사하느니라"(살전 2:13). 즉, 그리스도께서 친히 바울을 통해 교회에 말씀하시는 것과 같습니다(고후 5:20). "따라서 우리는 성경에서 성령이 모든 권위와 위엄을 제사장이나 예언자나 사도들이나 사도들의 후계자들에게 주실 때 사실상 인간 자신에게 주신 것이 아니라, 그들이 임명되는 직분에 주셨다는 것을 여기서 기억해야 합니다. 왜냐하면 그들이 직분으로 부름을 받을 때, 동시에 그들은 자기 자신들에게서 나오는 그 어떤 것도 전하지 말고 오직 주님의 입에서 나오는 생명의 말씀만 전하라는 명령을 받았기 때문입니다." 그러므로 설교의 권위는 사실상 설교자의 입에서 나오는 하나님의 말씀 안에 담겨 있습니다. 성령으로 충만한 가운데 하나님의 말씀만을 운반할 때 설교자의 권위가 나타나는 것입니다.

둘째, 설교의 권위는 삼위일체 하나님께서 설교 사역에 함께 역사하신다는 사실에 기초한다. 부활하신 그리스도께서 제자들에게 복음을 전파하라고 대 사명을 주실 때 주님께서 함께 하시겠다는 약속의 말씀으로 축복하셨습니다. "볼지어다. 내가 세상 끝날까지 너희와 항상 함께 있으리라"(마 28:20). 사도들의 복음 전파 사역은 인간적 노력과 수고에 그치고 마는 것이 아닙니다. 성령 하나님께서 친히 권능으로 사도들에게 임하시어 그리스도의 증인으로 사역하게 하십니다. "오직 성령이 너희에게 임하시면 너희가 권능을 받고 예루살렘과 온 유대와 사마리아와 땅 끝까지 이르러 내 증인이 되리라 하시니라"(행 1:9). 사도 바울은 성도들의 삶과 더 나아가 복음 증거의 사역이 영적 전쟁임을 명확하게 인식하였습니다. 그러므로 그는 에베소교회 성도들에게 편지하기를 "성령의 검 곧 하나님의 말씀"을 가지고 마귀를 대적할 뿐만 아니라, 자신이 "복음의 비밀을 담대히" 알리도록 성령 안에서 깨어 기도하기를 요청하였습니다(엡 6:17~19).

오늘도 연약한 혈육을 가진 설교자가 천국 열쇠권을 가지고 복음을 담대히 증거할 수 있는 까닭은 설교자가 그리스도의 보냄을 받았으며, 하나님 말씀이 지닌 고유한 구원의 능력, 그리고 삼위일체 하나님께서 설교 사역에 함께 역사하심에 그 뿌리를 둡니다. 그러므로 설교는 오로지 하나님의 말씀을 받들어 증거하는 봉사요, 바로 그 때 설교는 최고의 권위를 갖습니다. 바로 그 때 설교는 천국의 문을 열고 닫는 권세를 갖습니다.

셋째, 설교는 예언이다. 설교는 단순히 성경을 해석하고 가르치고 생활에 적용시키는 것이 아닙니다. 설교(예언)는 예수님의 마음을 전하는 것입니다. 여기서 예수님을 전한다는 것은 단순히 전도나, 예수님에 대해 가르치는 것을 의미하는 것이 아닙니다. 실제로 예수님의 마음을 전하고, 살아계신 초자연적인 권능을 가지신 예수님을 전해야 합니다. 현실문제를 해결하시며 천국을 누리게 하시며, 아브라함을 복을 누리면서 하늘나라 군사로 살아가게 하시는 예수님을 전해야 합니다. 설교자는 예수님의 살아계심을 증거하고 사람들을 예수님께로 인도하는 것입니다. 설교를 통하여 살아서 역사하시는 예수님의 생명을 전하는 것입니다. 메뉴판이 음식을 대신할 수 없는 것처럼, 성경이 예수님을 대신할 수 없습니다. 즉 예수님에 대해서 아는 것이, 예수님을 체험하여 닮아가는 것을 대신할 수는 없습니다. 따라서 모든 설교(예언)자는 살아계신 예수님을 증거 해야 합니다. 하늘나라의 생명을 전해야 합니다.

지금도 초자연적으로 역사하시고 계시는 예수님을 전해야 합니다. 지금도 성령으로 살아서 역사하시면서 현실 문제를 해결하고, 병을 고치며, 상한 마음을 치유하시며, 귀신을 축귀하시며 천국을 만드시는 예수님을 전해야 합니다. 예수님 앞에 나오면 모든 문제를 해결 받는 다는 소망과 믿음을 대언해야 합니다. 설교는 하나님께서 목회자를 통하여 생명을 살리려는 하나님의 계시(예언)을 전하는 성스러운 업무에 쓰임 받는 사람입니다.

어떤 목사님이 필자에게 "목사님은 예언이 뭐라고 생각하십니까?" 하고 물으신 적이 있습니다. 그래서 제가 예언에 대해서 이렇게 설명했습니다. 많은 사람들이 예언을 앞으로 될 일을 미리 말하는 것으로 알고 있는데, 그것은 예언의 기능 중 일부일 뿐입니다. 베드로후서 1장 21절에 "예언은 언제든지 사람의 뜻으로 낸 것이 아니요 오직 성령의 감동하심을 입은 사람들이 하나님께 받아 말한 것임이니라." 예언은 사람이 성령의 감동을 통해 하나님께 받은 말을 하는 것입니다. 즉 예언은 단지 미래의 일을 예고하는 것이 아니라, 성령께서 깨닫게 하시고 알려주시는 하나님의 계시(말씀)를 설교로 전달하는 것입니다. 성령께서 설교자를 감동하시어 전하게 하시는 말씀 안에는 칭찬, 책망, 위로, 교훈, 권면….등 여러 가지 내용이 있을 수 있습니다. "그러나 예언하는 자는 사람에게 말하여 덕을 세우며 권면하며 안위하는 것이요."(고전14:3). 그래서 구약의 예언서들을 보면 미래에 대한 예언뿐 아니라, 이 모든 것이 포함되어 있는 것입니다.

그리고 진정한 예언은 성령의 감동하심을 따라, 예수님의 말씀(계시)을 설교로 전하는 것입니다. 구약의 선지자들의 예언 중, 가장 진수가 되는 것이 무엇입니까? 메시아인 예수님에 대한 예언입니다. "예수의 증거는 대언의 영이라 하더라."(계 19:10). 이 구절에 나오는 "예수의 증거는 대언의 영이라"라는 부분을 다른 번역본으로 보면 현대인의 성경은 이렇게 번역했습니다. "예수님을 증거 하는 것은 다 예언의 영을 받아서 하는 것뿐이니, 너는 하나님에게만 경배하여라." 더구나 쉬운 성경은 이 부분을 다음과 같이 이해하기 쉽게 잘 번역했습니다. "이 모든 예언을 하게 하신 것은 예수님을 더 증언하기 위해서일 뿐이다." 이처럼 예언은 예수님을 증거 하기 위한 것입니다.

실제로 예수님을 증거 하는 것이 예언의 궁극적인 목적입니다. 따라서 목회자(선지자) 사역은 예언이 얼마나 적중(맞추었느냐)했느냐가 아닙니다. 요즈음 많은 크리스천들이 예언에 대하여 바르게 인식하고 있지를 못합니다. 목회자(선지자)들 역시 바르게 알고 예언 사역을 하지 않고 있습니다. 앞으로 일어날 일에 대하여 족집게 예언을 좋아한다는 것입니다. 예언을 사람의 앞으로 일어날 일을 맞추는 것이 중점을 둔다는 말입니다. 물론 이것도 포함은 됩니다. 그러나 예언은 인류를 향한 예수님의 마음을 전하는 것입니다. 예언 사역(설교)을 도구로 성령의 감동하심 가운데 얼마나 예수님을 잘 전하고, 사람들을 예수님께로 인도했느냐 로 평가받게 됩니다. 그렇기 때문에 설교를 하시는 목회자(선지자)는 예수님께서 어떤 분인가를 바르게 전해야 합니다. 성령의 임재가운데 영적인 상태에서 설교를 해야 합니다. 그래야 대상자가 예언의 말씀을 듣고 예수를 영접하게 되는 것입니다. 현실 문제를 가지고 고통당하면서 어찌할 바를 모르는 사람에게 예수님께 나오면 모든 문제가 해결이 된다는 희망을 전달할 수가 있어야합니다.

그런 의미에서 가장 위대한 선지자는 세례요한입니다. 그는 여자가 낳은 자 중에 가장 큰 자요, 선지자들의 대표인 엘리야의 심령과 능력으로 온 선지자였습니다. 그런데도 개인 예언을 거의 하지 않았습니다. 그는 오로지 예수님을 증거 했습니다. 심지어는 자신의 제자들마저 예수님께로 떠나보냈습니다. 이것이 바로 최고의 사역입니다. 주님은 모든 사역자들이 세례요한처럼 되기를 원하십니다.

우리가 알아야 할 것은 비단 예언(설교)선지자뿐 아니라, 사도와 복음전하는 자, 그리고 목사와 교사도 같은 기준으로 사역을 평가받게 됩니다. 그러므로 설교(예언)를 할 때 얼마나 해석을 정확하게 하고 전달을 잘 했느냐가 중요한 것이 아니라, 얼마나 예수님을 잘 증거하고 실제로 사람들을 살아계신 예수님을 만나게 했으며 예수님께로 인도했느냐가 중요합니다.

시편 23편 푸른 초장과 맑은 시냇물가가 나오는데, 예수님이 곧 푸른 초장이요, 쉴만한 물가입니다. 목자가 양들을 푸른 초장과 맑은 시냇물가로 인도하듯이 목회자들은 마땅히 성도들을 설교를 통하여 예수님께로 인도해야 합니다. "내가 아버지께로서 너희에게 보낼 보혜사 곧 아버지께로서 나오시는 진리의 성령이 오실 때에 그가 나를 증거하실 것이요."(요 15:26).

이처럼 성령님은 예수님을 증거 하기 위해 이 땅에 오셨습니다. 지금 우리 안에서 역사하시고 계십니다. 그러므로 사도에서 목사에 이르기까지 자기의 부르심과 은사와 직분이 무엇이든 우리는 예수님을 전해야합니다. 부름 받아 나온 자들을 예수님의 인격을 닮아가도록 설교(예언)와 성령의 역사로 바꾸는 사역을 해야 합니다. 그것이 우리 모두의 사명입니다.

사람들을 예수님께로 인도하는 것이 얼마나 중요한 일인지 아십니까? 목회자가 실제로 예수님을 증거 하면 사람들이 예수님을 추구하고 만나고, 교제하게 됩니다. 그러면 예수님이 그들을 말씀과 성령으로 변화시킵니다. 그 결과 놀랄 정도로 변화됩니다. "그런즉 누구든지 그리스도 안에 있으면 새로운 피조물이라. 이전 것은 지나갔으니 보라 새것이 되었도다."(고후 5:17). 이 말씀에 의하면 누구든지 "그리스도 안에 있으면" 새로운 피조물이라고 했습니다. 사람은 누구나 그리스도 안에서 변화됩니다. 바른 복음을 듣고 성령의 인도를 받으면 변화되게 되었습니다. 즉 우리를 예수님의 인격으로 변화시키는 분은 바로 성령님입니다. 설교자도 성령으로 충만한 가운데 말씀을 전해야 합니다.

그래서 바울이 예수님은 우리에게 지혜와 의로움과 거룩함과 구속함이 되신다고 말한 것입니다. 따라서 목회자들이 설교를 통해 실제로 예수님을 증거하고 사람들을 예수님께로 이끌면, 사람들이 변화되고 지속적으로 성장합니다. 성도들이 변화되게 하려면 설교(예언)를 통해 단순히 성경이 아니라, 지금도 살아서 역사하시는 예수님을 전합니다. 이런 성령이 역사하시는 설교만이 성도들을 변화시킬 수 있습니다.

넷째, 설교는 레마를 선포해야 한다. 목회자는 설교를 준비할 때나 설교할 때 성령의 임재 가운데 순간순간 성령의 감동하심을 받아 선포해야 합니다. 레마를 받아 선포할 때 강력한 능력을 이끌어내어 기적이 일어나기 때문입니다. 내가 성경을 다 안다고 해서 하나님의 기적이 일어나는 것은 아닙니다. 성경을 다 알고 하나님에 대한 신학적인 지식을 다 알고, 뜻을 다 안다고 하더라도 내게 기적이 일어나지는 않습니다. 성령의 임재가운데 하나님이 내게 하나님의 뜻을 따라 특별히 말씀해 주기를 간구하면서 하나님의 말씀을 받아야 하는 것입니다.

베드로가 깊은 곳에 가서 그물을 던져 고기를 잡았습니다. 베드로가 깊은 곳에 가서 그물을 던져 고기 많이 잡는 것을 보니 '우리 다 깊은 곳으로 들어가자. 깊은 곳에 들어가서 그물을 던져 다 잡자.' 던져도 아무것도 안 잡힙니다. 베드로가 깊은 곳에 가서 그물을 던진 이유는 주님이 말씀하셨기 때문인 것입니다. "깊은 곳에 가서 그물을 던져 고기를 잡으라." 이것은 일반적인 말씀이 아니라, 베드로에게 특별히 주신 레마의 말씀인 것입니다. 베드로와 제자들이 풍랑 있는 바다를 괴롭게 배를 저어 가다가 밤 사경에 물 위로 걸어오는 것을 보고 주시여 나를 물 위로 걸어오게 하소서. 주님이 오라고 했습니다.

베드로가 밖에 나가서 걸으니 물 위에 걸어갔습니다. 왜냐 주님이 베드로에게 말했습니다. 예수님이 물 위로 걸어오라고 했습니다. 그러나 베드로처럼 다른 사람들이 물 위로 걸어오면 다 빠져 죽어요. 왜일까요? 베드로는 주님의 개인적인 말씀(레마)을 받았기 때문인 것입니다. "믿음은 들음에서 나며 들음은 그리스도의 말씀으로 말미암느니라" 그리스도가 직접 말씀하시는 말씀(레마)을 들어야 믿음이 생겨나는 것입니다. 레마는 하나님께서 성령으로 직접 자신에게 들려주시는 생명의 말씀입니다.

성경은 일반적인 모든 사람에게 주신 책으로써 하나님의 대한 지식을 알고 하나님에 대한 뜻을 아는 책이지만은 우리가 직접적인 믿음의 역사를 가지려면 성경말씀을 통해서 성령이 우리에게 직접 오늘날도 직접적인 말씀(레마)을 해야 하는 것입니다.

성경 사도행전을 보면 제사장 스게와의 일곱 아들이 귀신들린 자를 갖다 놓고 난 다음에 말했습니다. 바울이 전하는 예수 그리스도의 이름에 의지해서 네게 명하노니 귀신아 나와라. 귀신이 하는 말이 예수도 내가 알고 바울도 내가 아는데 너는 누구냐? 그냥 덮치매 일곱 아들이 다 혼비백산하고 옷이 다 찢겨서 빨개 벗고 도망을 쳤습니다. 왜그렇습니까? 바울은 주님의 직접적인 명령을 듣고 주님의 권세를 받아 개인적인 권세를 받아서 귀신을 쫓아냈지만은 스게와의 제사장은 바울이 말한 것 그냥 인용해서 했지, 직접 주님께 말씀을 듣지 못하기 때문에 귀신이 순종할 리가 없는 것입니다.

그러면 어떻게 하면 개인적인 말씀을 받을 수가 있을까요? 이것은 굉장히 중요합니다. 우리가 개인적인 주의 말씀을 받으면 오늘날도 주께서 놀라운 역사를 베푸시는데 어떻게 개인적인 말씀을 받을까요? 먼저 성경말씀을 통하여 일반적인 하나님의 뜻을 알아야 합니다. 하나님이 누구신지를 성경말씀을 통해서 알아야 되고 일반적으로 창세기부터 계시록까지 말씀을 읽고 설교를 들어서 하나님의 뜻을 알아야 우리가 하나님의 뜻대로 구해야 하나님이 응답을 해 주시지 하나님의 뜻에 어긋난 곳에 '말씀을 주옵소서. 말씀을 주옵소서.' 해봤자 아무 소용이 없습니다.

우리가 성경을 읽고서 병 고치는 것이 하나님의 뜻인 줄 알기 때문에 아버지여, 내게 치료의 말씀을 주옵소서. 내게 강력한 신유의 능력을 주시옵소서, 병 고치는 것이 아버지의 뜻이오니 내게 치료의 말씀을 주옵소서. 주님께 영으로 기도하면 어느 날 말씀 속에 "내 병이 나았느니라," 치료의 말씀과 능력을 주십니다.

뜻을 알고 기도해야 말씀을 받을 수 있지 뜻을 모르고 기도해서야 말씀을 받을 수 있나요? "주 예수를 믿으라. 그리하면 너와 네 집이 구원을 얻으리라"고 하므로 우리 남편을 구원하여 주시옵소서. 구원받는 것이 하나님의 뜻이라고 하니깐… 간절히 부르짖어 기도할 때 어느 날 "하나님께서 이제 안심하라. 내 남편이 구원 받았느니라." 그러면 말씀을 받았습니다. 그 때로부터 남편이 변화 받기 시작한 것입니다.

그러므로 우리가 성경 말씀을 통해서 먼저 하나님의 뜻을 알아야 우리가 개인적으로 주는 말씀을 구할 수가 있는 것입니다. 그러고 난 다음에는 하나님의 뜻이 개인적으로 임하시기까지 간구하며 기다려야 되는 것입니다. 하나님의 말씀을 알고 하나님의 뜻을 알았는데 내게도 하나님의 말씀을 주시기 위해서는 내가 성령의 임재상태에서 구해야 합니다. "구하라, 주실 것이요, 찾으라, 찾을 것이요, 문을 두드리라, 그러면 열릴 것이라."고 하셨으므로 주님께 나와서 구해야 합니다.

그리고는 성령님의 감동을 구해야 합니다. 오늘날 아버지 하나님과 예수님은 성령님의 감동을 통해서 우리에게 말씀하시는 것이기 때문에 우리가 성령 충만하고 성령님을 인정하고 환영하고 모셔 드리고 의지하며 보혜사 성령이여 아버지 하나님과 우리 주 예수 그리스도의 뜻을 좇아내게 말씀하여 주시옵소서. 성령은 우리에게 종종 꿈을 통해서 개인적으로 말씀할 때가 많이 있습니다. 야곱이 얼룩덜룩 이의 단풍나무 신풍나무 가죽을 벗겨서 짐승들 앞에 놓고 새끼를 가질 때 얼룩 덜룩이를 갖게 한 것도 야곱은 꿈을 꾸었습니다. 꿈을 꾸어서 개인적으로 말씀해 주신 것입니다. 그리고 요셉도 하나님의 꿈을 통해서 요셉에게 말씀하여 주셨습니다.

오늘날도 성령께서 우리에게 확실하게 꿈을 통하여 마음속에 레마, 즉 개인적인 말씀을 주실 때가 있습니다. 또 환상을 통해서 성령께서 우리에게 말씀하실 때가 있는 것입니다. 바울은 드로와에서 기도할 때 환상이 나타나서 마게도냐인이 여기에 와서 우리를 도우라. 하나님의 말씀이 환상을 통해서 바울에게 임했습니다. 베드로는 피장 시몬의 집에서 점심때에 옥상에 올라가서 기도할 때 하늘에서 보자기가 내려오면서 짐승들을 보내면서 잡아먹으라고, 그리고 그 짐승들이 이방인을 상징하는 것입니다.

고넬료 가정에서 온 병사들이 와서 문을 두드리고 베드로는 찾을 때에 성령께서 두려워말고 따라가라고 하셨습니다. 환상을 통해서 말씀하신 것입니다. 오늘날 우리에게는 환상을 통해서 말씀하시는 것이 드물지만, 그러나 요사이도 가끔가다가 환상을 통해서 말씀하실 때가 있습니다. 가장 주로 많은 말씀을 하시는 것은 마음에 고요한 음성을 통해서 말씀하여 주시는 것입니다. 기도를 하고 있는데 마음에 뜨거워지면서 마음에 말씀이 임하시는 것입니다. 마음에 하나님의 지식과 총명이 마음에 머물며 저는 기도할 때 종종 체험합니다. 간절히 기도하는데 마음이 뜨거워지면서 마음속에 내가 생각지도 않은 하나님의 말씀이 마음속에 임하는 것입니다.

그리고 특별히 교회에 와서 설교 들을 때에 하나님의 말씀이 내 마음속에 와 닿습니다. 저것은 내게 하는 말씀이다. 엠마오로 가던 제자가 예수 그리스도께서 말씀하실 때에 그대로 마음이 뜨거워졌다고 말했습니다. 우리에게 말씀하시고 우리에게 성경을 풀어 주실 때 우리 속에서 마음이 뜨겁지 아니하냐고 말했습니다. 주일날 교회에 와서 말씀을 들을 때에 마음이 뜨거워지면 하나님이 자신에게 말씀하시는 것입니다. 그냥 한 쪽 귀로 듣고 한 쪽 귀로 흘려보낸 것은 그것은 아니지요. 다시 기도하여 확증을 잡아야 합니다. 내 마음에 기쁜 감동과 함께 뜨거워지면 그 설교를 통해서 하나님이 내게 말씀해 주시는 것입니다.

세상에 술 취함과 방탕함과 도박과 악한 습관에 묶여서 고생한 사람도 거기에 놓여남 받기 위해서 기도할 때에 하나님이 말씀(레마)을 주시면 순식간에 놓여남을 받습니다. 성령이 감동하는 말씀(레마)를 듣고 행할 때 질병에서도 치료받고, 가난에서도 레마의 말씀을 받고 행하면 자유를 얻게 되고, 마음에 평안과 확신도 말씀을 받고 행하면 평안과 확신이 임하게 되는 것입니다. 우리는 기록된 말씀 위에 토대해서 성령이 살아있는 현재 내 마음속에 들리는 말씀으로 해 주시기를 기대해야 되는 것입니다. 기록된 로고스가 아니라, 성령으로 내 귀에 들려오는 '레마'를 받아야 하는 것입니다. 레마를 듣고 그대로 말하고 행동할 때 역사가 일어나는 것입니다. 목회자는 성령으로 레마의 말씀을 받아서 선포하는 훈련을 부단하게 해애 합니다. 말씀을 담대하게 선포할 때 기적이 일어나기 때문입니다. 목회자는 말씀의 권위를 나타내야 하나님께 쓰임을 받을 수가 있습니다. 말씀에 권위가 나타날 때 강력한 능력을 이끌어낼 수가 있습니다. 예수님은 말이 영이요 생명이라고 말씀하셨습니다. 선포하는 말씀에 생명이 있을 때 강력한 능력을 이끌어낼 수가 있습니다. 생명의 말씀을 선포할 때 불가능이 가능하게 되는 능력으로 역사합니다.

22장 안수로 강력한 능력을 사용하라.

(행19:6-7)"바울이 그들에게 안수하매 성령이 그들에게 임하시므로 방언도 하고 예언도 하니 모두 열두 사람쯤 되니라"

하나님은 강력한 능력을 이끌어내어 하나님의 권위를 나타내기 위하여 안수 사역을 하기를 원하십니다. 모두 안수 사역으로 성도들의 믿음을 활성화하는 사역자들이 다 되기를 바랍니다. 안수 사역은 영적인 사역 중에서 대단히 중요한 사역입니다. 그런데 일부 목회자는 안수사역을 하지 않는 분들도 있습니다. 목회자가 안수사역을 하는 것과 안하는 것에는 정말 말로 표현할 수 없는 차이가 있습니다. 안수를 하면 문제가 좀더 빨리 해결이 됩니다. 성경을 보면 예수님도 병자들을 안수하여 치유한 사례가 많이 있습니다. "열여덟 해 동안이나 귀신 들려 앓으며 꼬부라져 조금도 펴지 못하는 한 여자가 있더라. 예수께서 보시고 불러 이르시되 여자여 네가 네 병에서 놓였다 하시고 안수하시니 여자가 곧 펴고 하나님께 영광을 돌리는지라."(눅13:11-13).

우리는 예수님의 치유사역의 본을 따라야 합니다. 저는 지금까지 십년을 넘게 성령치유 사역과 성령의 세례를 베푸는 사역을 했습니다. 그런데 안수를 하지 않을 때보다 안수를 할 때 더 강력한 치유의 역사가 일어났습니다. 그러므로 성령사역을 하는 사역자는 안수 사역를 하는 것이 좋습니다.

안수 사역시 영적 기름부음에 대한 집중을 해야 합니다. 즉, 안수 사역시 성령의 불이 들어가는가, 안 들어가는가? 어떤 느낌이 감지되는가? 어떤 기름부음이 오는가? 어떤 사람이 넘어지고 안 넘어지는가? 어떤 안수 방법을 사용할 것인가? 등등을 성령의 초자연적인 계시로 알아서 사역을 해야 합니다. 예를 든다면 불안수를 할 것인가? 손안수를 할 것인가? 눈안수를 할 것인가? 질병이나 통증이 일어나는 특정 부위에 안수할 것인가는 성령의 감동에 따라 행해야 합니다.

첫째, 안수 사역의 기능. 안수를 어떤 부위에 할 것인가? 질문하는 분들도 있을 것입니다. 사람에게는 각각 부위별로 혈이 있습니다. 혈이 많은 부위에 손을 얹고 안수를 하면 됩니다. 예를 든다면 머리에는 백회라는 혈이 있습니다. 백회의 혈 부위에 손을 얹고 안수 사역을 하면 되는 것입니다. 발바닥의 경우는 용천혈이 있습니다. 이 부분에 손을 얹고 안수하면 혈을 통해서 성령의 불이 들어가 성령의 역사가 잘 일어나는 것입니다. 안수 사역을 하는 방법은 다음과 같습니다.

① 축복 기도는 말 그대로 축복하면서 기도하는 것입니다(창 48:9-14).

② 눈에 대한 안수 사역은 이렇게 합니다. 눈에는 혈이 많이 있습니다. 그러므로 양손가락을 눈과 눈 위의 뼈 부분을 겹치게 대고 성령의 불을 집어넣는 것입니다. 주의해야 할 것은 눈을 압박하면 눈이 터질 수도 있으니 가만히 눈 위에 손가락을 올리고

안수하면 될 것입니다.

③ 손에 대한 안수는 손바닥에 혈이 많이 있습니다. 살며시 손바닥을 마주치면서 안수하면 됩니다. 특별히 이성간에는 주의가 요구됩니다.

④ 머리의 성령의 불 안수는 피 사역자를 바르게 눕게 하고 머리에 오른 손을 얹고 안수하면 되는 것입니다. 이 때 피 사역자에게 호흡을 들이쉬고 내쉬면서 안수를 받으라고 해야 합니다. 호흡은 성령의 역사를 돕는 활동인 것입니다.

⑤ 발에 대한 안수사역은 발바닥의 용천부위에 손을 얹고 안수하는 것입니다. 저는 특별한 사람에게만 합니다. 저는 저의 사모 외에 다른 사람에게 한 번도 발안수를 하지 않았습니다. 저의 사모는 저에게 발 안수를 많이 받았습니다. 지금 성령의 역사가 강하게 나타나고 있습니다. 어떤 날은 저에게 발 안수를 받고 몸이 뜨거워서 잠을 제대로 자지 못한 날도 있었다고 했습니다. 성령의 강력한 불이 들어가 머리끝까지 올라갑니다.

우리가 영적인 사역자, 성도가 되려면 안수하는 것을 두려워하지 말아야 합니다. 또한 안수 받는 것도 두려워 말아야 합니다. 그리고 실패를 두려워하지 말아야 합니다. 내가 한다고 생각을 하지 말고 전적으로 성령께서 하신다고 생각하고 편안하고 자연스럽게 손을 얹고 안수하면 됩니다. 많은 목회자가 안수 사역을 꺼리는 이유는 자신이 안수한 후에 질병이나 문제가 해결되지 않으면 망신을 당할 위험성이 있으니 안하는 것입니다. 그러나 성령의 역사는 전적으로 하나님의 뜻입니다. 치유가 되어도 하나님이 치유하신 것입니다. 치유가 되지 않아도 하나님이 하지 않은 것입니다. 그러므로 성령치유 사역자는 실습 대상을 많이 만들어서 안수사역을 많이 해보아야 합니다. 그래야 담대함이 생깁니다. 안수 사역시 안수 사역자는 권능이 있어야 하고, 안수를 받는 사람은 믿음이 있어야 합니다. 그리고 하나님의 역사가 함께해야 치유나 문제의 해결의 역사가 일어나는 것입니다.

안수 사역은 눈으로 보는 것이 아니라 성령의 임재로 느끼는 감동으로 보는 것입니다. 그러므로 안수를 많이 해보아야 합니다. 그러면 자연스럽게 느끼고 알 수가 있습니다.

둘째, 안수에 대한 견해들

① 케네스 해긴 목사 "나는 기적을 믿는다."의 저자의 경우는 안수는 교회사역에 있어서 행하는 사역자와 행하지 않는 사역자와는 근본적으로 틀립니다. 그 이유는 안수를 행하는 사역자에게는 성령께서 피사역자가 권위를 느끼게 만들어줍니다.

예를 든다면 어떤 교회는 목회자가 설교와 다른 것들은 별 볼일 없는데도 그 교회가 충만한 이유는 그 목회자가 예배 후에 30분 이상 통성 기도를 하게 한 후에 안수사역을 하기 때문입니다. 그런데 안수를 안 하면 교회에 문제가 생긴다고 합니다. 저에게는 많은 목회자가 찾아오셔서 상담을 합니다. 와서 이구동성으로 하는 말이 안수를 하지 않았더니 교회에 문제가 생겼다고 합니다. 안수를 하세요. 안수를 자주 받으세요.

② 오랄로버츠 목사의 경우는 오른 손의 민감성을 이용합니

다. 즉 그는 안수를 하면서 그 사람에 대한 영적 상태를 알아낸다고 합니다.

③ 저의 경우도 오른 손의 민감성을 이용하여 사역을 합니다. 손을 얹으면 상대의 심령의 상태나 영의 막힘 등의 문제가 저의 손을 통하여 영으로 전이 되어 알게 됩니다. 이는 무어라고 글로 표현하기가 좀 난해합니다. 제가 조언하여 준다면 안수를 많이 해보라는 것입니다. 그러면 자연적으로 습득하게 될 것입니다.

셋째, 안수사역자가 알아야 할 사항. 안수 받을 때 불세례를 체험합니다. 성령은 뜨겁게 기도하며 사모하는 자에게 역사하시어 체험하게 하십니다. 성령으로 뜨겁게 기도하는 자에게 안수할 때 성령의 불세례가 임합니다. "이에 두 사도가 저희에게 안수하매 성령을 받는지라"(행8:17). "바울이 그들에게 안수하매 성령이 그들에게 임하시므로 방언도 하고 예언도 하니"(행19:6).

이 말씀은 안수 자로부터 성령의 능력의 전이현상이 일어남을 의미합니다. 그러나 성령의 능력이 전이가 일어나는 사람이 있고 전이되지 않는 사람이 있습니다. 능력의 전이가 일어나는 사람은 마음이 열려 성령이 역사할 수 있는 심령이 준비된 영적인 사람입니다. 성령의 능력의 전이가 이루어지는 사람은 영적 교류가 이루어지고 있는 성령의 역사에 장악당한 사람입니다. 안수하는 사역자와 영적 교류가 이루어 질 수 있는 사람은 이는 믿음으로 받아드리는 사람이며 마음이 열려 있는 사람입니다. 강하게 성령의 능력전이가 이루어지면 안수 할 때 회개가 터지기도 하고, 방언이나 예언이 터지기도 하며, 질병이 치유되기도 하며, 잠복된 귀신이 발작하기도 하며 때로는 넘어지기도 하며, 혼수상태에 빠질 수도 있으며 심하면 입신의 경지에 이르게도 됩니다.

저는 보통 성령 집회 할 때에 안수를 많이 하는 편입니다. 그래서 안수 사역에 대하여 체험을 많이 했습니다. 그러나 아무렇게나 안수를 한다고 성령의 불세례를 받는 것이 아닙니다. 안수 사역을 하는 영적인 방법이 있습니다. 우선 상대방이 안수를 받으려고 마음의 문을 열어야 합니다. 마음의 문이 열려서 안수를 받아야 성령의 역사가 일어나는 것입니다. 저는 상대방이 마음의 문이 열렸는지, 안 열렸는지 신체 일부에 손을 얹어보면 당장 압니다. 하도 안수를 많이 해왔기 때문입니다. 그러면 마음이 열린 사람에게 먼저 안수를 합니다. 마음이 열리지 않은 사람은 기다리는 것입니다. 보통 다른 사람이 안수 받고 성령으로 충만해지면 마음을 열게 됩니다. 그러면 손을 얹고 안수를 합니다.

한 손은 머리에 얹고, 한손은 등 뒤에 얹고 안수를 합니다. 그러면서 안수를 받는 사람에게 호흡을 하게 합니다. 호흡을 들이쉬고 내쉬라고 합니다. 이는 성령이 역사할 수 있도록 통로를 열어드리기 위하여 하는 영의 활동입니다. 그러면서 가만히 손을 얹고 안수를 합니다.

사역자는 이러한 사람들에게 안수 할 때는 성령의 능력이 빨려 들어가는 듯한 느낌을 느끼거나 안수 받는 자는 뜨거운 기운이 자신에게 들어오는 것을 지각하게 됩니다. 성령이 더욱 강하게 역사 하는 상태와 조건을 이해하는 것이 능력이며, 말씀과 진리를 똑바로 알고 영적인 맥을 뚫어 평소에 영분별이 있는 영성 훈련과 기도훈련으로 더 큰 능력이 전이 될 수가 있습니다. 능력의 전이가 일어나지 않는 사람은 그리스도인이라 할지라도 말씀으로 영이 깨어나지 않는 영적인 어린아이 즉 육신적인 사람입니다. 여러 가지 장애 요인을 가지고 있는 사람으로서 ①영적 장애 또는, ②혼적 장애 혹은 ③육체적 장애를 지니고 있는 사람입니다. 안수할 때 이러한 것을 말해 속칭 "기도가 쑥쑥 잘 들어간다."라고 말하기도 하며 생통이라서 "전혀 돌덩이 같다"라고 하기도 합니다. 사역자는 이러한 능력의 전이 현상이 잘 이루어지지 않는 장애요인을 잘 알고, 사역자는 영적인 장애를 제거하는 자신 만의 방법을 가지고 있어야 효과적인 성령사역을 할 수가 있습니다.

이런 장애가 있는 사람은 말씀과 영의기도 찬양을 통하여 장애 요인을 제거해야 합니다. 그러므로 사역자나 피 사역자 공히 성령 충만을 받는 자기 방법을 개발하여 자기 자신을 훈련시키며, 심령이 어린아이의 심령이 되는 영성훈련을 통하여 예수의 생명과 능력이 나타날 수가 있는 것입니다. 성도들에게 나타나는 이 장애요인을 처리 할 수 있는 자가 강력한 능력을 이끌어내어 하나님의 쓰임을 받고 있는 사역자요, 영성훈련을 인도하는 인도자가 될 수 있습니다. 이러한 영적 혼적 육신적인 장애요인을 잘 이해하고 분별하는 것이, 육신의 질병의 원인이나, 영과 혼 즉 심령의 문제를 진단하는 영안이 열리는 요인 중에 하나요, 하나님의 나라를 이해하고, 진리를 헤아리게 되는 열쇠라 할 수 있습니다. 구체적이고 세밀한 것은 각 장마다 설명되어지는 부분을 서로 연결하여 이해하게 되면 성령의 불세례를 베풀고 받는 영적인 원리의 맥을 뚫게 됩니다. "내 말과 내 전도함이 지혜의 권하는 말로 하지 아니하고 다만 성령의 나타남과 능력으로 하여 너희 믿음이 사람의 지혜에 있지 아니하고 다만 하나님의 능력에 있게 하려 하였노라"(고전2:4-5). "우리 산 자가 항상 예수를 위하여 죽음에 넘기움은 예수의 생명이 또한 우리 죽을 육체에 나타나게 하려 함이니라"(고후4:11).

제가 성령치유 사역을 하며 안수 할 때 많은 분들이 성령의 불세례를 체험합니다. 십년 이상을 성령체험하려고 이곳저곳을 헤매고 다녀도 성령을 체험하지 못한 분들도 몇 번만 안수 받으면 성령의 불세례를 체험합니다. 성령은 말이 아니고 실제라는 것을 체험합니다. 그리하여 많은 분들이 마음의 상처가 치유되고 구습이 치유되어 영적으로 변하니 한번 오시면 계속해서 오시면서 성령의 은혜를 체험합니다. 그리하여 목회자는 영계와 영안이 열려 목회의 길이 열려 목회를 잘하고 있습니다. 성도들은 불치의 질병이 치유되고 부부관계가 회복되고 재정의 문제가 풀리니 모두들 기뻐하고 있습니다.

1) 안수 능력을 강화시키는 원리와 착안사항. 몇 사람을 놓고 각각에 대하여 안수를 시험해 보라는 것입니다. 그러면 각 사람에 대한 서로 다른 느낌이 있음을 알게 됩니다. 그것이 안수사역의 유익한 점입니다. 같은 사람에게 그냥 얼굴만 보고 감동을 대언을 해보고, 다시 안수하면서 감동을 대언 해보세요. 손을 얹고

감동을 대언하는 경우 더 명확한 감동의 대언을 할 수 있음을 알게 될 것입니다. 이것이 안수의 놀라운 능력입니다. 좌우지간 두려움을 버리고 많이 해보아야 합니다.

2) 안수시 생각할 점. 안수할 때 능력이 흘러들어가는가, 들어가지 않는가? 영적 사역자는 이 부분에서 민감해야 합니다. 일단 안수가 들어간다면 거기에는 어떤 희망이 있기 때문입니다. 만약 안 들어간다면 방해하는 세력을 분별하면서 제거하라. 영적인 눌림이 있다는 것입니다. 눌림을 제거해야 안수가 들어갑니다. 분별하고 명령하여 눌림을 제거하세요. 그래도 안 되는 경우 금식을 하게 하세요. 안수 사역시 자신이 지금 자신의 영이 어떠한 상태인가 자각할 줄 알아야 합니다. 자신의 영적인 상태를 아는가? 내 영의 감각으로 사역을 하는 지. 즉, 성령의 깊은 임재 하에 있는지. 성령이 충만한 상태인지. 아니면 내 혼의 감각(머리=지식)으로 사역을 하는지를 알아야 합니다. 분별하여 만약에 혼의 감각으로 사역을 한다면 고치고 발전시켜야합니다.

예를 든다면 내 영이 어디에 있는가? 내 영이 아래로 내려앉은 경우는 이렇습니다. 성령으로 충만하지 못하여 영이 침체 시에는 졸리기도 하고, 기도가 안 되고, 짜증이 잘 나고, 마음이 우울하고, 가슴이 답답하기도 합니다. 실제로 악령이 역사하면 영을 아래로 누르고 밀어 내립니다. 악령은 우리의 마음 안에 있는 영을 압박하여 충만하지 못하게 영을 누릅니다. 사역자는 자신의 영을 분별할 줄 알아야 합니다.

많은 사람들을 대상으로 성령집회를 인도할 때 자신의 영이나 피 사역자의 영이 눌려 있다면 영을 깨워야 합니다. 시간이 있고 장소가 허락되면 일으켜 세워서 영적인 찬양을 두곡정도 부르고, 피 사역자들에게 호흡을 들이쉬고 내쉬라고 하면서 성령의 불! 성령의 불하면서 불을 던지세요. 영이 눌려있으면 그 사람의 영적인 상태가 가리 워서 보이지 않으니 영을 깨워서 영이 눌림에서 뜨게 해야 합니다. 만약에 자신의 영이 눌려있다면, 호흡을 깊게 하면서 배에서 나오는 발성기도나 방언기도를 충분히 하여 자신의 영의 상태가 충만하게 된 다음에 사역에 임하는 습관을 들여야 합니다. 절대로 혼적인 사역이 되지 않도록 해야 합니다. 혼적인 사역이 길어지면 자신에게 육적인 문제가 나타나기도 합니다.

3) 안수 받는 사람이 알아야 할 사항. 안수 받을 성도는 안수 사역을 하는 사역자의 신앙상태를 알아야 합니다. 보이는 면만 보지 말고 열매를 보아야 합니다. 제가 지금까지 체험한 바로는 5년 이상 성령사역을 했는데 시시비비가 없었다면 문제가 없는 사역자입니다. 사역자가 믿을만 하다면 안수를 받는 것입니다. 사역자가 머리든지 어느 특정부위든지 손을 얹고 안수할 때 안수를 받는 성도는 다른 말이나 행동을 하지 말아야 합니다. 그냥 호흡을 들이쉬고 내쉬면서 사역자에게서 역사하는 성령의 기름부음을 끌어들이는 것입니다. 이때 호흡은 최대한 크게 해야 합니다. 호흡을 하는데 호흡이 배꼽아래까지 들어오도록 최대한 크게 호흡을 해야 사역자에게 역사하는 성령의 기름부음을 끌어들일 수가 있습니다. 숨을 깊이 들이쉬면서 사역자에게서 역사하는 성령의 불을 끌어들이는 것입니다. 깊은 호흡을 하면서 성

령의 불을 끌어들이시기 바랍니다. 어느 정도 시간이 지나면 자신에게서 성령의 역사가 나타납니다. 이때에는 성령께서 하시는 일에 크게 반응해야 합니다. 이때 말과 행동에 있어서 크게 반응하기 바랍니다. 성령께서 하라는 대로 순종하는 것이 좋습니다. 될 수 있으면 크게 반응을 하는 것이 좋습니다. 더 강하게, 으으으 아 뜨거워하면서 성령의 역사하심을 환영하고 받아들여야 합니다. 떨리면 떨어야 합니다. 울음이 나오면 울어야 합니다. 성령은 인격이기 때문에 자신이 받아들이는 만큼 역사하는 것입니다. 그러므로 성령께서 역사하는 대로 따라가는 것이 좋습니다. 이렇게 성령의 불을 끌어들이면 성령의 불세례가 임합니다. 말로 표현 할 수 없는 뜨거운 성령의 불을 체험하게 됩니다.

4) 영이 눌려있거나 자고 있을 때 해결하는 방법

① 영을 깨우라 입니다. 안수하며 피 사역자에게 호흡을 깊게 들이쉬고 내쉬라고 하고 명령하세요. 묶임은 풀릴지어다. 막힌 영은 뚫어질지어다. 자는 영은 깨어날지어다. 영의 통로는 열릴지어다. 하면서 영에게 명령하세요, 이때 본인이 아멘!, 아멘! 하고, 배에서 나오는 소리로 주여! 하고 부르짖게 하세요. 다른 방법 호흡을 최대한 깊게 들이쉬고 내쉬게 하세요.

② 영을 뜨게(올라오게)하라 입니다. 안수하면서 그 영혼에게 "영은 깨어날지어다." "영은 깨어날지어다." "막힌 영은 뚫어질지어다." "영의 기도가 터질지어다." "눌린 영은 올라올지어다." "영은 깰지어다." "영은 깨어날지어다." "깊은 곳에서 성령의 능력이 올라올지어다." "영의 기도가 터질지어다." "영을 막고 있는 악한

영은 떠나갈지어다." 하며 영에게 명령하세요. 그 이유는 귀신이 그 사람의 상처를 이용하여 영을 압박하고 누르기 때문입니다.

악한 영에게 강하게 눌린 사람의 경우에는 풀어, 풀어, 하면서 "영을 압박하는 귀신은 떠날지어다." "기침으로 올라올지어다." 본인에게는 깊게 호흡을 하면서 주여! 주여! 기도하라고 하여 막힌 영의 통로를 뚫어야 합니다.

③ 그저 성령을 흘려보내는 것입니다. "성령님 임하소서, 평안하게 하소서." 그러면서 본인에게는 호흡을 들이 쉬고 내쉬고 하라고 하면서 안수하세요. 그리고 명령하세요. "성령으로 장악이 될지어다." "평안이 임할 지어다." "막힌 영의 통로는 열릴 지어다." 하고 낮은 소리로 명령하면서 1-2분간만 안수하세요. 너무 길게 하면 성령의 역사가 밖으로 나타나 성도가 두려워할 수도 있습니다.

세 가지 방법 중에 첫째 방법과 두 번째 방법은 성령의 체험을 한 성도에게 하는 것입니다. 강력한 성령의 역사가 나타나는 방법입니다. 그러므로 초신자들에게는 하지 않는 편이 좋습니다. 성령의 역사를 이해하지 못하여 두려워할 수가 있습니다. 아직 성령체험을 하지 않은 초신자들에게 세 번째 방법이 가장 좋은 방법입니다. 좌우지간 안수를 많이 해서 시행착오를 겪어야 이를 이해할 수가 있습니다.

넷째, 안수를 받고 불세례를 받은 사례. 할렐루야! 먼저 나의 영육의 병을 치료하여 주신 하나님께 감사와 영광을 돌립니다. 그리고 매 시간마다 안수와 기도를 해주신 목사님과 사모님께 감사를 드립니다. 저는 서울 신사동에서 목회를 준비하고 있는 최○○ 목사입니다. 4년 전에 하나님의 은혜로 서울 강동에서 개척을 하여 목회를 하다가 도무지 교회가 되지를 않아서 다른 지역으로 이전을 하려고 준비하던 중 경제적인 어려움이 있어 목회를 접게 되었습니다. 그 후 우리 가정에 물질적으로 영적으로 환경적으로 너무나 어려운 일들이 찾아오게 되어 정말 하루하루를 살아가는 것이 지옥 같은 생활이었습니다.

그러던 중 우연한 기회에 기독 서점에 들렀는데 "영안을 밝게 여는 비결" 과 "구원을 누리며 사는 비밀" 라는 책을 구입하여 읽게 되었는데 거기에 충만한 교회에서는 주마다 성령내적치유집회를 한다는 글을 보게 된 것이 계기가 되어 충만한 교회를 알게 되었고 치유집회에 참석하게 되었습니다.

치유집회 참석하는 첫날부터 아주 놀라운 하나님의 역사가 나에게 일어났습니다. 불같은 성령의 역사가 나를 장악했습니다. 정말 뜨거웠습니다. 목회를 잘해보려고 성령의 불의 역사가 있는 곳이라면 안 가본 곳이 없을 정도로 다 다녀 봤는데 정말 강한 불을 체험했습니다.

목사님이 기도시간마다 안수할 때 뜨거운 성령의 불의 역사로 내 마음속의 깊은 상처와 더럽고 추한 악한 것들이 괴성을 지르면서 떠나는 것을 보게 되었습니다. 집회를 한 두주 참석하다보니까, 진정한 내가 보여지고, 내 속의 모든 문제들이 치유되면서 하나님의 평강이 내 마음 가운데에 임하면서 감사와 찬송과 기쁨이 찾아오게 되었고 생활의 활력이 넘쳐 나게 되었습니다.

또한 내가 왜 이렇게 영육으로 고통을 당했는지 알게 되었습니다. 그리고 왜 목회를 할 때마다 실패를 하는지도 알게 되었습니다. 그래서 먼저 내안에 있는 잘못된 원인을 알게 되니 무엇보다도 감사했습니다.

계속 은혜를 받아 장기적으로 집회에 참석하겠다는 믿음이 생겼습니다. 그래서 계속 참석한지 몇 달이 지나서 하나님은 나에게 아주 놀라운 은혜와 성령의 은사들을 주셨습니다. 상대방을 보면 과거와 미래가 다 읽어지는 지식의 말씀의 은사와 예언의 은사가 나타났습니다. 목사님에게 상담을 했더니 조금 더 치유 받고 사용하라고 권면해 주셨습니다. 앞으로 이 은사를 개발하여 교회를 다시 개척하여 목회할 때 사용할 것입니다. 제가 교회를 두 번 개척하여 실패를 하고 보니 목회는 말같이 쉽게 되는 것이 아니라는 것을 알게 되었습니다. 내 안에서 성령의 역사가 있어야 한다는 것을 알게 되었습니다.

이제 집에 가서 사모와 아들을 안수 기도할 때 성령의 역사가 일어나 사모가 치유되고 우리 아들도 치유가 잘 이루어집니다. 그리고 무엇보다도 많은 영적인 체계적인 지식을 쌓고 있다는 것입니다. 정말 이곳은 사람을 영적으로 변화 시키는 정말 성령의 역사가 있는 곳입니다. 매주 다른 과목을 배우고 성령으로 기도하고 목사님 안수할 때 치유 받고 성령의 불을 받았습니다.

제가 여기 와서 이제 목회에 자신감이 생겼습니다. 분명히 성령하나님은 저에게 다시 기회를 주실 것이라는 믿음을 가지고 개척을 위해 준비하고 있습니다. 이제 어디에 가서 개척을 하더라도 자신감이 넘칩니다. 성령의 역사가 저와 함께 한다는 것을 체험하자 자신감이 생깁니다. 그리고 담대함도 생깁니다. 저를 이곳에 인도하신 하나님께 감사와 영광을 돌립니다. 그리고 매 시간 영적인 말씀과 체험으로 강의를 해 주시고 안수기도로 치유하여 주시는 목사님 사모님에게 감사를 드립니다.

충만한 교회에서는 매주 토요일 10:00-12:30까지 2시간 30분간 개별 특별집중 기적치유 시간을 갖고 있습니다. 한번에 4-6명밖에 할 수 없으므로 1주일 전에 지정된 선교헌금을 입금하시고 예약을 합니다. 반드시 예약을 해야 합니다.

*대상은 이렇습니다. 여기서도 저기서도 치유와 능력을 받지 못한 분/ 불치병, 귀신역사를 빨리 치유 받을 분/ 목과 허리디스크, 허리어깨통증, 근육통, 온몸이 아프고 무거움에서 치유해방 받고 싶은 분/ 자녀나 본인의 우울증, 공황장애, 조울증, 불면증을 빨리 치유 받을 분/ 가슴이 답답하고 기도하기가 힘이 드는 분/ 축복과 영의 통로를 뚫고 싶은 분/ 성령의 불세례를 체험하고 싶은 분/ 최단기간에 현실문제 해결과 성령치유 능력 받고 싶은 분입니다.

천국을 누리고 싶은 분은 믿음을 가지고 오시기만 하면 무슨 문제라도 치유되고 해결이 됩니다. 염려하시지 말고 성령께서 감동하시면 오셔서 빠른 시간에 치유 받고 권능을 받아 쓰임을 받으시기를 바랍니다. 반드시 일주일 전에 선교헌금을 전화 확인하시고 입금 후 예약해야 합니다(전화 02-3474-0675).

23장 현실 문제 해결에 능력을 사용하라.

(신4:29)"그러나 네가 거기서 네 하나님 여호와를 찾
게 되리니 만일 마음을 다하고 뜻을 다하여 그를 찾으면
만나리라"

강력한 능력을 이끌어내어 하나님께서 쓰임을 받을 분들은 하
나님께서 성도들의 현실 문제를 해결하여 주신다는 강한 믿음이
있어야 합니다. 하나님은 성도들의 현실문제 해결에 사용하게
하려고 강력한 능력을 이끌어내어 주시는 것입니다. 하나님은
성도들을 현실 문제를 통하여 하나님을 찾게 하십니다. 자꾸 하
나님을 찾다가 보니까, 영적으로 바뀌기 때문입니다. 하나님은
성도들이 현실문제로 고통을 당해도 찾지 않으면 만나주지 않으
십니다. 하나님은 찾아야 만나주십니다. 현실 문제를 통하여 하
나님을 찾게 합니다. 크리스천이라도 현실 문제를 만나서 이리
뛰고 저리 뛰고 하면서 이 방법 저 방법 다 동원하여도 해결이 되
지 않는 것입니다. 그때 영이신 하나님이 생각이 나는 것입니다.
"하나님 이일을 어떻게 해야 해결이 됩니까?" 애타게 찾으며 하
나님께 부르짖어 기도하니까, 영이신 하나님께서 들으시고 해결
방법을 알려주시는 것입니다. 하나님께서 알려주시는 해결방법
대로 순종하면 순간 문제가 해결이 되는 것입니다.
　여러 해를 질병으로 고생하다가 치유 받은 집사의 간증입니

다. 목사님! 저는 지난 토요일에 집중기도 치료받았던 ○○○집사입니다. 목사님이 어디서 왔냐고 질문하셔서 대전에서 왔다고 했는데 기억하실런지요. 그때 제가 기도가 막히고 축농증수술후유증으로 목에서 가래가 심하다고 증상을 적어서 올려서 목사님께서 집중기도 해주셨습니다. 제가 유아 때문에 축농증 때문에 고생하다 어른 돼서 수술도 재발하는 바람에 3번이나 했고, 후유증 때문에 몹시 어렵고 고통을 많이 당했습니다. 좋다는 것 다 먹어보고 고칠 수 있다는 한의원에 가서도 침 치료를 받았지만, 평생 가지고 가야 한다고 말했는데….

목사님의 기도로 깨끗이 완치되어 너무 기쁘고 감사해서 이렇게 메일 보내드립니다. 그날 가기 전에 철야기도도하고 했는데… 점점 기도가 힘들어지고 게다가 환경도 막혀 막막했는데… 아는 지인의 소개로 목사님을 알게 되어 바로 서점가서 목사님의 저서를 읽고 망설일 틈도 없이 바로 서울에 올라갔습니다. 가기 전까지도 마음이 힘들고 이런저런 어려움마음을 안고 갔는데… 대전에 내려올 때는 코와 목도 시원하게 치료받고 마음도 가볍고… 목사님의 말씀대로 기도도 해보니 전에 느끼지 못한 변화가 느껴집니다. 앞으로 저에게 하나님의 더 큰 은총이 부어주실 것을 기대하고 감사하며 그날 집중치유기도시간에 저 때문에 많이 힘을 더 많이 쏟아주신 것 같아 너무 죄송하고 감사드립니다. 목사님교회에 다니시는 성도들이 정말 부럽습니다. 앞으로도 목사님의 저서들을 보면서 저도 좀 더 주님과 동행하는 열매 맺는 성도로 거듭나길 소망하며 돈으로 따질 수 없는 값진 것을 받고 돌아온 기쁨으로 감사드립니다. 기회가 된다면 계속 메일로 인사드리고 싶습니다. 이렇게 하나님을 찾고 기도하여 하나님의 방법으로 해결하면 순간에 해결이 되는 것입니다.

이와 같이 사람은 사람을 잘 만나는 축복이 있어야 합니다. 앞에 간증한 집사님 같이 먼저 영적인 친구를 잘 만나야 합니다. 하나님은 사람을 통하여 현실 문제를 해결하도록 하시기 때문입니다. 위 사람은 아랫사람을 잘 만나야하고, 아랫사람 역시 위 사람을 잘 만나야 합니다. 여자는 남편을 잘 만나야 하고, 남자는 아내를 잘 만나야 합니다. 주님께도 좋은 제자들을 만나려고 새벽에 갈릴리 바닷가에 나가셔서 찾으셨습니다. 이 책을 읽는 모든 크리스천은 언제나 사람 잘 만나는 축복을 위해, 하나님의 방법으로 현실 문제를 해결하며 살아가기를 기도 많이 하시기를 소원합니다.

존슨이라는 아이가 있었습니다. 존슨은 어려서 아버지를 잃었습니다. 가난 때문에 학교도 제대로 다니지 못했습니다. 존슨은 친구들이 초등학교를 졸업할 나이에 양복점에 취직하여 재봉일을 하다가 17세에 양복점을 냈습니다. 그 다음 해에 구두수선공의 딸과 결혼했습니다. 존슨과 결혼한 구두 수선공의 딸은 문맹자인 남편에게 매일 저녁 글을 가르쳐주기 시작했습니다. 사랑스런 아내가 가르쳐주는 공부는 신혼처럼 달콤했습니다. 드디어 공부에 취미를 붙인 존슨은 밤새워 책을 읽기 시작했습니다.

하나를 배우면 열을 깨우치는 지경에 이르게 되었습니다. 결국 그는 테네시 주지사를 거쳐 상원의원이 되었고 나중에 미국의 대통령까지 오르게 되었습니다.

존슨은 선거에서도 압도적인 지지로 미국 대통령에 당선되었고 미국이 전 세계 돈의 75%를 움직이는 데 결정적인 영향을 미친 알래스카를 소련으로부터 720만 달러에 사들이기도 했습니다. 이분이 바로 제17대 미국 대통령인 '엔드루 존슨'입니다. 존슨은 아내를 잘 만나 세계를 움직이는 대통령이 되었습니다. 아내 덕분에 대통령까지 된 것입니다.

하물며 전능하시고 복의 근원이 되시는 하나님을 만나면 어떻겠습니까? 하나님은 이사야를 만나서 부정한 입술을 가진 자를 가장 거룩하고 가치 있는 입술을 지닌 자로 만들어주셨습니다. 그리고 하나님의 뜻을 전하고 사람을 살리는 위대한 선지자로 사용하셨습니다. 이 시간 하나님을 만나시기 바랍니다. 하나님의 사람을 만나시기를 바랍니다. 그러므로 모자라고 어그러진 삶이 변화되고 새로워져서 이사야와 같은 큰 꿈을 이루기를 소원합니다. 이 하나님은 먼저 사람을 찾으시는 분이십니다. 인류의 시작부터 지금까지 하나님은 먼저 사람을 찾으셨습니다. 아담에게도 하나님은 먼저 찾아오셨습니다. 노아를 찾으셨고, 아브라함을 찾아오셨습니다. 모세도 불붙은 가시나무에서 먼저 찾으셨습니다. 주님도 당신의 제자들을 먼저 찾아가셨습니다.

성경 속에는 하나님을 찾아야 만나주시는 하나님이라고 여러 곳에서 소개하고 있습니다. 오늘 본문의 말씀도 "그러나 네가 거기서 네 하나님 여호와를 찾게 되리니 만일 마음을 다하고 뜻을 다하여 그를 찾으면 만나리라" 하나님은 언제 우리를 찾아오시고 만나주십니까?

첫째, 하나님을 간절히 찾아야 합니다. 우리가 누군가를 만나려면 먼저 그 사람에 대하여 알아야 하며, 어디에 가면 만날 수 있는지를 알아야만 합니다. 하나님을 만날 때에도 마찬가지입니다. 하나님께서는 어떠한 분이시며, 어디에 계신가를 알아야 합니다. 고린도전서 1장 21-22절을 보면 사람이 세상의 지혜로는 하나님을 알지 못하므로 하나님께서는 전도라는 방법을 통하여 믿는 자들을 구원하시기를 기뻐하셨는데, 유대인들은 표적을 구하고 헬라인들은 철학과 같은 지혜를 찾는 영적인 무지함이 있었기 때문에 하나님께서는 십자가에 못 박힌 예수를 전하게 하셨습니다.오늘날도 하나님을 믿으라고 하면 하나님이 보이지 않는다고 아예 하나님의 존재를 무시하는 사람도 있고, 하나님이 존재한다는 증거를 보여 달라고 하는 사람도 있습니다. 하나님의 존재에 대해 잠시 궁금히 여기다가 다시 망각한 채 살아가는 사람도 있습니다. 이렇게 하나님 만나기를 원치 아니하며 찾으려고 하지 않는 사람들은 하나님께서 얼마나 위대하시고 능력이 있으신 분인가를 전혀 모르는 사람들입니다.

전지전능하신 하나님에 대하여 참으로 안다면 어찌 만나기를 원하지 않겠으며, 하나님의 크신 사랑과 능력으로 불가능한 일이 없음을 믿는다면 어찌 하나님을 간절히 찾지 않겠습니까? 하나님께서는 천지만물을 지으신 창조주이시며 영원히 멸망으로 갈 수밖에 없는 인간을 구원하시기 위해 십자가의 사랑을 베푸신 구원의 하나님이십니다. 또한 시간과 공간을 초월하여 무소부재 하시므로 언제 어디서나 살아 역사하심을 나타내시는 능력의 하나님이시며, 구하고 찾고 두드리는 자에게 항상 응답으로 역사하시는 사랑의 하나님이십니다.

그러므로 하나님을 만나면 고통이 평안으로 변하고 절망 가운데서 소망을 얻으며, 불치의 질병 문제를 해결 받을 뿐 아니라, 죽음의 공포로부터 해방을 얻고, 참된 생명을 얻게 됩니다. 또한 모든 인생의 문제를 해결 받을 수 있습니다. 가정, 자녀, 건강, 물질 등의 갖가지 어려운 문제가 있다 해도 하나님께서는 해결자가 되어 주십니다.

하나님께서는 잠언 8장 17절을 통하여 "나를 사랑하는 자들이 나의 사랑을 입으며 나를 간절히 찾는 자가 나를 만날 것이니라."고 말씀하시며 하나님을 만나는 방법을 알려 주셨습니다. 따라서 하나님의 존재를 의심치 아니하며 하나님의 무한하신 사랑과 능력을 믿음으로 하나님을 만나기를 원하고 간절히 찾는 자가 되어야 하겠습니다. 마태복음 5:3에 "심령이 가난한 자는 복이 있나니 천국이 저희 것임이요"라고 했습니다. 마음이 선하고 겸손한 사람은 하나님의 존재를 부인하거나 의심하지 아니하며 하나님을 알기 원하고 하나님을 찾음으로 만나게 된다는 것입니다.

만약 하나님의 존재를 부인하거나 의심하며 하나님을 보아야 믿겠다고 하는 사람이 있다면 이는 하나님을 만나기를 원하는 마음이 없기 때문이요, 그 마음이 부유하고 교만하여 하나님을 만날 수 있는 길로 나오지 않고 있기 때문임을 알아야 합니다. 마음이 교만하여 하나님을 찾지 아니하고 만나기를 원치 아니하던 사람도 시험과 환난이 임하여 건강이나 물질, 가정이나 자녀에 문제가 생기면 그때서야 마음이 갈급해져 하나님을 찾는 경우가 많습니다. 따라서 하나님을 만나려면 무엇보다도 먼저 심령이 가난한 자가 되어야 하며, 더 나아가서 하나님을 만나고자 하는 갈급하고 진실한 심령이 되어 하나님을 간절히 찾는 자가 되어야 합니다. 현실의 문제를 하나님만이 해결하신다는 절박함이 있어야 합니다. 그래야 하나님을 만나고 하나님을 사랑하며 하나님의 사랑을 입는 축복된 삶을 영위할 수 있습니다.

둘째, 현실 문제를 해결할 수 있는 분을 만나야 합니다. 사람의 문제를 해결할 수 있는 방법이 몇 가지 있습니다. 첫 번째는 인간의 힘으로 해결하는 방법입니다. 인간의 지식이나 지혜나 노력이나 힘으로 문제를 해결하는 것입니다. 두 번째는, 종교적인 방법입니다. 신에게 정성을 들여서 그의 도움을 받는 것입니다. 우리뿐만 아니라 세계 모든 족속들이 오늘날까지 이 방법을 가장 많이 사용해 오고 있습니다. 지금은 우리가 전도할 때 "교회 갑시다.", "예수 믿고 천국 갑시다."라고 말합니다.

그러나 초창기 복음이 우리나라에 들어 왔을 때에는 그렇게 하지 않았다고 합니다. "여러 귀신에게 시달리지 말고 왕 귀신을 섬기시오. 큰 귀신을 믿으시오" 이렇게 전도했다는 것입니다. 예수님을 이해하지 못했기 때문입니다. 우리 조상들은 너무 많은 귀신을 섬겼습니다. 그래서 귀신에 대한 불안과 두려움 때문에 모든 자유를 잃어버렸습니다. 귀신을 너무나 두려워했습니다. 결혼하는 것도 점을 쳐야하고, 이사하는 것도 점을 쳐야합니다. 된장 고추장 담그는 날도 물어보아야 합니다. 벽에 못 하나 박는 것도 다 물어 보아야 합니다. 마음대로 할 수 있는 것은 아무것도 없었습니다. 귀신에게 일일이 물어서 다 도움을 받아야 했습니다. 조금만 잘못하면 귀신이 노합니다. 그러면 화를 풀어주어야 합니다. 이것을 푸닥거리라고 합니다.

사람들은 이 귀신 저 귀신을 섬기다가 그 많은 귀신의 지배로 오히려 평안을 잃어버리고 불안과 두려움으로 살아왔습니다. 귀신을 섬기고 귀신의 말대로 하는 사람은 평강이 없습니다. 항상 두려움 속에 살아가고 있습니다. 자녀를 위해서 남편을 위해서 우상을 섬기면서 도움을 청하였던 삶이 우리 조상들이 오늘날까지 살아온 발자취입니다.

그러나 기독교는 이런 방법을 쓰지 않습니다. 우리의 모든 문제는 전지전능하신 하나님께서 하나님의 방법으로 해결 하십니다. 하나님의 능력으로 우리를 위하여 친히 길을 열어 주시는 것이 하나님의 방법입니다. 그러므로 인간의 노력에 의해서, 인간의 지혜에 의해서 문제는 해결되는 것이 아닙니다. 성령의 권능으로 해결이 됩니다. 갈1장 1절에 "사람에게서 난 것도 아니요, 사람으로 말미암은 것도 아니요, 오직 예수 그리스도와 및 죽은 자 가운데서 그리스도를 살리신 하나님 아버지로 말미암아 사도 된 바울은 이라"고 했습니다.

하나님께서 우리의 현실의 문제를 다 아시고 그의 아들을 보내주시고, 우리의 문제를 해결하기 위하여 그분이 죽으시고, 다시 살아나셔서 우리를 위하여 잔치를 예비해 놓으셨습니다. 누구든지 와서 이 잔치에 참여하면 은혜를 받는 것입니다. 모든 문제는 하나님의 은혜로 해결 되는 것입니다. 어떠한 문제든지 하나님께서 거저 주시는 은혜로 해결됩니다. 은혜란 말의 뜻은 하나님의 선물이라는 뜻입니다. 공짜란 뜻입니다. 이것이 바로 하나님께서 문제를 해결하시는 방법인 것입니다. 이 방법은 성령으로 기도하면 알려주십니다. 물건을 살 때에도 조금 싸게 사면 돈과 관계없이 얼마나 기분이 좋은지 모릅니다. 필자는 물건을 살 때 아무대서나 사지 않습니다. 시장 조사를 합니다. 야채는 어디가 싸고, 생선은 어디가 싸고, 무슨 요일에 싼지 조사를 합니다. 물건을 싸게 사가지고 올 때면 얼마나 기분이 좋은지 모릅니다. 백화점에는 바겐세일이 있습니다. 이럴 때 사람들이 많이 모여듭니다. 왜 그렇습니까? 싼 재미 때문입니다. 조금 싼 것이 사람들을 얼마나 흥분시키고 기쁘게 하는지 모릅니다.

기독교는 공짜입니다. 돈을 받지 않고 그저 주는 것입니다. 값을 치르지 않아도 사람의 모든 문제를 하나님께서 해결해 주신다는 것입니다. 단 하나님의 말씀(뜻)대로 순종해야 합니다. 인간의 문제는 너무 크고, 너무 많고, 너무 어렵기 때문에 인간의 돈으로는 해결 할 수가 없습니다. 우리의 문제를 하나님께서 그 크신 능력으로 직접 해결하여 주시는 것입니다. 우리는 은혜의 보좌 앞에 그냥 나오기만 하면 되는 것입니다. 문제를 가지고 주님 앞으로 나올 때 우리의 문제는 하나님의 은혜로 다 해결이 되는 것입니다. 이것이 하나님의 뜻이요, 하나님이 문제를 해결하시는 방법입니다. 그렇기 때문에 우리는 성령으로 충만하여 은혜의 보좌로 나아가야 합니다. 은혜의 보좌로 나아갈 때 우리의 문제는 해결 되는 것입니다. 은혜의 보좌는 예수님이십니다. 예수님 앞에 나오기만 하면 되는 것입니다. 예수님은 우리의 삶의 문제를 다 알고 계십니다. 모든 문제를 해결 하실 수 있는 능력이 있는 분이시요, 지혜가 있으신 분이십니다.

찬송가96장 에도 보면 "예수님은 누구신가 우는 자의 위로와 없는 자의 풍성이며 천한 자의 높음과 잡힌 자의 놓임 되고 우리 기쁨 되시네" 예수님은 약한 자에게 강함을 주고, 눈먼 자에게 빛을 주시고, 병든 자에게 치료가 되시며, 죽은 자의 부활이 되시며, 추한 자의 정함이 되시며, 멸망자의 구원이 되십니다.

예수님은 교회의 머리가 되시며, 만국인의 구세주가 되시며, 모든 왕의 왕이시며, 심판하실 심판주가 되시며, 우리의 영광이 되시는 분이십니다. 은혜의 보좌이신 예수님께 나아가 물어보시면 우리의 문제를 해결할 지혜를 주시고 순종하면 어떤 문제라도 해결해 주시는 분이십니다. "수고하고 무거운 짐진자들아 다 내게로 오라 내가 너희를 쉬게 하리라."

셋째, 하나님을 만날 수 있는 길이 있습니다. 하나님을 만나야 현실문제의 해결방법을 알아낼 수가 있습니다. 하나님의 영이시니 만나는 방법은 여러 가지가 있습니다.

첫째로, 성경에 기록된 하나님의 말씀 가운데서 만날 수 있습니다. 성경은 하나님의 말씀, 곧 영원히 변함이 없으며 일점일획도 틀림없는 진리가 기록되어 있는 거룩한 책입니다. 따라서 하나님의 뜻과 마음뿐만 아니라 하나님의 무한하신 능력과 크신 사랑을 깨달을 수 있는 귀한 내용이 기록된 성경을 알아야 하나님을 만날 수 있습니다.

둘째로, 영적인 호흡인 기도 가운데서 만날 수 있습니다. 하나님의 말씀을 아무리 보고 들어도 기도하지 않으면 하나님을 만날 수가 없습니다. 사람이 호흡을 해야 생명이 유지되듯이 기도를 통하여 영이신 하나님과의 교통이 이루어지며 하나님의 말씀을 깨닫게 되고 영적인 생명이 유지된다는 것입니다. 영이신 하나님은 성령으로 기도할 때 만날 수 있고 응답을 하십니다.

그러므로 예레미야 29장 12-13절에 "너희는 내게 부르짖으며 와서 내게 기도하면 내가 너희를 들을 것이요 너희가 전심으로 나를 찾고 찾으면 나를 만나리라"고 말씀했습니다. 또한 예레미야 33:3에 "너는 내게 부르짖으라 내가 네게 응답하겠고 네가 알지 못하는 크고 비밀한 일을 네게 보이리라"약속하셨습니다.

셋째로, 곡조 있는 기도인 찬양 가운데서 만날 수 있습니다. 하나님은 만물 위에 계셔 세세토록 찬양을 받으실 분입니다(로마서 9:5). 그러므로 기독교의 부흥과 함께 찬양을 통한 선교사역이 활발하게 이루어지고 있으며 찬양 가운데 하나님을 만나고 체험을 하는 사람이 늘어나고 있는데 이는 하나님께서 찬양을 기뻐 받으시기 때문입니다. 이스라엘의 위대한 다윗 왕은 어릴 때부터 하나님을 사랑하였기에 하나님을 찬양하기를 즐거워하였고 찬양을 기뻐 받으신 하나님께서는 다윗을 사랑해 주셨으며 크신 축복으로 함께하셨습니다.

넷째로, 영과 진리로 드리는 예배 가운데서 만날 수 있습니다. 구약시대에는 제사가 하나님 앞에 나아가서 하나님을 만날 수 있는 길이었는데 신약시대에는 그 길이 예배로 바뀌었습니다. 그래서 로마서 12장 1절에 "너희 몸을 하나님이 기뻐하시는 거룩한 산제사로 드리라 이는 너희의 드릴 영적 예배니라" 말씀하셨습니다. 아브라함은 가는 곳마다 여호와를 위하여 단을 쌓고 여호와의 이름을 부르며 (창세기 12:7-8, 13:4,18) 독자 이삭도 아끼지 아니하고 번제로 드릴 만큼 하나님을 경외함으로 믿음의 조상이 되는 축복을 받았습니다(창세기 22:17).

다섯째로, 계명을 지키는 사랑 가운데서 만날 수 있습니다. 유형교회에서 제일로 주의해야 할 것은 자신의 마음대로 하는 것입니다. 반드시 하나님의 말씀대로 순종해야 합니다. 요한일서 5장 3절에 "하나님을 사랑하는 것은 이것이니 우리가 그의 계명들을 지키는 것이라"고 하였으니, 고넬료의 행함을 보면 하나님을 사랑하는 자였음이 분명하며 그러기에 하나님의 크신 사랑을 입을 수 있었습니다.

넷째, 하나님은 만나면 현실 문제를 해결 받게 됩니다. 하나님은 말씀을 통하여 현실 문제를 해결하게 하십니다. 홍해를 가를 때에도 "여호와께서 모세에게 이르시되 너는 어찌하여 내게 부르짖느냐 이스라엘 자손에게 명령하여 앞으로 나아가게 하고, 지팡이를 들고 손을 바다 위로 내밀어 그것이 갈라지게 하라 이스라엘 자손이 바다 가운데서 마른 땅으로 행하리라(출 14:15-16)" 마라의 쓴물을 달게 하실 때도 "마라에 이르렀더니 그 곳 물이 써서 마시지 못하겠으므로 그 이름을 마라라 하였더라. 백성이 모세에게 원망하여 이르되 우리가 무엇을 마실까 하매, 모세가 여호와께 부르짖었더니 여호와께서 그에게 한 나무를 가리키시니 그가 물에 던지니 물이 달게 되었더라(출 15:23-25)" 여리고 성을 함락시킬 때에도 "너희 모든 군사는 그 성을 둘러 성 주위를 매일 한 번씩 돌되 엿새 동안을 그리하라. 제사장 일곱은 일곱 양각 나팔을 잡고 언약궤 앞에서 나아갈 것이요 일곱째 날에는 그 성을 일곱 번 돌며 그 제사장들은 나팔을 불 것이며, 제사장들이 양각 나팔을 길게 불어 그 나팔 소리가 너희에게 들릴 때에는 백성은 다 큰 소리로 외쳐 부를 것이라 그리하면 그 성벽이 무너져 내리리니 백성은 각기 앞으로 올라갈지니라 하시매(수6:3-6)" 이렇게 말씀으로 해결방법을 알려주십니다. 말씀대로 순종하면 성령께서 해결하시는 것입니다.

지금도 성령으로 인도하시면서 말씀(레마)를 주십니다. 현실 문제를 가지고 하나님께 성령으로 기도를 합니다. 기도하면 성령께서 감동을 하십니다. 어떤 책을 읽어라. 하시면 기독 서점에 가서 책을 사서 읽다가 보면 해결방법이 있습니다. 어디를 가라. 하십니다. 그러면 만사를 뒤로하고 가야합니다. 순종하고 현장에 가면 사람을 만나든지 다른 방법으로 해결하게 하십니다. 누구를 만나라. 하시면 가서 만나야 합니다. 혹시 그 사람 만나서 내가 잘못되지 않을까? 하는 노파심으로 순종하지 않으면 해결이 되지 않습니다. 부정적인 사람의 소리에 귀를 기우리지 말고, 하나님의 말씀(레마)대로 그 사람을 만나야 합니다. 만나서 문제가 해결이 될 때까지 인내하며 기다려야 합니다.

예를 든다면 부산에 사는 크리스천이 문제를 가지고 하나님께 기도하니 하나님께서 서울에 가서 아무개를 만나라, 하면 여러 가지 합리를 동원하여 따져볼 것이 아니고 순종해야 합니다. 순종하고 아무개를 만나면 순간 문제가 해결되기도 합니다. 하나님께서 알려주시는 방법대로 순종하면 3년 동안 해결되지 않는 문제도 순간해결이 되는 것이 보통입니다. 그러므로 크리스천이 현실 문제를 해결함에 있어서 하나님의 말씀(뜻)을 듣는 것이 너무나 중요합니다. 반드시 하나님과 같은 영적인 상태에서 음성(말씀)이 들리기 때문입니다. 하나님은 크리스천의 문제를 하나님의 방법으로 해결하여 주시기를 소원하고 계십니다.

24장 예수님의 일에 능력을 사용하라.

(행 10:38)"하나님이 나사렛 예수에게 성령과 능력을 기름 붓듯 하셨으매 그가 두루 다니시며 선한 일을 행하시고 마귀에게 눌린 모든 사람을 고치셨으니 이는 하나님이 함께 하셨음이라"

하나님은 예수님이 세상에서 하신 일을 하게 하려고 강력한 능력을 이끌어내어 주시는 것입니다. 목적을 바르게 해야 강력한 능력을 이끌어낼 수가 있습니다. 예수님께서 세례요한에게 세례를 받으신 후에 하늘 문이 열리고 하늘에서 성령이 비둘기 같이 그 위에 임하시고 하나님이 이는 내 사랑하는 자요, 내 기뻐하는 아들이라는 음성으로 보증하여 주셨습니다. 그리고 예수님께서 자기 태어난 동네에 내려가서 안식일에 회당에 들어가니까 예수님에게 성경책을 가져다 드렸습니다. 성경책에 예수님은 누가복음 4장 16절로 21절에 있는 말씀을 펼쳐서 그들에게 읽어주었습니다. 예수님은 교회가 그냥 막연하게 사람들이 오다가다 모인 곳이 아니라 예수님의 몸 된 교회요. 성령이 오순절 날에 임한 성령의 집인 것입니다. 그러므로 교회에 참석한 우리들은 예수님을 만나러 교회에 오는 것이고 성령님의 역사를 체험하기 위해서 교회에 오는 것입니다.

우리가 그냥 텅 빈 공간에 서로 교제하기 위해서 모였다가

헤어지는 것이 교회가 아닙니다. 유형교회는 성도 한사람, 한 사람의 심령교회에 계시는 성령님이 역사하시는 곳입니다. 성령의 전입니다. 성령께서 성전에 가득하게 와계십니다. 교회는 엄청난 하나님의 문제 해결의 역사가 이루어지는 곳이 교회인 것입니다. 예수님이 다음과 같이 설교하셨습니다.

첫째, 가난한 자에게 복음을 전하기 위하여 기름 부으심을 주셨다. 주님께서 교회에 임하셔서 행하실 일을 스스로 말씀했는데 교회는 가난한 자에게 복음을 전하기 위하여 예수님께 기름을 부으시고, 교회에 예수님이 계셔서 복을 내려주시는 곳이 교회라는 것입니다. 여기에 가난한 자라는 것은 물질적으로 가난한 자라 말하는 것이 아닙니다. 심령에 하나님의 영(말씀)이 충만하지 못한 사람을 말하는 것입니다. 아담과 하와가 에덴동산에서 쫓겨난 이후로 땅은 저주를 받아 가시와 엉겅퀴를 내고 물질적으로 늘 가난하고 헐벗고 굶주렸습니다. 굶주린 사람들에게 하나님의 은혜를 전하러 오셨습니다. 좋은 소식을 가난한 자에게 주는데, 가난한 사람에게 좋은 소식이 뭡니까? 가난을 면하는 것이 좋은 소식 아닙니까? 예수님은 교회에 오시는 이유가 "종교적인 의식이나 형식을 취하기 위해서 오시는 것이 아니라, 현재 배고프고 헐벗고 굶주리고, 병들어 영적으로 갈급함으로 고통당하는 사람들에게 좋은 소식 전하려고 왔다." 그러므로 오늘 이 자리에 와 계신 예수님은 우리에게 속삭이십니다. "나는 너에게 좋은 소식 전하기 위해서 왔다. 가난하고 헐벗고 굶주림에서 너를 피하게 해주시고 헐벗고 굶주리고 고난당한 자를 오히려 도와줄 수 있도록 축복하기 위해서 내가 네게 왔다."

그러므로 우리는 교회 나옴으로 예수님이 우리를 부요케 하신다는 것을 알아야 되는 것입니다. 우리 마음이 언제든지 "나는 가난하다. 나는 못산다. 잘 안 된다." 그런 마음을 품고 있으면 안돼요. 예수님께서 우리를 축복해주셔서 부요하게 살게 하려고 교회에 오셨다는 것입니다. 그러므로 우리의 마음이 풍요로운 생각으로 가득 차 있어야 되는 것입니다. "나는 축복받았다. 나는 주님께서 일용할 양식을 늘 공급해주신다. 나는 하나님의 영광을 위해서 부자가 된다." 우리가 부끄럼 없이 그렇게 말할 수 있는 것입니다. 왜요, 그것이 예수님의 뜻이기 때문입니다.

왜냐하면 이스라엘 백성이 애굽을 나와서 광야에 들어왔을 때에 대략 숫자가 한 300만 되었습니다. 한 300만 되는 이스라엘 백성에게 매일 같이 먹을 양식을 주었습니다. 광야에서 농사도 지을 수 없고, 모래판, 민둥산 밖에 없는 그런 광야에서 하나님은 40년 동안 300만에게 하루 삼시 세 때 먹게 해주셨습니다. 만나를 주셨어요. 농사를 하나님이 짓지도 않았는데 아주 가난하고 헐벗고 굶주리고 못 먹고 영양실조가 되어 죽어야 될 곳인데 거기에 하나님께서 만나를 내려 주셔서 40년 동안 먹었습니다. 그러므로 하나님이 우리 교회에 와서 복을 준다고 말하면 하나님이 교회에 와서 어떻게 복을 주시느냐? 주님께서 사업장을 주시느냐? 농토를 주시느냐? 어떻게? 아~ 이스라엘 백성에게는 아무 것도 없는 곳에서 40년 동안에 만나를 주셨는데 하나님이 변화되나요? 어제나 오늘이나 동일하신 하나님이십니다.

예수님께서 갈릴리 호숫가 광야에서 남자만 오천 명, 부녀자 기만명이 왔을 때, 오병이어로 오천 명을 먹이고 열두 바구니 남게 했습니다. 그 이후에 다시 한 번 사천 명에게 배불리 먹게 한 적이 있습니다. 주님께서는 전능하신 하나님이기 때문에 꼭 심고 거두어야 되는 줄 알지만은 주님이 원하시는 방법대로 순종하면 축복하십니다. 주님이 축복하시면 그 축복이 우리 눈 앞에 나타나게 되는 것입니다. 아브라함이 갈대아 우르에서 하나님의 부름을 받아서 가나안 땅에 들어올 때, 주님이 말씀으로 축복을 주셨습니다. "너는 내 고향과 친척과 아버지의 집을 떠나 내가 네게 보여준 땅으로 가라. 내가 그 곳에서 큰 민족을 이루어 주고 크게 축복해 주리니 너는 복이라." 복의 자체 복 덩어리라는 것입니다. "사람이 너에게 저주하면 내가 그를 저주할 것이요. 네게 복을 빌면 그에게 복을 내려 줄지니 온 세상이 너로 말미암아 복을 받을 것이라." 75살 먹는 노인에게 새 인생을 출발하라고 하시고 난 다음에 말씀으로 복을 주었습니다.

하나님의 말씀으로 복을 받으면 그 말씀이 가는 곳마다 복을 가지고 오는 것입니다. 우리가 예수를 믿으면 주님께서 가난한 자에게 복된 소식을 전하러 오신 주님이기 때문에 주님이 축복을 해주시는 것입니다. 고린도후서 8장 9절에 보면, "우리 주 예수 그리스도의 은혜를 너희가 알거니와 부요하신 이로서 너희를 위하여 가난하게 되심은 그의 가난함으로 말미암아 너희를 부요하게 하려 하심이라" 야~ 참 놀라운 말씀 아닙니까? 부요하신 자로서. 예수님이 천지와 만물을 지으셨으니 말할 수 없이 부요하지요. 부요하신 예수님이 너희를 위해서 가난하게 되셨다. 집도 없고, 거할 곳도 없는 노숙생활을 하면서 그가 3년 반 동안 목회를 하시고 십자가에 돌아가셨는데, 그 부요하신 예수님이 가난하게 되신 것은 그의 가난함을 인하여 우리를 부요케 하려 하셨다. 주님께서 우리들의 귀에 대놓고 말씀하는 것입니다.

"걱정하지 마라. 내가 너를 부요케 하기 위해서 너희 가난을 걸머지고 십자가에서 죽는다. 내가 다 이루었다." 빌립보서 4장 19절에 "나의 하나님이 그리스도 예수 안에서 영광 가운데 그 풍성한 대로 너희 모든 쓸 것을 채우시리라" 우리가 이런 말씀을 읽을 때 우리 마음에 변화가 와야 되고 생활에 변화가 와야 되는 것입니다. 우리를 위해서 예수님이 가난하게 되셨는데 예수님이 우리를 부요하게 되기 위해서 축복을 해주셨고 그 다음에는 우리의 생활에 필요한 것을 다 채워 주시는데 이 말씀을 듣고 난 다음에 우리 마음속에 꿈이 달라져야 되는 것입니다. 가난하고 헐벗고 굶주린 꿈이 아니라 주께서 우리에게 축복을 해주셨음으로 만나도 임하고 오병이어의 기적도 나타나고 우리가 가난을 벗어나서 오히려 우리 이웃 가난한 사람에게 도움을 베푸는 처지에 있게 되는 우리 자신을 바라본 꿈이 생겨나야 되는 것입니다.

스스로를 꿈꾸어 볼 때 자화상이 축복받은 자화상을 가지고 있으면 생활 자체가 달라지는 것입니다. 오늘 우리 주님께서는 예수 그리스도를 통해서 가난한 자에게 복된 소식을 주어서 복되게 하는 것이 하나님의 뜻 이라고 하는 것을 보여주는 것입니다. '내가 잘 사는 것이 하나님 뜻이 아니다. 가난하고 헐벗고 굶주려서 고난을 받아야 그것이 하나님 뜻이다.' 사람들은 그렇게 자꾸 하나님 말씀의 뜻을 자기중심으로 생각하는데 하나님이 성경에는 가난한 것이 하나님 뜻이라고 말하지 않습니다. 하나님의 뜻은 지금 이땅에서 마음에 천국을 이루고 아브라함의 복을 받아 누리며 하나님의 나라 건설의 군사로 살다가 천국에 들어가는 것입니다. 스스로 자신을 비하하지 말기를 바랍니다. 자신을 비하는 말을 하는 사람에게는 하나님께서도 강령한 능력을 이끌어 내주 줄 수가 없습니다

둘째, 포로 된 자가 교회에 오면 자유를 얻는다. 모든 사람들이 다 죄의 포로가 돼있는 것입니다. 아담과 하와의 자손 치고 죄의 포로가 되지 않은 사람은 없습니다. 죄악에서 포로 된 사람이 자기 힘으로 아무리 해방이 되려고 해도 해방이 되지 못합니다. 우리의 일생의 죄를 예수님의 십자가 피로써 씻음을 받은 것처럼, 모든 허물도 예수 그리스도의 십자가의 보혈로 씻음을 받지 않고는 허물의 사함을 받을 수가 없습니다. 우리가 죄만 용서받는 것이 아니라, 나쁜 습관도 십자가의 보혈로 해방을 얻을 수

가 있는 것입니다. 우리 예수 믿는 사람들이 알아야 될 것은 크고 적은 모든 것이 예수님의 보혈을 믿음으로 말미암아 해방될 수 있다는 것입니다. 인간의 행위로 되는 것이 아니라, 믿음으로 죄 사함을 받고 믿음으로 허물을 벗어버리고 믿음으로 영혼이 잘되고 범사에 잘되며 강건하며 생명을 얻되 풍성히 얻고 믿음으로 주의 품에 안겨서 갈 수 있는 것입니다.

로마서 8절 1절로 2절에 "그러므로 이제 그리스도 예수 안에 있는 자에게는 결코 정죄함이 없나니 이는 그리스도 예수 안에 있는 생명의 성령의 법이 죄와 사망의 법에서 너를 해방하였음이라" 해방 받은 사람들인 것입니다. 우리가 일본사람 치하에 36년 동안 나라를 잃어버리고 정말 인간 이하의 대접을 받았고 식민지 종으로 살았습니다. 그러나 해방이 다가오자 우리 국가와 민족이 자주독립을 얻게 된 것처럼, 예수 그리스도의 십자가 보혈과 생명과 성령의 역사로 말미암아 죄와 불의와 모든 나쁜 습관을 깨끗이 씻음을 받을 수 있는 것입니다. 갈라디아서 5장 1절에 "그리스도께서 우리를 자유롭게 하려고 자유를 주셨으니 그러므로 굳건하게 서서 다시는 종의 멍에를 메지 말라" 그러므로 십자가에 못 박히신 예수 그리스도의 은혜와 보혈의 권세를 깊이 믿어야 되는 것입니다. 말이 양이요 생명이라 했으니 믿음의 말, 축복의 말을 하시기를 바랍니다. 자신이 말한 대로 이루어집니다.

우리 예수 믿는 사람의 가장 위대한 은혜는 믿는 것입니다. 믿음 이외에 우리가 뭐 "선한 행위를 함으로 말미암아 하나님께 불

쌓히 여김을 받아서 구원을 받는다.”고 생각하는 것은 얼토당토 한 일인 것입니다. 우리는 죄를 짓고 불의하고 추악하고 버림을 받아야 마땅함에도 불구하고 예수님의 십자가 보혈로 깨끗이 씻음을 받았다. 의롭다 함을 입되 평생에 죄를 한 번도 안 지은 사람같이 의롭다 함을 입고 그리스도를 통해서 천국에 갈 수 있게 되었으니 얼마나 감사한 일입니까? 마귀는 우리를 여러 가지 나쁜 습관으로 포로를 삼습니다. 우리 인류 문명은 날이 갈수록 발전을 거듭하지만은 인간은 여전히 죄의 포로가 되어 살아가고 있는 것입니다. 유형교회에 나와서 성령 충만 받으면서 우리를 묶는 악한 영들을 몰아내는 것입니다.

강력한 능력을 이끌어내어 하나님께 쓰임을 받을 분들은 성령으로 충만받아 유형교회에 나오는 성도들을 묶어 고통을 가하는 귀신들을 쫓아내야 합니다. 귀신들이 묶어놓은 흉악의 결박을 풀어서 참 자유와 해방과 천국을 체험하게 해야 합니다.

셋째, 눈먼 자를 다시 보게 한다. 우리 주 예수 그리스도께서 계신 교회에 우리가 왜 나오느냐? 눈을 다시 떠서 보게 하기 위해서 우리가 나옵니다. 아담과 하와는 하나님의 형상과 모양을 떠 지음 받아 그 영성이 살아있기 때문에 하나님을 보고 하나님과 서로 대화할 수 있습니다. 그러나 타락하고 난 다음에 영이 죽으므로 영안도 죽고 말은 것입니다. 육신의 눈은 있으나 영적인 눈은 죽어 버렸었습니다. 그런데 교회에 와서 예수 그리스도를 믿음으로 말미암아 영적으로 새로 태어나면 영안이 열려서 예수 그리스도의 몸 된 자신이 교회요, 성령이 자신 안에 임재하여 계시고, 예수 그리스도와 성령이 구하는 우리들을 축복해 주신다는 것을 깨달아 알 수 있게 만들어 주시는 것입니다.

우리 영안이 열려서 하나님 세계를 볼 수 있게 된다는 것은 얼마나 놀라운 일입니까. 에베소서 1장 17절로 19절에 "우리 주 예수 그리스도의 하나님, 영광의 아버지께서 지혜와 계시의 영을 너희에게 주사 하나님을 알게 하시고, 너희 마음의 눈을 밝히사, 그의 부르심의 소망이 무엇이며, 성도 안에서 그 기업의 영광의 풍성함이 무엇이며, 그의 힘의 위력으로 역사하심을 따라 믿는 우리에게 베푸신 능력의 지극히 크심이 어떠한 것을 너희로 알게 하시기를 구하노라" 엄청난 하나님의 은혜를 우리가 영안을 가지고서 깨닫고 알게 되고, 믿게 되고, 구하게 되고, 그리고 우리의 생활은 교회를 통해서 천국 생활을 할 수 있게 된다는 것입니다. 강력한 능력을 이끌어낸 사람들은 성도 눈을 다시 뜨게하여 하나님이 우리를 위해서 예비해놓으신 영광을 소유하도록 인도해야 합니다.

넷째, 눌린 자를 자유하게 하는 역사를 베풀어 주시는 것. 질병은 삶의 자유를 빼앗아 갑니다. 성령께서 교회에 참석한 성도들을 자유하게 하십니다. 마귀가 억압하여 병이 들게 하므로 마귀를 쫓아내고 병을 고치셨습니다. 그런 역사를 하나님이 베푸시는 것입니다. 하나님은 병을 굉장히 미워하십니다. 예수 그리스도께서 3년 반 동안 이 땅에서 목회하셨는데, 병든 자의 병을 안 고쳐준 적이 없습니다. 하나님께서 먼 곳에 가서 병 고쳐주라고 하면 출장을 가서 병을 고쳐주었습니다. 제자들에게도 회개하라 천국이 가까이 왔다 하고 가는 곳마다 병든 자를 고쳐주고 귀신을 쫓아내라고 한 것입니다. 기독교는 생명의 종교이자, 병 고치는 종교인 것입니다. 교회는 병든 자들이 와서 기도하고 치료를 받는 장소가 교회인 것입니다. 병들어 교회에 나온 성도들의 병을 고쳐주라고 강력한 능력을 이끌어내어 주시는 것입니다.

오늘날 의사 선생님들이 열심히 해서 많은 병을 고쳐주신 것을 감사하게 생각합니다. 그러나 인간의 힘으로 안 될 때, 성령의 권능이 역사하는 교회에 와서 우리가 기도하면 하나님 기적이 나타나는 것입니다. 어떠한 사람은 우리가 의학적인 도움을 받아서 치료하면 하나님이 진노하셔서 기도를 안 들어 준다고 그렇게 오해를 하는데 그렇지 않습니다. 하나님이 원하시는 것은 치료에 있지 '병원에 가서 치료를 받아서 나았느냐, 주님이 안수기도를 해서 나았느냐' 그것을 따지지 않습니다. 크리스천이 치료해서 건강해지기를 하나님이 원하시는 것입니다. 그러므로 질병이 있을 때 하나님께 기도하면 성령의 감동으로 병원에 보내서 병원의 도움을 받게 하기도 하시고, 그렇지 않으면 주님의 일꾼을 통해서 직접 안수해서 고쳐주기도 하시는 것입니다.

그러므로 방법에 대해선 걱정하지 말고, 구원의 치료를 받는

다는 그 목적을 주님께서 관심을 가지고 계시다는 것을 잊지 마시기 바랍니다. 사도행전 10장 38절에 보면 "하나님이 나사렛 예수에게 성령과 능력을 기름 붓듯 하셨으매 그가 두루 다니시며 선한 일을 행하시고 마귀에게 눌린 모든 사람을 고치셨으니 이는 하나님이 함께 하셨음이라" 모든 사람을 고쳤습니다. 특별한 사람만 고친 것이 아닙니다.

하나님께서 예수님을 보내시매 그가 두루 다니시며 모든 사람을 고쳐주셨습니다. 크리스천 한사람 한 사람이 예수님의 몸이니까, 유형교회 와서 기도를 통해서 예수 그리스도의 음성을 듣고 순종하면 불치병도 낫는 것입니다. 교회에 나와 예배를 통하여 예수님을 만나면 그 만남은 은혜 속에서 주님이 고쳐주시는 것입니다. 고치는 것이 하나님의 뜻이요, 안 고치는 것은 마귀의 뜻인 것입니다. "도적이 오는 것은 도적질하고 죽이고 멸망시키는 것뿐이요 인자가 오는 것은 양으로 생명을 얻게 하되 더 풍성히 얻게 하려고 오노라" 죽이는 사망의 역사는 마귀가 가져오고 생명의 역사는 하나님의 아들이 가지고 오시는 것입니다. 축복을 받는 것은 하나님 아들이 주시는 것이요, 패망케 하는 것은 원수마귀가 하는 것입니다.

이 병은 스트레스에 의해서 온다고 성경은 가르쳐주고 있는 것입니다. 스트레스에 걸리면 온갖 병이 다 나타나는 것입니다. 눌림을 당하면 병이 됩니다. 마음이 눌리면 마음이 병들고, 육신이 눌리면 몸이 병드는 것입니다. 눌리는 것을 스트레스라 하는데 우리 국민의 일상생활의 스트레스와 직장인의 업무 스트레스가 OECD국가들 중 최고 수준이라는 것입니다. 제일 스트레스를 우리 한국 사람들이 많이 받고 있다는 것입니다. 우리 사회는 경쟁이 심하기 때문에, 일생동안 스트레스를 경험하는데, 청소년에게는 과도한 입시 경쟁 때문에 입시 스트레스가 굉장히 괴롭게 하는 것입니다. 청년은 취업난 때문에 스트레스를 받고, 장년은 가계 및 빚이 너무 많으므로 스트레스를 받고, 장년은 어쩌면 해고하고 직장을 잃지 않을까하는 불안 때문에 스트레스에 고난 받고 있습니다. 노년기에는 질병과 빈곤으로 스트레스에 시달리고 있는 것입니다. 우리 한국 사람은 말할 수 없는 스트레스를 당하고 있는 것입니다. 이 스트레스를 처리하는 곳이 교회입니다.

그런데 유형교회에 나와서 성령으로 충만 받으면 성령의 역사가 심령에 쌓인 스트레스를 몰아냅니다. 성령의 역사로 스트레스에서 해방과 자유를 얻게 되고, 치료받게 되는 것입니다. 봄철에 길거리에 걸어가다가 돌 밑에서 노랗게 떠 있는 풀을 보고 돌을 치워주면, 얼마 안 있으면 새파랗게 그 풀이 살아서 일어나는 것입니다. 풀이 돌에 눌리면 노랗게 되고 죽습니다. 마귀가 일으키는 스트레스에 눌리면 마음도 노랗게 되고, 몸도 노랗게 되고, 생활이 노랗게 되는 것입니다. 사람의 힘으로 스트레스를 벗어나지 못하지 않습니까? 그런데 교회 와서 예배드리며 성령으로 기도하여 성령으로 충만을 받으면 성령께서 스트레스를 다 몰아내고, 치워버리는 것입니다. 그리고 믿음, 소망, 사랑, 의, 평강을 통해서 새로운 힘을 얻어 일어나게 만들어 주시는 것입니다. 하나님은 유형교회를 통하여 마음의 상처와 스트레스와 질병을 치유하여 자유하게 하시는 것입니다. 교회에서 스트레스에 걸린 사람을 고치라고 강력한 능력을 이끌어내어 주시는 것입니다.

다섯째, 하나님의 은혜의 해를 전한다. 하나님께 나오는 궁극적인 목적은 구원을 얻어 지금 마음의 천국을 이루고 아브라함의 복을 받아 누리며 하나님의 군사로서 사명을 감당하다가 천국에 들어가는 것입니다. 세상 사람들은 우리가 구원을 얻기 위해서 의로운 삶을 살아야 하고, 행위를 정직하게 해야 한다고 하나 행위로 구원받을 사람은 한 사람도 없습니다. 그래서 예수님이 오셔서 인간을 대신하여 고난을 받으시고 믿음으로 '하나님의 은혜로 구원을 받는 것'을 선포하는 것입니다. 인간은 이 땅에 태어나서 천진난만한 시대에 아담과 하와가 살았으나 죄를 짓고 난 다음에는 양심시대가 되어 양심대로 살다가, 그 다음엔 율법을 주셔서 율법시대가 다가왔고 지금은 예수님을 통해서 은혜의 시대에 살고 있는 것입니다. 천진난만한 시대에 사람은 천진난만하게 살았습니다.

그러나 양심시대가 왔는데 양심대로 살지 못했고, 율법시대에 왔는데 율법을 다 어기고…. 어떻게 해야 하나님 앞에 인정을 받고 살겠습니까? 예수 그리스도의 십자가 보혈을 통해서 이젠 믿음으로 은혜를 받아서 구원 받는 은혜의 시대에 우리가 살고 있습니다. 우리들은 지구상에 살아있는, 살아 온 사람들 중에 가장 문명이 좋은 시대에 살고 있는 것입니다. 갈라디아서 2장 16절에 보면 "사람이 의롭게 되는 것은 율법의 행위로 말미암이 아니요" 좋은 일을 한다고 구원받는 것 아닙니다. "율법의 행위로 말미암는 것이 아니요, 오직 예수 그리스도를 믿음으로 말미암는 줄 알므로 우리도 그리스도 예수를 믿나니, 이는 우리가 율법의 행위로써가 아니고, 그리스도를 믿음으로 의롭다 함을 얻으려 함이라. 율법의 행위로써 의롭다 함을 얻을 육체가 없나니라"

유형교회에서 가장 위험한 것이 행위로 열심하고 판단하는 것입니다. "아~ 나는 너보다 열심히 봉사한다. 아~ 나는 너보다 더 성경을 많이 않다. 아~ 나는 너보다 기도를 많이 한다. 거짓말 너보다 좀 적게 하고, 탐욕도 너보다 적고, 그래도 덜 교만하다. 너보다 낫다." 하나님은 오늘날 더 낫다, 더 못하다 계산하지 않습니다. 좌우간에 죄는 조그마한 것도 죄요, 많은 것도 죕니다. 죄의 값은 사망이요, 하나님의 은혜는 보혈을 통하여서 영생인 것입니다. 그러므로 행위로 자랑할 것이 없습니다. 에베소서 2장 8절처럼 "너희는 그 은혜에 의하여 믿음으로 말미암아 구원을 받았으니 이것은 너희에게서 난 것이 아니요 하나님의 선물이라" 선물에는 조건이 붙어 있지 않습니다. 무조건하고 공짜로 주는 것입니다. 믿음으로 받는 것입니다.

하나님은 예수 그리스도의 생명을 대속으로 내어놓고 난 다음 그 은혜로 우리를 구하는 것이기 때문에 믿기만 하면 되는 것입니다. 하나님께 감사하고 믿고! 너무너무 감사하지 않습니까?

"그 은혜를 인하여 믿음으로 말미암아 구원을 얻었으니 이것은 우리에게서 난 것이 아니요 하나님의 선물이라" 행위에 말미암는 것이 아니니 그러므로 자랑할 것이 없느니라! 주님만 믿기만 하면 구원이 다가오는 것입니다. 고린도후서 6장 2절에 "이르시되 내가 은혜 베풀 때에 너에게 듣고 구원의 날에 너를 도왔다 하였으니 보라 지금은 은혜 받을 만한 때요 지금은 구원의 날이라" 오늘날 우리가 살아있을 지금이 은혜와 구원을 받는 때인 것입니다. "교회는 무엇을 하는 곳이며, 왜 와야 되는가"를 예수님께서 분명히 설명하셨습니다. 교회는 그냥 텅 빈 모임을 위한 공간이 아니라, 예수님의 이름을 붙인 성령님의 전인 것입니다. 교회 오는 사람들이 반드시 알아야 할 사항은 성령께서 교회를 세우셨고, 예수님은 어제나 오늘이나 영원토록 동일하시고, 우리와 함께 임재 하여 계심으로 우리는 교회의 살아있는 역사 속에 예배드려야 되는 것입니다. 목회자의 신앙지도를 받으면서 믿음이 자라게 해야 합니다. 거기다가 강력한 능력을 이끌어낸 사람들을 통하여 성령의 역사로 문제를 해결 받고, 상처를 치유하며, 병을 고치고, 스트레스를 성령의 역사로 몰아내는 것입니다.

예수 그리스도는 어제나 오늘이나 영원토록 동일하시고, 성령도 동일하시니 교회에 나와서 예수님을 만나고 성령 충만해지고 죄 사함을 받고, 귀신을 쫓아내고, 저주에서 해방되어 축복을 받고, 은혜를 받아 천국을 선물로 가슴에 품고 매일매일 성령의 도우심을 받아 죄악을 씻고 주님 나라를 앙망하는 그곳이 교회인 것입니다. 이런 일을 하라고 능력을 주시는 것입니다.

25장 능력전도에 강력한 능력을 사용하라.

(마28:18-20)"예수께서 나아와 말씀하여 이르시되 하늘과 땅의 모든 권세를 내게 주셨으니, 그러므로 너희는 가서 모든 민족을 제자로 삼아 아버지와 아들과 성령의 이름으로 세례를 베풀고, 내가 너희에게 분부한 모든 것을 가르쳐 지키게 하라 볼지어다 내가 세상 끝날까지 너희와 항상 함께 있으리라 하시니라."

하나님은 강력한 능력을 이끌어내어 마귀에게 포로된 영혼들을 능력전도하기를 원하십니다. 우리 예수님께서 허락하신 권능으로 능력 전도하여 하나님의 나라를 확장합시다. 필자는 성령의 능력을 받고 능력 전도하니 교회가 자립하게 되었습니다. 하나님이 주신 성령의 능력으로 성령치유 사역을 하다가 보니 서울로 이전도 하게 되었습니다. 예수님의 뜻은 강력한 능력을 가지고 능력 전도하는 것입니다. 이렇게 성령치유 사역을 하다가 보니 불신자들이 무엇 때문에 고생을 한다는 것도 알게 되었습니다. 불신자들이 무엇을 원하는 가도 알게 되었습니다. 자연히 불신자를 전도할 수 있는 방법도 깨닫게 되었습니다.

첫째, 강력한 능력으로 능력 전도를 해야 하는 이유. 지금 세상에는 영육의 문제로 고통을 당하는 사람들이 많습니다. 불신자들 뿐 만이 아니라, 예수를 믿고 교회에 들어온 성도들도 이유모를 영육의 문제로 고통을 당하면서 지내고 있습니다. 우리는 이를 치유하면서 복음을 증거 해야 합니다. 그래서 세상에서 고통당하는 사람들에게 예수 이름을 사용하여 문제를 치유해야 합니다. 그래서 자신이 당하는 고통에서 해방받기 위하여 예수를 영접하고 교회에 들어오도록 해야 합니다. 최초 예수를 믿을 때 (새신자) 영적으로나, 정신적으로나, 육신적으로 건강한 상태에서 예수님을 영접하는 것이 아닙니다. 이미 병들대로 병들어있는 상태에서 예수를 믿기 때문입니다.

그러므로 그런 유형의 사람들을 치유할 수 있는 성령의 능력이 있어야 합니다. 그래서 전도는 입으로 말로 하는 것이 아니고 성령으로 하는 것입니다. 전도는 분명하게 능력전도를 해야 합니다. 그래야 효과를 거둘 수가 있습니다. 세상은 날로 복잡다양해지고 있습니다. 이렇게 복잡 다양해짐에 따라 정신적인 문제로 고통당하는 사람들이 많이 있을 수 있다는 것입니다. 이러한 정신적인 문제는 세상의 그 무슨 방법으로도 해결할 수가 없습니다. 오로지 성령하나님만이 치유를 하실 수가 있습니다.

1) **영적인 문제**. 영적인 문제가 이미 올만큼 온 상태에서 예수를 믿는 것입니다. 정신과 의사와 심리학자를 찾아가도 안 되었습니다. 많은 약을 먹어도 치유가 안 된 상태에서 마지막으로 누군가가 "예수 한번 믿어봐라!"고 권해서 예수를 믿은 분들이라는 것입니다. 이런 유형의 사람들을 강력한 능력을 이끌어내어 성령으로 치유하며 능력전도를 해야 한다는 것입니다.

2) 심각한 정신적인 문제. 이미 판단력이 흐려져서, 무엇이 옳고 그른지 구별 할 수도 없고, 정신이 혼미해져 무엇이 진리고 비진린지?, 무엇이 참 하나님이고, 거짓 신인지 이것을 구별할 힘이 없습니다. 불신자가 예수를 믿었다는 것은 믿기 전에 정신적인 부분에도 많은 문제가 왔기 때문에 믿은 것입니다. 그래서 여러 병원을 찾아가 보기도 했을 것입니다. 이사람 저사람 찾아가기도 했을 것입니다. 자신의 정신적인 문제를 해결하기 위하여 약도 먹어보았을 것입니다. 유명하다는 사람을 만나서 상담도 하고, 치유도 받기도 했을 것입니다. 또 최면술에 빠져서 전생을 왔다가 갔다가 하는 이런 사람들로 지내다가 예수를 믿게 된다는 것입니다. 이런 가운데 불신자가 예수를 믿는 것입니다. 그러므로 우리는 이런 정신적인 문제를 해결할 성령의 능력을 소유하고 예수 능력전도를 해야 영혼을 구원할 수가 있는 것입니다.

3) 육신의 질병. 육신의 질병으로 이 방법 저 방법 다사용해 보아도 되지 않을 때 예수를 믿는 것입니다. 그렇기 때문에 예수님을 믿자마자 반드시 되어져야 할 것이 치유라고 하는 것입니다. 예수를 믿고 교회에 들어왔는데 치유가 되지 않으면 우리는 계속 전도에 실패 할 수밖에 없습니다. 그러므로 성령의 권능이 함께하는 능력 있는 그리스도인이 되어야 합니다. 이런 문제의 해결은 성 삼위 하나님의 능력이 아니고는 세상 변화가 불가능합니다. 요즘 학교의 아이들이 교사들의 말을 듣지 않는 다고 합니다. 날이 갈수록 어렵다고 합니다. 그러니 예수 능력전도로 불

을 밝히지 않으면 안 됩니다.

둘째, 하나님의 능력이 아니고는 세상의 타락을 막을 수 없다. 지금 세상에는 힘 있는 마약 같은 것이 본격적으로 파고들고 있으므로 막을 수 없을 정도가 되어버렸습니다. 눈에 안 보이는 사단의 승리를 막을 수 없습니다. 인간의 힘으로는 사단을 이길 수가 없습니다. 이와 같은 세상에서 살아남으려면 영적 전쟁으로 세상에서 승리하는 운동이라야 살 수 있습니다. 그래서 말씀과 성령으로 충만하여 권능을 받아 능력 전도를 하자는 것입니다. 오직 예수님의 권세만이 세상을 장악할 수가 있습니다. 세상의 삶에서 승리하게 돕는 운동이 능력 전도 운동입니다.

주님이 이 세상에 오신 이유가 전도입니다. 성령의 권능에 의한 능력전도로 안을 뒤집어야 합니다. 성령의 권능으로 바깥지역 뒤집으면 선교입니다. 그러므로 우리는 본격적으로 이 일을 하기 위하여 미래를 대비해야 합니다. 그러기 위해서 말씀과 성령으로 충만해야 합니다. 성령의 권능을 받아 능력전도를 해야 합니다. 그래서 세상에서 흑암의 세력을 꺾어야 합니다.

전도는 사람 살리는 운동입니다. 우리가 능력전도를 하면 여러 종류의 사람이 옵니다. 사명자, 충성된 자, 일꾼들이 올수도 있습니다. 새신자와 복음 받을 자, 복음 받은 자가 오기도 합니다. 그러가 하면 영적 문제 가진 자, 정신적 고통 가진 자, 실패자들도 옵니다. 이들을 치유로 살리고 세우는 것이 예수 능력전도를 해야 될 이유입니다.

셋째, 어떻게 예수 능력 전도를 할 것인가?

1) 준비 - 준비부터 잘 해야 합니다. 열매, 설득보다 자신에 대한 준비가 필요합니다. 내가 변한 간증이 필요합니다. 예수에 대하여 가족들에게 설득한다고 이해하는 것이 아닙니다. 우리들에게 우선 있어야 할 것과 상대방에게 나의 변화된 모습이 느껴져야 할 것이 있습니다. 자신의 변화된 모습을 보여줄 수 있어야 합니다. 불신자들은 우리의 보이는 면을 중요시하고 그 부분을 두각 시킵니다. 그러므로 먼저 내가 변해야 합니다. 먼저 기도가 회복이 되어야 합니다. 그래서 주변 사람들이 볼 때 기도의 사람이구나! 느끼게 해야 합니다. 감사가 회복되어야 합니다. 감사하는 사람이구나! 가 느껴져야 합니다. 평안(안정)의 회복입니다. 평안한 사람이구나! 가 느껴져야 합니다. 한마디로 역시 예수 믿고 사람이 많이 변했구나가 보이고 느껴져야 합니다.

친척, 대상자들에 대한 기도, 수첩을 기지고 다니면서 기도해야합니다. 바울이 로마로 들어가기를 간절히 기도하였습니다. 결국은 들어가고야 말았습니다. 그러므로 기도해야 합니다. 중요한 일이므로 새벽기도도 하도록 해야 합니다. 영적으로 피곤한 불신자들과 신자들이 우리가 가지고 있는 하나님의 평안과 힘을 느낄 수 있어야합니다. "수고하고 무거운 짐진자들아! 다 내게로 오라! 내가 너희를 쉬게 하리라!"(마11:28).

2) 어떤 방법으로 할 것인가?

◆ 축호전도(인내가 필요한 전도)는 낙심하기 쉽습니다. 편한

마음으로 해야 합니다. 결실(열매)을 기대하면 못합니다. 그러나 때를 얻는지 못 얻든지 해야 합니다. 필자는 교회를 개척하여 하루에 수 백 가정의 초인종을 눌렀습니다. 그러다가 보면 전도 대상자를 만나게 되었습니다. 그리고 전도가 되었습니다. 우리는 안 된다고 하지 말아야 합니다. 힘들어도 해야합니다.

① 집안에 들어갔으면 슬슬 대화를 유도합니다. 영분별을 활용하면서 분위기만 파악합니다.

② 집안의 영육의 문제를 노려야 합니다. 세상 사람들은 문제에 약합니다. 자녀문제, 질병문제, 영적인 문제, 정신적인 문제 등등을 성령의 임재 하에 찾아야 합니다. 문제가 찾아야 대화가 되기 시작을 합니다. 성령의 지식의 말씀의 은사를 활용해야 합니다.

③ 대화되면 전도 편지 발송이나 열린 집회 참석 등의 약속을 받아야합니다.

④ 집을 나오기 전에 축복기도를 아주 은혜롭고 깊이 있게 해 주고 나오기 바랍니다.

◆ 병원전도

① 눈에 띄는 사람을 찾습니다. 사람을 기다리는 사람이 있습니다. ② 조심스럽게 병에 대해 질문을 합니다. ③ 종교는 가지고 계십니까? 절대로 타종교에 대한 비판을 금지해야 합니다. 예를 들어 불교라고 하면은 이렇게 대답을 하십시오. 예수 믿으시면 안수기도를 해 드리려고 했습니다. 예수를 믿으세요. 그러

면 질병에서 치유받고 구원받아 이 땅에서 천국을 누리다가 영원한 천국에 들어갑니다. 속히 질병에서 쾌유되기를 바랍니다.

◆ 노상전도. ① 눈에 띄는 사람에게 다가갑니다. ② 자연스럽게 접근합니다. 어린아이, 강아지, 등등. 그래서 접촉점을 가지고 대화를 시도합니다.

◆ 노인정 전도: 상당히 기도를 많이 하고, 노인들의 심리를 알아야 할 수 있는 전도입니다. 상당히 힘이 드는 전도입니다. 전도되면 열심 있게 믿음생활하고 떠나지 않습니다.

◆ 열린 모임 전도: 열린 모임은 한 지역을 거점으로 누룩처럼, 겨자씨처럼 그 지역을 장악해 가는 전도방법입니다. 열린 모임은 침투전도입니다. 이것은 주님의 전도방법이며 (마28:18-20)사도 바울의 전도방법(행16;14, 행18:1-3)이기도 합니다. 열린 모임은 말 그대로 누구나 올 수 있도록 열려있는 모임입니다. 열린 모임은 생명을 살리고 영혼을 세우는 채널입니다. 열린 모임을 통하여 개 교회마다 새 생명들이 많이 들어와 교회가 성장하여 하나님의 나라 부흥을 이룹시다.

지금 사람들은 복음을 몰라서 방황하고 인생의 막다른 골목까지 내몰리고 있습니다. 답을 알지 못해 방황하는 이들에게 복음의 소식을 전해야 합니다. 학교, 공단, 직장, 사무실, 지역, 아파트, 병원 등 방황하는 영혼들에게 가서 복음을 전해야 합니다. 누가 가서 전할 것인가? 어떻게 해야 하는 가? 주님은 지금 전도를 바로 이해한 추수할 일꾼을 찾고 계십니다. 바로 당신이 전도인이 되어야 합니다. 열린 모임 전도 시에는 꼭 문제에서 해방받은 간증이 있어야 합니다. 세상 사람들은 당장 자신의 문제 해결에 관심이 많습니다.

◈ 성령치유집회를 활용하는 방법

① 새벽기도회를 최대한 활용하세요. 말씀을 전하고 기도 시간에 질병이나 기타 문제로 안수기도 받을 분은 앞으로 나와서 기도하라고 광고하고 앞으로 나오는 사람을 안수기도하세요. 치유를 받고자하는 마음이 간절하므로 치유가 잘 됩니다. 그러면 그 분들이 나가서 소문을 냅니다. 그래서 한 사람 두 사람 찾아오게 됩니다. 우리 교회에서 훈련받고 가셔서 새벽기도를 활용하여 교회를 부흥 시켜서 교회를 건축하여 목회를 잘하는 분들이 많습니다.

② 매일 성령치유집회. 성도들이 최대한 많이 모일 수 있는 시간을 활용하세요. 매일 교회에서 성령치유 집회를 하면 교회가 성령으로 충만한 교회가 됩니다. 그리고 집회를 할 때 홍보를 하여 주변에 사는 분들이 찾아와서 함께 은혜를 받도록 하는 것이 좋습니다. 교회가 매일 성령치유 집회를 하면 성령으로 교회가 장악이 됩니다. 성령으로 교회가 장악이 되니 성장하는 것입니다. 교회는 교회 지역을 성령으로 장악해야 성장을 합니다. 무엇보다도 지역의 영들과 싸워 이겨야 성장하는 것입니다. 지역의 영들의 방해로 교회가 성장하지 못하기도 합니다. 그러므로 매일하는 성령치유집회는 아주 좋은 것입니다.

③ 성령치유 부흥회. 타 부흥강사 초빙보다 자신이 부흥강사

가 되면 좋습니다. 월 일회나 분기 일회정도 홍보를 많이 하고 하면 효과가 좋습니다. 자신이 영성을 개발하여 하는 것이 무엇보다도 중요합니다. 할 때는 전단지를 만들어서 홍보를 하고 하면 더욱 좋습니다. "능력전도치유부흥집회"라고 명칭을 하고 해 보세요. 효과가 대단할 것입니다.

④ 매 예배 간 성령능력치유: 매 예배 간 기도 시간에 질병이 있는 분이나 안수기도를 받고 싶은 분은 앞으로 나오라고 해서 안수하세요. 앞으로 나오는 사람은 열린 마음으로 나오니 성령의 역사가 강하게 나타나 질병이나 문제가 잘 치유됩니다. 이렇게 해서 문제가 치유되면 슬슬 소문이 나기 시작하여 문제 있는 분들이 많이 찾아오게 됩니다.

⑤ 가정 단위로 문제를 치유합니다(영적문제, 육적문제, 질병문제. 물질문제, 정신문제 등등). 문제 있는 가정의 전 인원을 교회로 초빙하여 말씀을 전하고 치유를 하는 방법입니다. 집에 방문하여 하는 방법도 있지만, 교회로 불러내어 치유하는 것이 더욱 효과적입니다.

⑥ 성령 능력치유와 교회사역에 대한 홍보 전단지를 그 지역 땅에 덮일 정도로 뿌리는 방법도 있습니다. 전단지의 용어 선택을 잘해야 합니다. 그 지역 정서에 맞는 용어를 사용해야 합니다. 튀는 용어는 오히려 거부가 일어납니다. 좌우지간 투자하고 노력하는 만큼 결과를 거둡니다. 단 목회자는 성령이 함께하도록 자기 관리를 잘해야 될 것입니다.

3) 작은 교회 전도를 위한 노력과 활동. 전도위한 지침은 이렇습니다. 교회는 성도들을 전도하도록 치유하고 훈련해야 합니다. 치유 받고 은혜 받으면 전도하게 되어있습니다. 자신의 문제도 해결 못해서 문제가 있는 자가 나와서 어떻게 전도할 수 있겠습니까? 어느 성도는 자신은 마음이 아프고 병이 들어 죽겠는데 목사님은 전도하라고 한다고 불평을 하는 성도도 있습니다. 전도하면 병이 낫는 다고 하면서 전도하라고 그런다는 것입니다. 그러나 아닙니다. 자신의 몸도 챙기지 못하는 사람이 어떻게 전도 할 수 있겠습니까? 그러므로 전도자 선택을 잘해야 합니다. 전도자는 말씀과 성령으로 치유된 겸손한 사람이어야 합니다. 다른 교회에서 어떻게 믿음 생활했는지를 알아보고 전도하는 일을 맡겨야 합니다. 과거 교회에서 목회자를 어떻게 대했는지 알고 맡겨야 합니다. 재물은 없어도 믿음이 있고 전도를 잘하는 사람에게 맡겨야 합니다. 기도를 많이 하는 사람에게 전도를 맡겨야 합니다. 성령을 체험하고 하나님을 두려워하는 자에게 맡겨야 합니다. 작은 교회는 일꾼을 잘 선택해야 합니다. 그래야 무리가 없이 교회가 성장을 합니다. 특히 어느 일가족 중심의 교회가 되지 않도록 조심해야 할 것입니다. 교회의 중심이 되는 사람은 신앙이 좋아야합니다. 잘 분별해야 합니다.

실제전도는 이렇게 합니다. 전도자는 전도 대상자를 분명하게 파악해야 합니다. 절대로 육적인 것 말고 영적인 것으로 전해야 합니다. 전도의 내용은 구원과 하나님의 의에 대하여 증거 해야 합니다. 전도는 영적인 자유와 권리를 누리게 하는 것입니다. 전도는 예수의 은혜를 전해주는 것입니다. 전도는 전인축복을 전하는 것입니다. 전도는 현재 당하고 있는 문제를 해결하며 전도하는 능력전도가 되어야 합니다. 하나님께서 주시는 모든 것이 은혜이나 은혜중의 은혜는 체험입니다. 전도는 특별한 방법이 있을 수 없습니다. 성령의 음성을 따라 열심히 "죄우지간" 만나는 것입니다. 전도를 생활화가 되도록 해야 합니다. 기존 성도들에게 너무나 전도에 부담감을 주지 않는 범위해서 생활화 되도록 합니다. 전도는 의무이기보다 축복 받은 은혜로 하게 하는 것이 좋습니다.

너무나 전도 전도하면 성도들이 부담과 싫증을 내니 융통성 있게 해야 합니다. 어느 목사님의 이야기를 빌리자면 성도가 전도를 못하는데 전도 강조하니 한 달에 30만원 십일조 하던 집사 부부가 교회를 떠났다는 것입니다. 그러면서 하는 말이 저희는 전도를 하지 못해서 교회를 떠납니다. 목사님이 전도하라고 할 때마다 마음에 가책을 느껴서 도저히 은혜가 되지 않아 교회를 떠나기로 했습니다. 그러면서 다른 교회로 떠나갔다는 것입니다. 그러므로 목회자는 지혜로워야 합니다. 전도는 담임 목회자, 사모도 직접 참여해야 합니다. 특히 전도 나가기 전에 기도로 무장하고 나가야 합니다. 영적 전쟁을 하러가니까? 전도용품을 준비하는 것도 생각할 만합니다.

4) 해답을 가지고 있어야 한다. 전도대상자들에게 중요한 해

답을 가지고 있어야 합니다. 어디에 답을 주어야하나?

① 삶(말씀+기도) - 삶에 답을 주어야 합니다. 제대로 말씀이 정리되고 기도하고 있으면 삶에 답을 줄 수 있습니다. 절대로 불신자들은 현재의 문제를 해결하려고 예수를 믿는 다는 것을 잊어서는 안 됩니다. 불신 친척들을 만나서 보면 그들의 문제를 금방 알 수 있을 것입니다. 상대방이 나를 볼 때에 너무 당신을 잘 만났다. 느끼도록 해 줄 수 있어야 합니다.

② 영적 문제 - 모든 사람에게는 틀림없이 영적 문제가 있습니다. 거기에 답을 주어야 합니다. 문제를 육으로 보지 말고 영의 눈으로 보면 분명히 영적 문제가 있습니다.

③ 미래 - 그러면 미래에 대한문이 열릴 것입니다. 한번 만나서 문이 열리지 않더라도 앞으로 일어날 일들을 미리 이야기해 주면 앞으로 반드시 문이 열릴 것입니다. 반드시 문제를 가지고 불신자에게 접근하여 복음을 전하기 바랍니다. 문제를 해결하려니 예수를 믿는 것입니다. 믿고 나니 하나님의 사람으로 바꾸어지는 것입니다. 절대 처음부터 하나님의 사람을 만들려고 하지 말아야 합니다. 서서히 하나님의 시간표에 맞추면 하나님이 하십니다. 문제를 해결하려하니 성령체험도 하고 말씀도 듣게 되니 영적으로 변하는 것입니다. 성급하지 말기를 바랍니다.

5) **복음 내용** - 문이 열려졌을 때에 신중하게 복음 내용을 전하고 들어가라!

① 겸손한 간증(빌1:12-14)을 사용하라. - 문 열렸다면 절

대로 교만하지 말고, 겸손하게 복음을 전해야 합니다. 바울이 복음 전하는데, 듣는 사람들이 은혜 받았습니다. 감옥에서도 듣고 은혜 받았습니다. 듣는 사람들이 은혜 받도록 겸손하고도 사실적으로 간증을 하세요. 그러므로 간증을 준비하는 것이 좋습니다. 능력전도를 하는데 간증만큼 좋은 무기는 없습니다. 그 사람의 형편에 맞는 간증을 하는 마음의 문이 열릴 것입니다.

② 복음의 비밀을 전달할 준비가 있어야 한다. - 그러다가 문이 열리면 복음을 말하는데 복잡하게 말하지 말고 간단하게 3가지만 말하는 것이 좋습니다.

O 복음의 내용(마16:16) - 첫째, 하나님 만나는 길이 그리스도요. 둘째, 현실문제와 죄와 운명의 문제를 해결하는 답이 그리스도요. 셋째, 사단의 문제를 해결하신 그리스도를 말해주세요.

O 복음의 축복(마16:16-20) - 구원받은 자의 축복을 말해주라. 반석 같은 축복, 음부의 권세가 이기지 못하는 축복, 천국 열쇠를 받는 축복을 말해주세요.

O 복음의 능력(행1:4-8) - 구원받은 자는 축복만이 아니라, 하나님의 능력도 주어졌습니다. 하나님의 자녀가 되는 권세, 악한 영이 기도할 때 떠나가는 권세를 말해주세요.

③ 적당할 때 영접을 시켜야 합니다.

O 요1:12 - 영접하는 자 곧 그 이름을 믿는 자는 하나님 자녀 되는 권세를 받게 됩니다.

O 고전3:16 - 영접하면 성령께서 내주 하십니다.

○ 요14:14 - 기도할 때에 예수 이름으로 기도하세요. 이상의 성경구절의 글자까지 적어주는 아주 좋을 것입니다. 큰 도움이 될 것입니다.

6) 궁금증에 대한 해답 - 예수 믿은 자들에게는 반드시 궁금증을 풀어 주어야 합니다.

① 제사(귀신) - 제사가 무엇이냐? 제사 때에 절대로 아버지가 오는 것이 아닙니다. 아버지를 가장한 귀신인 것입니다. 그러므로 절대로 제사 지내면 안 되는 것입니다. 사람이 죽으면 천국이나 지옥에 가서 다시는 올 수 없습니다. 골자를 정확하게 말해 주어야 합니다.

② 우상 - 우상숭배하지 말라! 고 했는데 무엇이냐? 우상이란? 하나님이 나무나 돌을 주셨을 때에는 집 짓고 누리고 살라! 하며 주신 것이지 깎아서 섬기는 것이 바로 우상입니다. 돼지는 새우와 같이 먹고 힘내어서 복음전도 해야지 그 머리를 놓고 절하니 우상입니다.

③ 종교(바른 삶) - 지금까지 믿은 종교는 무엇인가? 종교란? 인간이 뭔가 바른 삶을 살려고 몸부림치는 것이 종교입니다. 그러나 창세기 3장 문제는 결코 해결할 수 없습니다. 그래서 종교는 안 됩니다. 예수 십자가를 통과한 복음이라야만 됩니다. 실컷 교회 다니고 망하는 사람이 있습니다. 왜일까요? 종교생활해서 그렇습니다. 성령의 인도를 받으라. 답을 바로 주어야 합니다.

④ 점술, 미신, 무속(무속인)(접신) - 점술, 미신, 무속이 무

엇이냐? 말해 주어야 합니다. 미신을 계속 지키게 되면 거기에 뭔가 사상이 붙고 문제가 오는 것입니다. 미신, 점술, 무속이 전부 귀신 역사입니다. 귀신 접신하지 않고 하는 점은 엉터리인 것입니다. 그러므로 점술 미신, 무속인은 전부 귀신의 하수인들입니다. 귀신의 종이라는 것입니다.

⑤ 눅16:19-31의 천국과 지옥에 대한 답을 주어야 한다. 누가 지옥 가는가? 죄인이 가는 곳이 아닙니다. 죄 문제를 해결하지 못해서 가는 것입니다. 천국은 착하게 산다고 가는 곳이 아닙니다. 죄 문제를 해결 받은 자가 가는 곳입니다. 그러므로 천국과 지옥의 기준은 바로 죄 문제를 해결 받았느냐? 못 받았느냐? 의 차이입니다. 죄 문제는 오직 그리스도로만 해결할 수 있습니다. 만민에게 전도하여 예수를 전하여 영생을 선물하는 모두가 됩시다.

⑥ 문제의 해결 방법에 대하여 답을 주어야 한다. 사람에게 오는 영육의 문제는 예수 그리스도의 십자가를 통과하고 성령의 역사라야 해결이 가능합니다. 왜냐하면 모든 문제의 뒤에는 사람보다 강한 마귀가 역사하고 있기 때문입니다. 그러므로 마귀보다 강한 성령의 역사가 있어야 문제가 해결이 되는 것입니다. 사람의 힘으로 아무리 하려고 해도 해결이 되지 않고 무속의 방법을 사용하면 더 깊은 악의 수렁으로 빠지게 됩니다. 이를 잘 설명하여 주어야 합니다. 영적인 궁금증의 해답은 "**영적인 궁금증과 명쾌한 답변**" 책을 활용하고, 가계문제는 "**가계의 고통을 끊고 축복받는 비결**" 책을 활용하시기를 바랍니다.

이 책을 통해 예수님이 땅끝까지 전파 되기를 소원합니다.
(출판으로 인한 이익금은 문서선교와 개척교회 선교에 사용합니다.)

강력한 능력을 이끌어내는 영적 비밀

발 행 일 | 2015. 11.03초판 1쇄 발행

지 은 이 | 강요셉

펴 낸 이 | 강무신

편집담당 | 강무신

디 자 인 | 강요셉

교정담당 | 강무신

펴 낸 곳 | 도서출판 성령

신고번호 | 제22-3134호(2007.5.25)

등록번호 | 114-90-70539

주   소 | 서울 서초구 방배천로 4안길 20(방배동)

전   화 | 02)3474-0675/ 3472-0191

E-mail | kangms113@hanmail.net

유   통 | 하늘유통. 031)947-7777

ISBN | 978-89-97999-37-8 부가기호 | 03230

가   격 | 18,000원